救国シンクタンク叢書

大きな政府の社会主義を打ち破れ！

アメリカの未来を救う

ニュート・ギングリッチ［著］
第58代アメリカ合衆国下院議長

総合教育出版株式会社

DEFEATING BIG GOVERNMENT SOCIALISM:

Saving America's Future

by Newt Gingrich

This edition published by arrangement with Center Street, a division of Hachette Book Group, Inc., USA through The English Agency (Japan) Ltd.

本書はウクライナの勇気ある人々に捧げられる。

自由のために命を賭けた彼らは、テルモピュライの300人のスパルタ兵、コンコード・トレントン戦いで戦った農民、そして自由には勇気が必要であることを理解するすべての人々と共にある。

勇気がしばしばそうであるように、彼らの模範は歴史を変えた。

目次

『大きな政府の社会主義を打ち破れ！』への称賛

アメリカは、「大きな政府の社会主義」的アジェンダによって機能不全に陥っている。本書では、ニュート・ギングリッチ元下院議長が、こうした破壊的な政策を打ち破り、アメリカの多数派が望む豊かで安全な国をつくる方法を概説する。必読の書である。

――ショーン・ハニティ（ラジオ、フォックス・ニュースの司会者）

「大きな政府の社会主義」を打倒することは、私が人生のすべてを捧げてきた戦いだ。ニュートは私の生涯の2倍以上を同じことに費やしてきた。本書は、私が信頼するベテラン・リーダーによる、その戦いに勝つためのロードマップである。

――チャーリー・カーク（ターニング・ポイントUSA創設者兼会長）

『大きな政府の社会主義を打ち破れ！』は並大抵のことではありません。アメリカは危機に瀕しており、ニュート・ギングリッチ元下院議長は、アメリカン・マジョリティがアメリカの未来を「大きな政府の社会主義者」の台頭から救うことができるよう、思慮深く前向きなアジェンダを展開している。

——ラリー・クドロー（元米国家経済会議理事）

はじめに

本書は、アメリカにおける「大きな政府の社会主義」の台頭について書かれたものであり、選挙をめぐる議論に勝つための手引書である。マーガレット・サッチャー首相の「まず議論に勝ち、それから投票で勝つ」というルールに由来している。

2022年と2024年の選挙は、アメリカ史上最も重要な選挙の二つである。一方の道は、「大きな政府の社会主義」と、時代遅れの労働組合化された巨大な官僚機構のもとで、衰退と劣化が続く道である。もう一方の道は、愛国心、勤勉さ、自由企業、継続的な問題解決というアメリカン・システムの復活である。

私がこの本を書いたのは、米国が深刻な問題を抱えていると信じているからだ。もし私たちが自己満足に浸っていれば、自由な国家ではなくなってしまうだろう。国内と国外の脅威の両方に直面しているのだ。

本書は、市民であるあなたが友人、隣人、親戚、同僚との議論に勝てるようにするためのものである。その目的は、我々を脅かしているものは何か、自由で豊かで安全な国家として生き残るためには何をしなければならないかを理解することで、アメリカ人に自国を救うことを奨励することである。

富の再分配「目覚めた」思想の取り締まり、独裁的な政府の統制といった、「大きな政府の社会主義」の中核的な信条が、アメリカ民主党の中核的な信条となっている。残された数少ない穏健派は、急進派に強要されるか、政権を掌握した急進派に押し出されている。

本書で詳述しているように、大きな政府を掲げる社会主義者の台頭は、アメリカにさらなる問題、分裂、対立を生み出すだけだ。

共産主義中国の台頭は実存的な脅威である。エリートの多くは、北京の脅威を認識することさえ拒否している（愛国心よりも利益を優先するためだ）。わが国の官僚組織は、中国と競争するために必要なスピードで近代化することを拒んでいる。わが国のニュース・メディアは、トリビアやゴシップ、幼稚な記事で埋め尽くされており、真に国を教育し、中国共産党独裁政権との競争で成功する方法についての議論を主催することはできない。

より直接的でありきたりなことだが、ロシアの資源を軍事力に集中させるプーチンの能力は、バイデン政権がアメリカの石油・ガス生産を削減しようとしていることで、劇的に高まっている。これにより、ロシア産の価値と利益が増大し、西ヨーロッパがロシアの天然ガスに依存することで得られる影響力が増している。2022年2月のロシアのウクライナ侵攻に見られるように、ロシアの冒険主義に対処するバイデン政権の戦略は不十分だ。本書を書いている3月上旬の時点では、ウクライナ人はプーチンの侵略から勇敢に身を守っている。

イランの独裁政権は核兵器獲得に力を入れ、北朝鮮は米国に到達可能な運搬システムを備えた核兵器に力を入れ、イスラム過激派テロの世界的脅威は着実に高まっている。アメリカを崩壊させるような大変動が起こる可能性は高まっている。外国の雲行きがますます怪しくなり、国内でも自由への脅威が拡大している。

私は下院議員として、また下院議長として、内外のあらゆる敵から米国を守ることを誓った。今日、私たちの敗北を狙う自由の敵が海外にいる。悲劇的なことに、国内にも自由を破壊しようとする者たちがいる（ある者は故意に、またある者は無知から）。

2021年秋に国会議事堂を訪れた際、私はここでの自由の崩壊を痛感した。

共和党研究委員会が毎週開催している昼食会に出席した。共和党研究委員会は下院で最大の保守派組織である。昼食会には、下院共和党ナンバー2のスティーブ・スカリスを含む60人以上のメンバーがいた。彼は少数党院内総務に当選する前、研究委員会の委員長を務めていた。

私が演説をし、質問を受けた後、スカリスとジム・バンクス下院議員（研究委員会のリーダーで下院共和党の新星）は、二人とも私に一緒に議場を歩かないかと誘ってきた。私は光栄に思うと同時に、興味をそそられた。1999年に議員を辞めて以来、議場に立つのは初めてだった。妻のカリスタと私は、2015年にフランシスコ・ローマ法王が演説したとき、来賓席にいたが、元議長として、議会の日常業務に近づきすぎてはいけないと思った。それは現在選出されている議員と指導部の仕事だった。

スカリスとバンクスは、2022年の共和党勝利のために私が議場に戻って働けば、民主党に揺さぶりをかけることができると考えたと説明した。面白そうだったので、ナンシー・ペロシの地域の中心部へ行くことに同意した。ビジターセンターの一室から議場までの道のりは、私が想像していたよりもずっと明らかになることが多く、身の引き締まる思いがした。

議事堂の上院棟と下院棟の雰囲気の違いには驚かされた。下院議員としての20年の経験から予想したのとは正反対だった。伝統的に、100人の議員で構成される上院は、両院のうちでより厳格で威厳のある組織である。

上院議員の任期は6年で、選挙ごとに再選を目指す議員は全体の3分の1に過ぎない。下院の方がはるかに規模が大きく、435人の議員はそれぞれ2年ごとに再選を目指して立候補しなければならない。伝統的に、よりカジュアルで、よりオープンで、一般的に友好的である。

私はよく聴衆に、2つの文化の違いを理解する最善の方法は、上院をカントリークラブ、下院をトラックストップと考えることだと話す（これは最大限の愛情を込めて言っている）。しかしペロシ独裁政権の下、下院はパラノイアとネガティビティの敵対的中心地と化している。上院は、COVID-19と2021年1月6日の暴動を乗り越え、その回復力によって、前世代までの制度であり続けることができた。

両党の上院議員は、党派の違いにもかかわらず、今でも互いに話し合っている。二次的で小さな問題については、民主党と共和党は協力し、しばしば超党派の解決策を生み出し、全会一致で、あるいはかなりの超党派の賛成多数で可決する。

上院にある3つのオフィスビルの廊下を歩くと、民主党側の議員やスタッフが出迎えてくれ、たとえ哲学的、党派的アイデンティティで意見が違っても、私たちは皆、この自治という仕事を一緒にやっているのだという感じがした。バーニー・サンダース上院議員やエリザベス・ウォーレン上院議員などは、より急進的な、つまり社会主義的なアメリカを明確に提唱していたにもかかわらず、下院民主党の過激な敵意は上院には浸透していない。

上院のオフィスビルや議事堂の上院側でさえ、自由に歩けるような気がした。しかし、議事堂の中央にある大ロタンダを横切ると、全く異なる環境に入ったことがすぐに分かった。下院側には、パラノイア、統制、厳しい党派性、硬直性があった。

新しい、より閉鎖的で、より取り締まりの厳しいハウスを初めて体験したのは、その数カ月前、キャノン・ハウス・オフィス・ビルに保守機会協会(COS)のスタッフと打ち合わせに行ったときのことだった。COSは、私が39年前に結成を手伝った保守派の活動家グループだった。

COSは、1983年に始まった十数名の下院共和党議員のための週1回の行動計画会議であった。その目的は、多数派になるために戦うことを厭わない、より活動的で戦闘的な下院共和党を作ることだった(当時、共和党は29年間少数派だった)。11年後、下院共和党が40年ぶりに過半数を占めるまでに成長することになる争点基盤と議場での討論能力を作り上げたのは、この活動的でエネルギッシュなメンバーの集団だった。

キャノン・ビルに到着し、自分が誰であるかを証明するために運転免許証を提示させられたときはショックだった(これは自惚れからではない。元議長として、議会を去って以来、議会の建物に入るのに許可を求めるようなことは一度もなかった)。

ボランティアで私を迎えに来てくれた議会スタッフは、私にサインをし、何の会合に行くのか、どこに行くのかを告げ、訪問者バッジをもらい、帰るときには返却しなければならなかった。内部告発者との面会は、全て議会の外で行わなければならなくなった。ペロシの警察やスタッフに、誰とどこで会っているのかを知られたくない内部告発者はいなかったからだ。

最終的にCOSスタッフと会ったとき、事態が劇的に変化しているのではないかという私の疑念は確信に変わった。共和党のベテラン・スタッフの何人かは、現在の下院に存在するような悪質な党派性は見たことがないと言った。若手スタッフでさえ、民主党議員やスタッフから「国家の敵」扱いされるのが常だったという。ペロシの独裁的で偏執的で冷酷な支配体制を、私は個人的に初めて体験した。

数週間後、バンクス下院議員とスカリーズ下院議員と共に議場に到着したとき、私は似たような、しかしさらに管理された経験をした。議事堂に入るのにすでに審査を受けていたにもかかわらず、議場にはさらに警備の層があった。議場への入り口には、空港の運輸保安局で使われているような金属探知機があった。

2021年1月6日の議事堂襲撃事件の後なら、ある程度の警備は理解できただろうが、これは道理を超えていた。ペロシと民主党は、まるで共和党議員自身が脅威であるかのように振る舞っていた。

市民から選ばれ、国を率いる正規の国会議員は、その些細な規則に従わなければならなかった。もし従わなければ、罰金や物理的に議場に入れないようにされることさえあった。スタッフが支配的で、議員は従属的であることは明らかだった。こうした支配的な要素が、議員を代表すべき市民から遠ざけていたのだ。

19世紀には、庶民は議場に立ち寄っては、酒を飲みながら議場での討論の余興を眺めていた。その時には、長話をする議員が気分転換できるように、議場に飲み物が送られることもあった。その雰囲気は同僚的であり、議員は単に選挙で選ばれた市民であり、自分たちをそこに送り込んだ有権者から切り離された存在だとは思っていなかった。

私が着任した1979年当時、下院は議事堂の敷地と同様、まだ驚くほどオープンな場所だった。フェンスを築き、州兵を招集し、巨大な警官隊を配備し、議員にマスクを義務付け、一般人の立ち入りを制限または排除するというアイデアは、自由と代表的自治というアメリカン・システムの本質を冒瀆するものとして、私たちに衝撃を与えただろう。

下院議員を務めていた20年間、インターンたちは故郷からの大勢の訪問者を連れて、自由な感覚で議事堂を通ることができた。人民の議会であった。私たちはそれを大切にし、その開放性と議員と市民の平等感を守った。

私たちは自分たちが代表者であり、代表者である人々に親しみを感じていた。これは共和党員も民主党員も同じだった。私たちは皆、政策に関しては意見が違っても、国民の同意を得て国民の仕事をするためにそこにいるのだと理解していた。

ペロシの下で私が訪れていた議場は、まったく異なる場所だった。彼女が恐怖と冷酷さに基づいた独裁政治を行っているのは明らかで、アメリカの歴史上、他の議長職では見たことがないようなものだ。彼女は人々の議会をペロシの議会に変えたのだ。

下院議長は、ワシントンで大統領に次ぐ権力を持つ公職者である。厳密に言えば、1票の過半数（218対217）を持つ議長は、その1票を維持しさえすれば、事実上何でもできる。上院の多数派リーダーは、直接的な権力ははるかに弱く、99人の同僚と協力しなければならない。上院の規則では、議員一人がシステムを大混乱に陥れ、事実上全てを停止させることができる（ジェシー・ヘルムズ上院議員とボブ・バード上院議員のキャリアは、自分の望むものを手に入れるまで全てを停止させるこの能力の上に築かれた部分もある）。

このような権利を最大限に行使する上院議員はほとんどいない。なぜなら、所属する同僚が自分たちに同じことをして報復し、自分たちが成し遂げようとすること全てを妨害する可能性があるからだ。とはいえ、上院規則における上院議員個人の権力は、下院議員個人の権力よりもはるかに大きい。

過去において、議長がその潜在的な権力を最大限に行使することを制限してきたのは、一連の憲法と下院の規則、そして議員個人と2つの政党の両方を保護する判例であった。私は、自由な人々の権利と、選ばれた指導者の重要な（ほとんどロマンチックな）責任と役割という感覚に囲まれて育った。

私はペンシルベニア州ハリスバーグで、非常に愛国心の強い家族（親戚の多くが第二次世界大戦で戦った）に生まれた。自由の民の歴史に囲まれていた。東には自由の鐘と独立記念館があるフィラデルフィアがあった。ジョージ・ワシントン、ベンジャミン・フランクリン、トーマス・ジェファーソン、その他の愛国者たちが最初に独立を宣言し、その後、我々の自由を守るために合衆国憲法を制定した場所を親戚に連れられて見に行ったとき、私は歴史的な達成感と、私たちが彼らの肩の上に立っているという考えに魅了された。彼らの勇気、忍耐、犠牲、そして聡明さによって、私たちはアメリカ人としての自由を手に入れることができたのだ。

南にはゲティスバーグがあり、南北戦争最大の激突の戦場となった。ゲティスバーグは、ロバート・E・リー将軍の北部への深い浸透に終止符を打ち、北軍を救った血で血を洗う3日間だった。ここはまた、エイブラハム・リンカーン大統領の演説が行われた場所でもあり、その演説によって最初の国立軍事墓地が奉献された。彼の短いスピーチは、おそらく自由についての最高の短い声明であり、学校で暗記しなければならないものだった。私にとってこの演説は、神が全ての人々に、とりわけアメリカ人に与えてくださった自由への信仰を表明する生きた言葉となった。ゲティスバーグは、私の父が陸軍に再入隊する前にゲティスバーグ・カレッジに通っていた(父は第二次世界大戦に従軍し、韓国で戦うために再入隊した)ことから、さらに重要な意味を持っていた。

陸軍軍人の息子として、私は、国内外を問わずあらゆる敵からアメリカを守ることに人生を捧げる男女に囲まれて育った。国内の敵は外敵と同じくらい重要だった。私の子供時代には、ソ連の工作員が本当にアメリカで活動していた(ある研究によれば、その数は500人にものぼった)。

私たち独自の自由の中心には、法の支配と憲法があった。憲法は、独立宣言の偉大な約束である「すべての人間は生まれながらにして平等であり、その創造主によって、生命、自由、および幸福の追求を含む不可侵の権利を与えられている」を、それらの権利を確保するための実際的なメカニズムに変えたのである。1787年、フィラデルフィアの建国の父たちが、外国勢力から私たちを守るのに十分強い政府、そして自国の政府から私たちを守る憲法を求めていたことは明らかだった。

歴史を学び、博士号を取得し、さらに教鞭を執り、執筆活動を行う中で、自由の役割、安全な環境で選挙された立法府、自由を形にすることに深い感銘を受けるようになった。

1215年のマグナ・カルタ（大憲章）により、国王は法の下に置かれ、課税される側の同意なしには課税されないという原則が確立され始めた（当初は貴族にのみ適用されていた）。これがベースとなり、私たちの権利はますます拡大し、成文化されていった。

実は、私はホイッグと呼ばれた歴史家たちを深く尊敬していた。19世紀の英国の学者や作家たちは、それまでの600年間を、秩序ある自由と万人のための自由への進歩として捉えていた。「権力は腐敗する傾向があり、絶対的権力は絶対的に腐敗する」というアクトン卿の訓示は、無制限な権力の危険性を理解する鍵として、私に衝撃を与えた。

ウィリアム・ウィルバーフォースが生涯をかけて王立海軍の力を使って奴隷貿易を破壊しようとした並外れた努力は、宗教的衝動が市民の偉業に転じた偉大な例である。ウィリアム・ピットがナポレオンの独裁政権に単独で立ち向かった英国は、ウィンストン・チャーチルがアドルフ・

ヒトラーの邪悪な政権に単独で立ち向かった英国の驚くべき伏線であった。

歴史の教訓は、国歌の第1節の最後の行が「自由の国、勇者の故郷」である理由を私に教えてくれた。前の世代は、勇敢でなければ自由ではいられないことを理解していた。実際、彼らが戦った戦争は、真の自由を創造し、維持するために必要なことを行うという彼らの意志を証明した。私にとって歴史とは、誇り高く自由な人々が、自分たちの権利、子や孫、そして国の未来のために全てを賭けたという教訓で満ちていた。

ウォーターゲート事件の1974年と、ジョージア州選出のジミー・カーターが民主党のトップとなった1976年に2度落選した後、下院議員になったとき、私は自由を守り、自由の概念を広げた人々の長い列の一員であると感じた。

アメリカの下院が自由の中心であるというコンセプトは、ソビエト時代末期の訪問によって私の心に強く刻まれた。ミハイル・ゴルバチョフのソ連開放（ペレストロイカとグラスノスチとして知られる）の下、ソ連の記者と編集者の一団がワシントンを訪問することが許された。共和党の院内総務だった私は、ソ連人記者の接待を頼まれた。

議場のすぐ脇にある私のオフィスで記者たちに会った。その際、会期中ではなかったので、彼らを議場に連れて行くことにした（ペロシ以前の時代には、議員が同伴していれば誰でも参加できた）。下院の仕組みや歴史について話しているうちに、会期外なので、ソ連の記者や編集者の何人かにユニークな機会を与えられないかと思いついた。

一人は大統領が一般教書演説をするときに立つ場所に立たせ、一人は議長が座る場所に座らせた。議長や上院議長（行政府の副大統領）は大統領の上に座り、大統領は彼らのゲストとしてそこにいるのだから、彼らの建物では彼らが主導権を握っているのだと説明した。

三権分立について、独裁を避けるために権力を分散させた建国の父たちの中心的なデザインであると説明した。これは、クレムリンに全ての権力を集中させていたソ連の独裁体制から抜け出したばかりの人々にとって、特に有益な教訓のように思われた。

議場を出ようとしたとき、議長の椅子に座っていた男性が降りてきて、震えていた。彼に大丈夫かと尋ねた。彼はその答えで私を驚かせ、謙虚にさせた。

「私たちラトビア人は1940年にソビエトに征服されたが、ロシア人やソビエト独裁政権と同調したことはない。アメリカは敵だと何度も教えられたが、親戚がアメリカに住んでいたので、そんな嘘は信じなかった。今、あなたは私がこの惑星の自由の中心に座ることを許してくれた。これは私の生涯の宝となる栄誉です。」

彼の感情の激しさと、彼をそこまで感情的にさせた原則を忘れたことはない。大統領は基本的に選挙で選ばれた王である。国家安全保障と官僚組織の現実的管理の必要性から、ホワイトハウスに権力を集中する。つまり、自由を守るのは立法府なのだ。立法府の構成員はそれぞれわずかな権力を行使するが、全権を握ることはできない。議会は自由の防波堤である。

このような中央指導者と選挙制度の役割分担は、英国における数百年にわたる発展を反映している。イギリスの内戦とオリバー・クロムウェルの独裁から得た教訓は、1世紀以上後の建国の父たちに深い感銘を与えた。建国の父たちは、権力を分散させることで、自分たちの政府から私たちを守ろうと決意した。

このような背景から、中央集権的な統制、警察による議員への命令、潜在的なテロリストとして扱われるペロシ・システムに足を踏み入れることになり、私は深く身の引き締まる思いがした。このように議員に中央権力への従属感を強いることは、憲法と法の支配の下での自由と秩序ある自由というアメリカの伝統から完全に逸脱している。

ペロシ下院議長の傲慢さは、オバマケアをめぐる争いの最中の2010年、州や地方の役人たちが集まった席で「法案の中身は、通過してみなければ分からない」と語ったときにも表れている。投票内容を知らない議員に「賛成」票を主張するこのスタイルは、ペロシ体制の特徴となっている。何千ページにも及ぶ詳細な法案や何兆ドルもの支出を伴う法案が、公聴会も開かれず、その中身を理解する時間もないまま提出される。

その結果、国民が深く反対する多くの「毒薬」条項を含む、重大な悪法が生まれる。民主党議員が忠実に「賛成」票を投じるのは、言われたからであって、自分たちが何を支持しているかを知っているからではない。

ペロシ議長のもとでは、下院の会議日程は意図的に制限されているため、議員が集まって抵抗を組織する時間はない。この新しい議長会館の議場に座りながら、私たちの自由が侵食されつつあることを感じた。建国の父たちが国民に最も近い存在となるよう設計した機関が、今や、国民とその代表を侮蔑する意志ある指導者によって孤立しているのだ。
彼女はアメリカ国民の意志ではなく、自分の意志を通したいのだ。

今回の議場訪問で、アメリカの自治制度を刷新することが、いかに重要かが明確になった。強い市民と限られた官僚機構が必要なのだ。これを達成することは、ペロシ独裁政権と、それが全てのアメリカ人に押し付けようとしている「大きな政府の社会主義」を打ち負かすことを意味する。

同時に本書が、近代化、刷新、再活性化の世代を立ち上げ、あらゆる外国の脅威を凌駕しながら、全てのアメリカ人に自由を拡大することを可能にすることを願っている。わが国は、法の支配と憲法のもとで運営される、自由で安全で豊かな自治国家アメリカでなければならない。この議論に勝利し、全てのアメリカ人にとってより良い未来を築くために、本書が役立つことを願っている。

第1章

「大きな政府の社会主義」は機能しないから失敗している

私たちは、「大きな政府の社会主義」を打ち負かすための一連の議論に勝たなければならない。

「大きな政府の社会主義」とは、巨大な力を持つ政府が生産を管理または所有し、達成よりもプロセスを重視する専門家による巨大な官僚機構によって指導されれば、より良い、より公平な未来が創造されると主張する、アメリカの左派の狂信的な信念のことである。

これは、アメリカの進歩主義者たちが好んで口にする、牧歌的で似非ユートピア的な（そして架空の）スカンジナビア風社会主義ではない。フリードリヒ・エンゲルスとカール・マルクスによって開発され、ウラジーミル・レーニン、ジョセフ・スターリン、毛沢東、そのほかの冷酷な暴君たちによって残酷に人々に押し付けられたシステムをルーツとする、大きくて手ごわい、技術的に強化されたバージョンの社会主義である。

まず、「大きな政府の社会主義」は機能していないという議論に勝たなければならない。これは簡単なことである。この1年半、その鮮やかな証拠を目の当たりにしてきた。大きな官僚主義の政府は、国境を管理することも、犯罪を減らすことも、アフガニスタンから安全かつ効率的に撤退することも、中国と競争するのに十分なスピードで近代化することも、学校を効果的に教育することも、パンデミックの課題に対処することも、私たちの生存に不可欠な他の多くの任務を遂行することもできないことが証明されている。何度も何度も、私たちはシステムが機能していないことを目の当たりにしている。

カマラ・ハリス副大統領がツイートした2022年初頭のツイートは、「大きな政府の社会主義」の官僚的構造が、現実とどの程度乖離しているかを鮮明に物語っていた：「超党派インフラ法のおかげで、アメリカは再び動き始めた。インフラとは、人々を動かすことなのだ。」(1) 彼女にとって不運だったのは、ワシントンD.C.の南にある州間高速道路95号線で何百人もの人々が、危険な凍結状態で最大24時間も足止めを食っているときに、このツイートが流れてしまったことだ。(2) それは、大きな政府は何が起こっているのか、分かっていないという感覚を強めるだけだった。

COVID－19の大流行で公衆衛生システムが崩壊した経験全体が、「大きな政府の社会主義」が、いかに人々が期待するスピードと質を提供できないかを端的に示している。中国の武漢で新型コロナウイルスが発生して以来、この2年半をまじめに分析すれば、どれほど混乱し、情報が不足し、分析が変化し、アドバイスが矛盾し、非現実的なルールが蔓延していたかが分かるだろう。もし公衆衛生システムが、バラバラの地方組織、疾病予防管理センター、食品医薬品局、保健福祉省、国立衛生研究所といった、ますます官僚的で無能で自己保身に走る連邦官僚機構の時代遅れの集合体でなかったら、何十万人ものアメリカ人が今日でも生きていたかもしれない。

シンガポール、日本、韓国といった巧みに組織化された国々におけるCOVID－19による死亡率の違いを、アメリカの悲劇と比較してみよう。スタティスタ(3)がまとめたデータによると、2022年2月10日現在、シンガポールのCOVID－19による死亡率は100万人当たり154・36人。日本は100万人当たり156・62人、韓国は134・66人である。対照的にアメリカの人口100万人当たりの死亡者数は、2765・79人という驚くべき数字だった。死亡率の差は東アジアだけの現象ではない。

カナダ（934・15人）、デンマーク（673・88人）、フィンランド（385・12人）、オーストラリア（174・34人）は全て、米国よりも治療成績が良く、より多くの命を救っている。米国よりも人口が多く、人口密度の高いインドでは、100万人当たりの死亡率は370・69人であった。

アメリカの公衆衛生の不振が明らかになった。効果的でない、ワシントンを拠点とする「大きな政府の社会主義」的COVID－19政策は、国内の全ての州に影響を与えた。

わが国の公立学校制度は、競争社会で成功する若者を育てるという点で、中国やインドの学校の後塵を拝している。いくつかの都市では、政府運営の学校の崩壊には驚かされる。例えばボルチモアでは、2017年、州試験に合格できた生徒が一人もいない学校が6校あった。[4] 同じ年にボルチモアの他の13校では、数学の成績が優秀だった生徒は一人もいなかった。[5]
2019年にはボルチモアの小学6年生から中学2年生の10・7％しか数学ができず、高校生の9・2％しか代数Ⅰができなかった。しかし、この驚くべき失敗（マイノリティと貧困層が特に大きな打撃を受ける）に対して、教員組合はさらなる権力を要求した。無能で能力のない教師、そして失敗のシステム全体を保護する一方で、生徒を最後尾に追いやっているのだ。
アメリカの教育が「知的劣化」される過程は、驚くほど速く、生徒と国家の安全保障を深く破壊してきた。明らかな失敗に直面した教職員組合とその同盟者たちは、学年を廃止し、数学を最小限に抑え、上級クラスを廃止し、凡庸な海の中に失敗を隠そうとしている。

ヴァーチャル授業が、特にマイノリティや貧困層の生徒にとって失敗であったという圧倒的な証拠に直面し、教員組合は多くの都市でストライキを主導し、学校に戻らないという過激な態度をとってきた。事実上、出勤を拒否しているにもかかわらず賃金を払えと主張する従業員のために、国民は何十億ドルも支払うことを要求されているのだ。この問題はあまりに深刻で、民主党の市長の中には、教員組合が最大の支持者であったにもかかわらず、出勤しない教員には給与を支払わないと警告し始めた者もいる。

教員組合が説明責任を果たすことを拒否しているのと並行して、出席率を測定するシステムが導入されてきた。ボルチモアを含む大都市のいくつかの学校では、多くの生徒が出席していない。にもかかわらず、こうしたいわゆる「幽霊生徒」は出席しているように記載されるため、学校は納税者からより多くの金を得ることができる。(6)

このシステムはあまりに露骨なので、年に2、3日、支払い情報のために出席日数が厳密にカウントされる日を「ピザの日」としているシステムもある。その結果、食事はするが勉強はしない生徒が急増する。

先に述べたように、国家安全保障システムは官僚主義的で無能にまみれ、アフガニスタンで20年、イラクで18年経っても勝てなかった。アフガニスタンからの撤退を効率的に計画することもできないし、技術革新や戦略的敏捷性において中国共産党に追いつくほど速く近代化することもできない。

アメリカは中国との大きな戦争に負ける危険性をはらんでいる。というのも、わが国の国家安全保障システムの中心にある「大きな政府の社会主義」は、単に無能で、利己的で、縁故主義と不誠実さによって運営されているからだ。

軍部がこれほど上層部の腐敗と不正にまみれているのなら、文民官僚とその政財界の盟友たちがどうなっているか想像してみてほしい。そして、もし報道機関がこの不誠実の沼の中で活動しなければならないとしたら、それがどれほど腐敗し、不誠実を受け入れるようになるかは想像に難くない。

さらに、プロパガンダ・メディア、上級官僚機構、大企業、大財団、大企業団体の最高レベルは全て、『鏡の国のアリス』に登場するハンプティ・ダンプティのルールに従った「ウォーク・カルチャー（お目覚め文化）」に支配されている：

「わたしが言葉を使うときには、言葉はわたしの選んだ通りの意味になる。それ以上でも以下でもない」ハンプティ・ダンプティはつっけんどんに言いました。

「問題は、言葉にそんないろいろ違った意味を持たせられるかってことよ」とアリス。

「問題は、どっちが主人さまかってことだ。単にそれだけの話」とハンプティ・ダンプティ。

ウォーク・カルチャーは、言葉を再定義し、新しい言葉を発明し、その新しい語彙を全員が採用するよう主張するエリートたちの能力に依存している。本当の意味で、ウォーク・カルチャーの核心はハンプティ・ダンプティ主義なのだ。

次のことを考えてみよう：

・何世紀にも渡り、地域名を冠した伝染病が蔓延してきたにもかかわらず、中国共産党の機嫌を損ねるからという理由で、中国のウイルスや武漢のウイルスは存在しなかった。

・代名詞が2つしかない、あるいは性別が2つしかないと主張すると、同性愛嫌悪者、トランスフォビア、バイナリー・ジェンダー主義者などとして暴行を受けることになる。

・肌の色よりも性格の中身が重要だと主張することは、白人特権を擁護しているとみなされる（マーティン・ルーサー・キング・ジュニア牧師も同じことを主張していたにもかかわらず）。

・ほとんどのスポーツにおいて、男性が女性と競争する際に不公平な優位性を持っていると示唆することは（男性と女性という用語を使用するだけでも、もちろん反ハンプティ・ダンプティ主義である）、トランスフォビックとみなされる。

・有権者に身分証明書の提示を求めることは人種差別とみなされる。

・実力に基づく成績を主張することは人種差別とみなされる。

そのリストは枚挙にいとまがない。「ウォーク主義」は、情熱と不寛容を一緒にして世界を再構築しようとする準宗教的な動きである。新しい言葉、ひいては新しい世界を周囲に押し付けようとするその決意において、ウォーク運動はフランス革命、ロシア革命、中国文化大革命の伝統を受け継いでいる。いずれの場合も、過去の思想と言葉は否定され、新しい言葉を持つ新しいモデルに取って代わられ、異論を容認することはなかった。

フランス革命の指導者たちは、グレゴリオ暦はキリスト教と結びつきが強すぎるため、廃止しなければならないと考えた。彼らは新しい月、週、日を持つ新しい暦を考案した。新しいユートピア暦では、メシドール（収穫）が6月19日から7月18日までの月となった。各月は30日で、10日ずつの週が3つあった。週7日制の名称が使えなくなったため、新しい月の名称に合わせた新しい日の名称を考案した。

週10日制の最初の日は原始的なものだった。実際の３６５日周期に合わせるため、年末に祝祭日と休暇のための5日間を加えた。新しい革命暦は１７９２年に採用され、ナポレオンが１８０６年1月1日に廃止してグレゴリオ暦に戻すまで、17年間続いた。フランス革命の最も狂気的な部分が、最初の狂信的な波が去った後、いかに急速に否定されたかに、「ウォーク主義者」は注目するべきである。

しかし現在、巨大な官僚機構を支持する「大きな政府の社会主義者」とウォーク狂信者の間には同盟関係がある。その見返りとして、官僚たちは新しい言葉や原則を支持し、それを自発的に受け入れようとしないアメリカ人に、ウォークな価値観や言葉を押し付けるのである。「大きな政府の社会主義者」と「ウォーク主義者」の同盟の問題点は、彼らが国民に政策を押し付けようとしていることだ（国民はそれを望んでおらず、しばしば抵抗する）。

選挙がまだ重要視されているこの国では、「大きな政府の社会主義者」が自分たちのしていることを率直に述べることは事実上不可能である。ジョー・バイデン大統領は、毎日何千人もの人々が、法の執行や医学的検査なしに不法に国境を越えていることを公然と認めることはできない。

さらに彼は、自分の政権が密かに非合衆国市民を全国に送り込み、誰にも伝えていないことを認めることはできない。そのような正直な告白は、彼の大統領職を崩壊させるだろう（すでに破壊されているかもしれないが）。

同様に、バイデン政権は、牛肉や豚肉の価格が上昇していることや、その政策が肥料に使われる石油製品のコストを引き上げ、農業や家畜の飼育に余計なコストがかかっていることを認めることができない。あらゆる物価を上昇させるインフレを、口では認めることができない。また、国民が働かずに家にいることを奨励する政策を採っていることも認められない（これは農場、食肉加工業者、流通業者などの人件費も上昇させる）。

このような政策の当然の経済的帰結は、もちろん、必要不可欠な食料価格の上昇である。このことを公に認めれば、国民の怒りは直接民主党に集中することになるが、バイデンは決してそれをしないだろう。

イデオロギーに振り回される政府の政策が、食料、ガソリン、暖房油、医療のコストをいたずらに引き上げ、その過程で物流のサプライチェーンを麻痺させているという真実を受け入れる代わりに、「大きな政府の社会主義者」たちは、責任をなすりつけるスケープゴートを見つけることが不可欠なのだ。

バイデン政権が食肉価格の高騰を４大食肉加工・販売業者のせいにしようとしているのは、危険でなければ笑い話である。(7) バイデンの反市場的、政府管理的アプローチは、彼の政権が、小規模で効率的でない、効果的でない食肉生産システムを奨励するために10億ドルの税金を投入することで、いわゆる競争促進政策を採用することにつながるだろう。

ソリンドラ・ソーラーパネル製造会社の破綻で５億ドルの融資保証が納税者の負担となったように、このアプローチは一時的にいくつかの小規模企業を下支えするが、その多くはその後、破綻するだろう。

「大きな政府の社会主義者」たちは、自分たちが悪い投資家であり、市場は官僚よりも賢いということを信じようとしない。彼らは一貫して、自分たちのペットのプロジェクトに補助金を出すために税金を取り、その正味の結果はしばしば大惨事となる。

「大きな政府の社会主義」は決してうまくいかない

「大きな政府の社会主義」の驚くべき点は、それが決して上手くいかないにもかかわらず、アメリカの知識人コミュニティーのそれに対する情熱的なコミットメントが決して揺らぐことがないことである。社会主義の実績がいかに悪かろうと、成功した企業家、裕福なビジネス・リーダー、普通のアメリカ人からエリート知識人へと権力が移行するため、知識人たちはこのコンセプトが大好きなのだ。

「大きな政府の社会主義」システムでは、本当の権力を持つのは知識人である。彼らは、他の全ての人々に、どのように振る舞い、何をすべきかを指示することができるのだ。ある意味、「大きな政府の社会主義」は、ジョージ・オーウェルの古典的な反マルクス主義小説『動物農場』に登場するブタの台頭のようなものだ。

当初、『動物農場』は、全ての動物にとって公正さを求める革命だった。平等は、オーウェルの驚くべき寓話における初期の動物革命の偉大な価値であった。その後、次第にブタが権力を握り、人間ではなくブタが主導権を握る新たな独裁体制となった。他の動物は全て従属した。重要な一文を引用してみよう。「全ての動物は平等であるが、ある動物は他の動物よりも平等である」。最後には、ブタたちは自分たちの生活費を捻出するために、より劣った動物を食肉用として売却するために時折選んでいた。これはあらゆる動物に対して繰り返された。

歴史的に見れば、知識人は動物農場のブタである。彼らは自分が本当に賢いことを知っている。彼らは本を読み、地位と権威を約束された有名な教育機関から学位を取得する。彼らのクラスでは知識人は小賢しい独裁者として振る舞っている。なぜなら、その場所では学生たちは合否を左右する権力を持つ教授に笑顔で媚びへつらう大きな動機を持っているからだ。

学歴も低く本も多くを読むこともなく、なぜか自分よりも裕福で権力もある親戚や家族と食事をするときに、世界的な知識人が心に抱く嫌悪感を想像してみてほしい。大学教授たちは、自分たちよりも劣っているはずの者たちから、自分たちへと権力を移譲する仕組みを開発することに、深い階級的関心を持っている。彼らのＩＱ（自称）と学習能力（自称）を考えれば、金と権力はあっても知識も教養もない人々を支配するのは当然のことだからだ。

貴族や教会を攻撃したフランスの啓蒙主義から、ウラジーミル・レーニンと共産主義に結集したロシアの知識階級、血なまぐさい文化大革命を指導した中国の図書館司書であった毛沢東まで、歴史は民衆のうち教育を受けていない劣等な人々を政府が管理しようとする議論で満ちている。

「大きな政府の社会主義」の言葉は常に、不十分な現在を非難し、驚くほど良い、ほとんどユートピア的な未来を約束する。このように、政治家や官僚への魅力的な権力移譲を伴う「大きな政府の社会主義」の大衆的な分析と約束は、第三世界全域で権力を追求する人々にとって魅力的である。

ポール・ジョンソンは『モダン・タイムス：20年代から90年代の世界』の中で、アフリカの進歩を破壊した、ロンドン・スクール・オブ・エコノミクスの異常な役割を強調している。自国に社会主義モデルを適用した、アフリカの指導者の数には驚かされる。しかし、社会主義は決して機能しなかった。

鉱業や農業、場合によっては石油やガスで大きな可能性を秘めた国々では、成長と繁栄の可能性が消え去った。悪い社会主義政策が相まって、投資と成長が阻害され、汚職が氾濫し、正直さを頼りに投資していた投資家が離れていったのだ。

特に汚職は経済成長の敵である。人々は、政治家が課税や没収によって財産を奪う可能性のある国への投資を拒む。その結果、法の支配によって機会や努力の成果を手にする権利が保証されている国へと、資金や人材が着実に流出していく。

リー・クアンユーは、シンガポールを世界で最も豊かで技術的に進んだ国の一つに導いた並外れた元指導者であるが、社会主義的思考の危険性を十分に理解していた。第二次世界大戦後、労働党政権が政府主導の社会主義体制を作ろうとしていた頃、彼はイギリスの大学院生だった。

私が議長だったある週末に一緒になったとき、彼に一代でこれほどダイナミックな、近代的で豊かな国を作り上げた原理は何かと尋ねた。「とても単純なことです」と彼は答えた。「大きな決断を迫られるたびに、クレメント・アトリー（元英国首相）や社会主義者ならどうしただろうと自問し、そして、私はその正反対のことをしました。」

なぜ逆のことをすれば上手くいくのか。その答えは、人間の本質と、「大きな政府の社会主義」の反人間的な要求にある。大きな政府による社会主義と、人間の本性に即して構築された、アメリカの憲法システムとの最も大きな違いは、世界が実際にどのように機能しているのか、そして知識人たちがどのように機能させたいと望んでいるのかという、この問題である。

結局のところ、人々が実際にどのように行動するかを強化し、支援するシステムを設計するか、人々が望むと望まざるとにかかわらず、変化を押し付けるシステムを設計するかのどちらかである。

アメリカの憲法制度は、古代ローマ、ギリシャ、エルサレムにまでさかのぼり、さまざまな政府の形態や原則を生涯かけて研究してきた、賢明で実践的な政治家たちによって作られた。彼らは、人々が自分自身を統治することによって自由を最大化する方法について、一連の原則を導き出そうとしたのである。

同時に、人々を乗っ取って支配しようとする外部や国内の努力から社会を守るのに十分な組織力を維持しようとしたのである。事実上、建国の父たちは全員、政治家として選挙に勝利し、選挙に勝利した人々と共に働いた経験を持つ、実践的な政治家であった。

農民かビジネスマンとして成功した人たちでもあり、世界がどのように機能し、人々がどのように行動するかについて多くの実践的知識を持っていた。彼らはこの歴史的知識、実践的知識、実社会での経験の組み合わせに基づいて政府の構造を設計した。

ゲティスバーグでのエイブラハム・リンカーンの言葉を借りれば、建国の父たちは「人民の、人民による、人民のための政府」を望んでいた。対照的に、「大きな政府の社会主義」は、人民の上に政府を置き、人民を支配し、人民の権利を定義しようとする。これほど対照的なことはないだろう。

最初の重要な違いは「誰が支配するのか？」自由な社会では、自分自身をコントロールしなければならない。多くの建国の父たちが書いているように、自治は自分自身を統治することから始まる。彼らは自由の道徳的（そしてしばしば宗教的）基盤の重要性を強調した。

しかし、「大きな政府の社会主義」システムでは、政府があなたを支配する。だからこそ、フリードリヒ・ハイエクはその古典『隷属への道』の中で、中央集権的な計画は必然的に専制政治につながると主張しているのだ。官僚主義が望むことを人々に強いることは、最終的に官僚主義がさらなる統制を課すことにつながる。

マスクや予防接種に関する最近の経験は、政府が人々の生活に非常に深く入り込んでいる典型的な例だ。結局のところ、もし政府があなたの体に何を入れるか、顔に何をつけるかを決めることができるなら、あなたは多くの自由を顔も名前もない官僚機構に明け渡したことになる。

これを明確に表現するなら、私は公衆衛生のために予防接種とマスク着用を支持するが、連邦政府がワクチンやマスク着用を私に押し付けることは、支持しないということだ。

政府は本来、武力を行使する力を持っているため、強い政府が人々を細かく管理し、検閲する危険性は、自由の概念に対する真の脅威となる。「大きな政府の社会主義」には、より多くの管理と、自国民に対する武力行使をより厭わない方向への着実な流れがある。

イタリアのベニート・ムッソリーニ、ベネズエラのウゴ・チャベス、キューバのフィデル・カストロ、ニカラグアのダニエル・オルテガ、ジンバブエのロバート・ムガベのようなカリスマ的な社会主義指導者たちは、こうして徐々に権力を手に入れ、一般大衆に対する弾圧勢力（軍や警察）と手を組むようになる。

反体制派は大抵、中流階級であり、武力行使を辞さない警察や軍に何度も押しつぶされる。銃は残忍さによって理性の議論を打ち負かす。権力を維持するために、社会主義政権の指導者たちは、自分たちを守る人たちの面倒を見たり、反対意見を潰したりするために、資源をシフトせざるを得ないことに気付く。

禁輸措置が独裁者に対してうまく機能しない理由の一つは、独裁者が治安部隊に惜しみなく金を払うために減少する資源がより多く使われてしまうからだ。政権を支える人々は、外国からの禁輸措置の影響を感じない。それだけでなく、苦しみながらも政治的に無力な一般大衆に比べ、彼らは相対的に裕福で快適な生活を送ることができるため、さらに強くなってしまう。

独裁国家でなくても、政府には便宜主義や縁故主義がつきものだ。前にも述べたが、１８８７年にジョン・ダルバーグ＝アクトン卿が「権力は腐敗しやすく、絶対的権力は絶対的に腐敗する。偉大な人物が、権威ではなく影響力を行使する場合でも、ほとんど常に悪人である。権威による腐敗の傾向や確実性を加えると、なおさらである。役職がその持ち主を神聖化するということほど悪い異端はない。」(8)と警告したのには深い理由がある。

ハンター・バイデンのノートパソコン、バイデンとウクライナ、ロシア、中国との契約、そして彼が大統領の息子であるために莫大な値段がつくであろう、ハンターの美術作品の進行中の詐欺は、最高レベルの腐敗の明確な例である。大統領の兄弟たちがバイデンの名前を利用し、政商としての影響力を用いてきたことへの明確な言及は、ミランダ・デバインの著書『地獄からのノートパソコン：ハンター・バイデン、ビッグ・テック、そして大統領が隠そうとした汚い秘密』に手痛いほど詳細に概説されている。

バイデン一族の汚職の例を一切取り上げないようにする、左翼プロパガンダメディアの必死の努力に、アメリカのシステムの一般的な腐敗が証明されている。この努力には、アレクサンダー・ハミルトンによって創設された4番目に大きく、最も古い新聞であるニューヨーク・ポストを、2020年選挙前の最後の数週間、SNSから追放することも含まれている。同紙は、ハンター・バイデンの紛失したノートパソコンに、証拠となるものがあったことを最初に報じた。プロパガンダメディアは、選挙を前にこの情報が明るみに出ることを許さなかった。

汚職というと、あからさまな賄賂の授受に限定されがちである。しかし、もっと危険な腐敗とは、合法的な公共政策の実施よりも、政治的・個人的な理由で資源や権力を再配分しようとする組織的な意思のことだ。アメリカの偉大な歴史家ゴードン・ウッドは『1776-1787:アメリカ共和国の創造』の中で、イギリス政府の腐敗がアメリカ入植者に与えた疎外的で腐食的なインパクトについて幅広く扱っている:

「アメリカのホイッグ党がイギリスの国家と政府を「腐敗」に蝕まれていると表現したとき、彼らが実際に使っていたのは、古典古代の著作に根ざした政治学の専門用語であり、マキアヴェッリによって有名になり、17世紀イギリスの古典的共和主義者たちによって発展させられ、政治について何かを知っていると主張する、ほとんど全ての人たちによって18世紀まで受け継がれてきた。

そしてイングランドにとっては、憲法が均衡を保っていた根本的な政治原則を崩壊させるだけでなく、さらに憂慮すべきことに、憲法が最終的に維持されていた国民の精神そのものを奪ってしまうような腐敗が、蔓延していたのだ。[9]」

ウッドは植民地時代のアメリカにおいて、母国は腐敗しているという感情が高まっていたことを述べている。１６８８年の名誉革命による改革にもかかわらず、王室は依然として、均衡を保っていたはずのイギリス政府を腐敗させる方法を見いだしていた：

「かつては自由の国であり、愛国者の学校であり、英雄の養育者であったイギリスが、奴隷制の国であり、偏狭者の学校であり、暴君の養育者になった」と、アメリカ人は何度も何度も言った。１７７０年代までに、イギリスの行く末を表す比喩は全て絶望的なものだった。

国家は断崖絶壁の縁にぶら下がりながら、瀑布に向かって急速に流れつつあり、世界で最も明るい自由の灯火は薄れつつあった。内部崩壊が最も一般的なイメージであった。国家に毒が入り込み、国民と政府を「腐敗の塊」に変えていた。革命前夜、イギリスは「腐敗に沈み」「破滅の瀬戸際でよろめいている」という考えが、大西洋の両岸で不満を持つイギリス人の心に定着していた。

どこにでもある汚職と脱法行為という感覚は、今日アメリカに起こっていることの、広く、しかし一般的には語られず、解明もされていない部分である。もしカリフォルニア州が２００億ドルの失業補償資金を失ったとしたら、[10]それはカリフォルニア州から盗んだ人々が大勢いたことを意味する。

80人のギャングがロサンゼルス近郊のノードストローム・デパートに強盗に入る映像[11]を見たと

き、80人のアメリカ人が法を几帳面に、そして大胆に破っているのを目の当たりにしているのだ。違法薬物経済は、米国における脱法行為の最大の中心地の一つかもしれない。

米国疾病予防管理センターの推計によれば、12ヵ月間に10万人以上のアメリカ人が薬物の過剰摂取で死亡している。[12] つまり、多くの人々が法を犯して麻薬を売り、金を稼いでいたことになる。ホームレス居住区は、その経済を支える違法行為のレベルを調査する必要がある。場合によっては、青空麻薬市場になっていることもある。

法を遵守するアメリカ人は、さまざまな違法行為や腐敗行為に従事する不誠実な人々によって、あらゆる意味で包囲されている。汚職と不正行為の着実な広がりは、リベラルな民主党議員で偉大な社会学者であった故ダニエル・パトリック・モイニハン上院議員が1993年に「Defining Deviancy Down(逸脱の定義の引き下げ)」という論文の中で書いた現象の一要素に過ぎない。[13]

モイニハンは30年前に一連のパターンを特定した。これらのパターンは、モイニハンが執筆を始めて以来、その威力と浸透度を増している。モイニハンは、19世紀フランスの偉大な社会学者エミール・デュルケムの研究をもとに、社会がより多くの逸脱を受け入れる段階に入ったのは、逸脱があまりにも一般的になったため、人々がそれを正常化せざるを得なくなったからだと推論した。

モイニハンのエッセイは、1993年にチャールズ・クラウトハマーがモイニハンの理論を分析した見事なコラムにまとめられている。クラウトハマーは、逸脱の定義に関するモイニハンの指摘を説明するだけでなく、その影響を見事に説明している。(14)

クラウトハマーは、１９６０年から１９９３年にかけて一人親世帯が３倍に増加したこと、父親のいない世帯が犯罪や依存症、社会問題の増加に密接に関係していることを指摘した。しかし、彼が言うように、現代文化のインテリ層はこの問題を無視し、一人親であることを良心的で代替可能な人生の選択として再定義している。

そしてクラウトハマーは、犯罪、特に殺人があまりに日常化したため「我々は殺人を、交通事故と同じように、社会風景の不可侵な一部とみなすようになった」と指摘した。最後に、精神疾患の割合は大きく変わっていないが、社会として意味のある対処をやめてしまったと指摘した。

１９５５年にはニューヨーク州の精神科病院には９万３０００人の患者がいたが、１９９２年には１万１０００人しかいなかった。

彼はこう言った：

「残りの８万２０００人とその子孫はどこへ行ったのか？ほとんどが路上である。一世代で、哀れな病人たちがアメリカの都市の路上に押し寄せた。私たちは今、戸口で眠り、鉄格子の上で凍えている、哀れで見捨てられた人々を踏み越えている。

彼らもまた、自然の風景の一部として受け入れられている。彼らを単に手頃な価格の住宅がない人々として、再定義することでこれを達成した。彼らは狂っているわけでも病気なわけでもなく、ただ非常に貧しいだけなのだ。」

モイニハン氏の考え深い指摘は、1960年代の道徳的規制緩和によって、家庭での暴力、犯罪行為、精神障害の公然陳列といった逸脱行為が爆発的に増えたということだ。私たちは、文明的で秩序ある健全な社会がとっくの昔に逸脱と定義したものを「正常」とするように、逸脱を再定義することでそれに対処してきた。

モイニハンとクラウトハマーの考え方が重要なのは、彼らが衰退を指摘したあらゆる傾向が、1993年にこの論文を書いて以来、着実に悪化しているからである。これは、アメリカの衰退について書かれた最も重要な説明の一つかもしれない。

家族の崩壊と、父親の影響を受けずに育つ子供たちの増加は劇的に加速している。犯罪率は再び爆発的に上昇した。1990年代初頭のホームレス・シェルターは、ロサンゼルス、シアトル、サンフランシスコなどで荒れ果てたテント村となった。

モイニハンの言うように逸脱行為を再定義することには、第二の、さらに脅威的な側面があった。破壊的な行動を容認すればするほど、伝統的に正常であった行動が容認されなくなるのだ。クラウトハマーは、モイニハンの分析に新たな洞察を加えた。

逸脱を再定義することによって、私たちは同時に、社会的均衡を保つために正常を逸脱と定義し始めた。異性愛者であり、クリスチャンであり、既婚者であり、生命を尊重し、薬物使用に反対し、警察を支持することが、今何を意味するのかを考えてみよう。

今日の社会では、これらの特徴はおそらく、あなたが同性愛嫌悪であり、シス・ジェンダー中心であり、不寛容であり、おそらく人種差別主義者であり、他者を抑圧するための固有のシステム的努力から得た、得体のしれない特権の上に生きていることを意味する。

1993年当時、クラウトハマーはこう結論づけていた：

「逸脱の合理化は論理的結論に達する。逸脱者は正常であると宣言される。そして正常な者は、逸脱者としての仮面を剝がされる。それはもちろん、私たち全てをより道徳的に平等にする。プロジェクトは完了した。私たちの間に本当の違いはあるのだろうか？逸脱を定義づけることは、心理的な必要性を満たすものでもある。

その必要性を指摘したのはモイニハン上院議員だった。逸脱行為の爆発的増加にどう対処するかということだ。1つの方法は否定である。逸脱を大したものではないと定義することで、逸脱が正常であると再認識され、逸脱が消滅したかのように見せかけるのである。

もう1つの戦略は気晴らしだ。逸脱を格上げに定義づけることで、新たな逸脱が生まれ、私たちはその逸脱と戦うことができる。

そうすることで、現実の逸脱から目をそらし、殺人や騒乱や狂気が私たちの周りにあるにもかかわらず、私たちは本当に規範を守り、取り締まっているのだという感覚を得ることができる。」

モイニハンとクラウトハマーにこれだけの時間を費やしたのは、彼らがこの30年間で加速した衰退と、衰退の軌跡をはっきりと捉えていたからだ。特にクラウトハマーについては、モイニハンの洞察に対する彼の貢献はあまり知られておらず、歴史的に逸脱した人々から歴史的に正常な人々へと、誰が差別されるようになったかを深く捉えているからだ。つまり、今ではノーマルが逸脱であり、逸脱がノーマルなのだ。これらの変化はいずれも観察されたものだ。

1982年、ジェームズ・Q・ウィルソンとジョージ・ケリングは「ブロークン・ウィンドウズ（壊れた窓）」と題する論文を書き、近隣の荒廃した状況が犯罪を心理的に犯しやすくする一方、同じ所得や民族のよく手入れされた地域は、犯罪を心理的に犯しにくくすることを概説した。[15]

この2人は20年間、犯罪の減少に大きな影響を与えた（ニューヨーク市警のビル・ブラットン本部長は、この理論を半世紀で最も重要な警察活動の改善と呼んだ）。その後、マイケル・ブルームバーグ前ニューヨーク市長が、彼らの健全な理論を堕落させ、警察に人種差別的なプロファイリングとハラスメントを許可する、ストップ・アンド・フリスクに変えたことが主な理由で、左派は彼らを人種差別主義者として否認した。「ブロークン・ウィンドウズ」はメディアに受け入れられなくなり、今日の犯罪急増につながった。

1983年、レーガン政権は報告書『危機に瀕する国家』[16]を発表し、教育の崩壊が個人と国の存続を脅かすと警告した。世間は騒いだが何もされず、腐敗は続いた。学校選択については若干の進展が見られたものの、教員組合の圧倒的な重圧は依然として残っている。

学校のレベルを下げ、学ぶことよりも人種を重視し、可能な限り教えることを避けようとする彼らの姿勢は、国家の安全保障と個人の生活機会という莫大な犠牲を伴いながら、アメリカの教育を衰退させ続けてきた。

1984年、チャールズ・マレーは『Losing Ground(失地)』を著した[17]。グレート・ソサエティの反労働・反家族改革が、市民社会(宗教団体や慈善団体を含む)から政府官僚機構へと権力を移行させていることを説明した代表的な著作である。マレーは、これらの改革が本来助けるべき人々を傷つけていると指摘した。

マレーによれば、私たちは貧しい人々の生活をあらゆる面で損なっていたのである。彼の著書は、1996年の福祉改革法につながる重要な知的突破口となった。何百万人もの人々が貧困から抜け出し、仕事を得て、自分自身と家族のためにより良い未来を切り開いた。

アメリカの左派(大きな政府の社会主義体制となった)は、1996年の改革の核心であった就労要件を破壊するために、たゆまぬ努力を続けてきた。バイデン政権は、まさにマレーが警告していたような、インセンティブを破壊し、生活を破壊し、受動性を誘発するシステムの再創造に成功した。

1992年、マーヴィン・オラスキーは『アメリカの同情がもたらした悲劇』を著し、マレーの分析を発展させ、伝統的な改革者たちの労働志向の厳しい愛と、リンドン・B・ジョンソン大統領の下で大いなる社会が実施した正反対の態度や政策を対比させた。

腐敗と衰退の兆候は誰の目にも明らかだったが、「大きな政府の社会主義者」とそのウォークな盟友たちは、それを無視し拒絶する決意を固めていた。単純な事実として、破壊的な政策を押し付ける官僚機構に支配され、(納税者に支えられながら)衰退していくアメリカの方が、活気に満ち、ダイナミックで、起業家精神に溢れ、仕事と達成を志向する社会であり、政府が小さく、機会が大きい社会よりも、左翼にとってははるかに良いのだ。この対比を理解するために、私たちは歴史的に機能してきた原則、そして立ち戻らなければならない原則に目を向けることにする。

第2章

危険と好機

２０２２年、２０２４年、２０２６年の選挙における最大の課題は、アメリカ人の多数派が、「大きな政府の社会主義」の脅威に打ち勝つことのできる代替プログラムを開発することである。共和党員とは言っていない。アメリカ人の多数派と言ったのだ。なぜなら、この3つの選挙サイクル全てに勝たなければ、この国を危険にさらしている勢力に打ち勝つことはできないからだ。

本書は、「大きな政府の社会主義」と、それに連なる自由の破壊者を打ち負かすためのものである。それは、アメリカにとって破滅的であることが証明された、１００年来の一連の考え方を打ち破り、置き換えることである。今、急速に広がるガンのように私たちのシステムを感染させている縁故主義と腐敗を断ち切ることである。繰り返しになるが、これは単に民主党を打ち負かしたり、共和党を選んだりすることではない。

一世紀近くにわたってアメリカの政治と政府を支配してきたシステムを終わらせることなのだ。今日アメリカ人は、オーウェルが『１９８４年』や彼の反全体主義小説『動物農場』で描いたような、ゾッとするような脅威に直面している。

言論の自由、良心、法の支配の中での自由というアメリカの理想が、権力と狂信を増大させる全体主義的なメンタリティによって挑戦されている。人々は今、「間違った言葉」を使ったり、「間違った考え」を持ったりしたことをパブリックに謝罪せざるを得なくなっている。それはまるで、毛沢東が中国で行った残虐な文化大革命の際の公開告白グループを現代に再現したようなものだ。

人々は仕事をキャンセルされ、解雇されることもある。公共の場を避けるよう強制されることもある。腐敗した、取り巻きに支配された権力システムの言いなりになることを強要されることもある。間違ったことを考えたり、言ったりすれば、仲間はずれにされ、排除される。

地球上で最大のコミュニケーション・システムは、今や人々や組織を消し去る能力を自らに課している。選挙に影響を与えるために、アメリカで4番目に大きい（そして最も古い）新聞社は、ハンター・バイデンと中国、ロシア、ウクライナ、その他の国々との腐敗したつながりについて真実を伝えただけで黙らせられた。

アメリカの大統領は、国民の半分に不人気（しかし彼を支持する半分には受け入れられる）なことを言っただけで、定期的に沈黙させられる。我々は、文化、官僚主義、縁故主義、腐敗の危機に直面している。そして、これらの危機を解決しなければ、私たちが知っているアメリカの崩壊に直面するかもしれない。

例えば、現在のアメリカの官僚機構や政策では、法の支配のもとで自由を享受する立憲主義の存続を危うくするような、国内外での難題に対応できなくなる可能性がある。これは文字通りの意味である。我々は中国に敗北する危機にある。北朝鮮、イラン、ロシア、イスラム教徒のテロリズム、あるいはそれらの組み合わせによる破滅的な損害の危険にさらされている。

私たちの国家安全保障システムは、脅威の増大と同じくらい急速に進化することができない。政治家は必要な調査や政策変更を実行できないようだ。私たちのニュースメディアは、私たちの権利を守ることに関心がなく、政治的な物語を支持することに関心がある。「大きな政府の社会主義」、破壊的なウォーク・イデオロギー、縁故主義、汚職、大企業と大金持ちの協力、中国を宥め、アメリカに急進的な価値観と政策を押し付けるという複合システムは、アメリカが自由な国として生き残るためには克服され、取って代わられなければならない。

私の部屋の壁には、1979年に聖ヨハネ・パウロ2世がポーランドに里帰りしたことを描いた、2010年の映画『Nine Days that Changed the World』(iTunesとGoogle Play Storeで入手可能)を制作した際に、カリスタと私にくれた連帯労働組合のポスターが貼ってある。

ポスターには、ポーランド語で「ポーランドがポーランドであり続けるためには、2＋2は常に4でなければならない」と書かれている。このシンプルなフレーズは、ジョージ・オーウェルの『1984年』に登場する共産主義独裁政権が現実を定義し、たとえそれが(2＋2＝5のように)明らかに真実でなかったとしても、人々が国家の事実のバージョンを記憶することを強制した言語相対主義を否定するものだった。

ここ数年前まで、私は全体主義的な動きという癌に対する解毒剤として、2＋2は常に4でなければならないと主張することの見事な単純さを十分に理解していなかった。今なら、アルベール・カミュ自身が偉大な勇気ある反逆者であり「2＋2＝4とあえて言う者が死によって罰せられる時が、歴史には必ず来る。そして問題は、その推論の結果がどのような報いや罰になるかということではない。問題は単に2＋2＝4か否かである。」と書いた理由が分かる。

私たちが生き残るためには、客観的な真実と道徳に基づいて行動する理性的な国に戻らなければならない。そうでなければ、アメリカは滅びてしまう。

ルーズベルトがやったことを覆す

フランクリン・デラノ・ルーズベルト大統領が主導した革命は、（1932年に共和党のハーバート・フーバー大統領に勝利したのを皮切りに）今年で90年目を迎える。政府が社会を支配する（そしてワシントンが政府を支配する）という財政再分配官僚主義モデルは、90年間着実に機能してきた。

各年代で、政府はより大きくなり、生活を定義し問題に直面する中心的存在となり、より官僚的になり、ワシントンの権力を拡大することを基本としてきた。共和党はルーズベルト革命をより安く、より慎重に進めてきたが、民主党と共和党の政治的勝利を通じて、権力と哲学の着実なシフトは続いてきた。そのスピードは時々刻々と変化したが、方向性は不変だった。官僚組織とワシントンの権力は拡大した。政府は社会の総資源をより大きく管理するようになった。

市民社会の家族、近隣、教会、ボランティア団体の影響力は低下した。「合法かどうか」が「正しいかどうか」の判断基準に取って代わることが多くなった。汚職や犯罪はより当たり前のものになった（それゆえ許容されるようになった）。そしてニュースメディアは、権力者のプロパガンダ機関としての役割を着実に果たすようになった。基本的に、ルーズベルトのシステムは、現在我々が知っている「大きな政府の社会主義」へと転移していった。

ルーズベルト以前の世界から今日までの政府の成長規模は、政府が占める経済の割合と、地方政府、州政府、連邦政府の相対的規模の変化によって明確に測ることができる。１９２８年当時、地方自治体の規模は州政府の4倍、連邦政府の2倍だった。国内総生産（ＧＤＰ）に占める地方政府の割合は６・５％、州の割合は１・６％、連邦政府の割合はわずか３・７％であった。[1]２０１９年までには、連邦政府のＧＤＰに占める割合は20・７％となり、州（９・０％）や全ての地方政府（９・５％）を凌駕した。[2]

実際、ワシントン州は現在、州政府と地方自治体の合計よりも多額の財政支出を行っている。さらに驚くべきことに、ＧＤＰに占める生の割合の変化は、政府の成長を控えめにしている。年のＧＤＰは１兆４千７００億ドルだった。２０１９年には21兆４千３００億ドルである。つまり、連邦政府はより大きな経済から相対的に大きなスライスを取っているのだ。

その支出に伴い、規制権力と官僚的監視のさらなるシフトも当然生じた。ワシントンの義務付け、監督、規制介入は、政府の成長が示唆する以上に大きな変化をもたらした。１９２８年には、地元の有権者や選挙で選ばれた地元の自発的なグループや組織によって明確に決定されていた問題は、２０１９年には、彼らが指示する町や郡にいたことのないワシントンの官僚の命令によって制限されるようになった。

さらに1928年当時、市民は地元の役人に接触し、地元の懸念に注意を払わせることができた。2019年には、官僚たちはワシントンに深く根を下ろしており、上下院議員でさえ、市民の不満や懸念を制度の意思決定者に届けることはしばしば不可能であった。

官僚制の本質とは、自己防衛に走り、生産性や有効性を無視して絶えず成長することである。官僚機構は自己防衛に重点を置き、外部の監視から自分たちの特権や習慣を守るため、技術や課題が進化するにつれて能力が低下する。国防総省では、(大統領によって任命された)政治任用者は「一時的な腰掛」扱いとなっている。

1979年、一年生議員だった私は、海軍の上級士官と個人的な会話を交わした。ジミー・カーター大統領は、アメリカ海軍を北大西洋のタクシーサービスにまで縮小しようとしている、と彼は熱っぽく、そして自己満足的に私に語った。彼は、海軍上層部がそれを阻止したと自慢した。私はその結果に同意したが、海軍上層部の官僚たちが、選挙で選ばれた最高司令官を意図的かつ計画的に貶めたのだと聞かされたのだ。深く動揺した。これは、政治家がキャリア官僚の判断に「干渉」するのを阻止するという公務員文化を十分に理解し、それに接するための準備となった多くの会話のひとつだった。

ジョージ・W・ブッシュ大統領が、保健福祉省(HHS)の医療ソリューションへのアプローチを近代化するためにデビッド・ブレイラーを招聘したときにも、同じような経験があった。

ブレイラーは医師であり、カリフォルニアで画期的なソリューションを開拓した情報技術の起業家でもあった。彼はまた、ナパ・ヴァレーとハワイに資産を持つ金融成功者でもあった。そして、彼は20世紀の紙ベースの産業モデルであった官僚機構を21世紀に移行させることができ、聡明で積極的な高学歴の人物であった。

ブレイラーはまずワシントンにやってきて、ブッシュ・ホワイトハウスでボランティアとして国家医療情報技術プログラムの設計に携わった。そしてブッシュ大統領から、自分が設計したオフィスの責任者にならないかと誘われた。

一方、トミー・トンプソンＨＨＳ長官は、ウィスコンシン州知事として、いまも政治システム全体に響いているイノベーションの開発に大きな影響を与えた。ウィスコンシン州選出の下院議員アネット・ポリー・ウィリアムズとは、生活保護を受けていたシングルマザーで、米国初の学校選択法案(１９８９年成立）を提出した。

トンプソンはまた、１９９６年の福祉制度改革法案（これは今でも現代最大の保守的価値観の改革である）に盛り込まれることになる就労要件や先駆的なアイデアを注入し、福祉制度の重大な改革を生み出す手助けをした。

経験豊富な改革者であるトンプソンは、ブレイラーと協力して医療における情報システムの近代化に取り組むことを熱望していた。しかし、ウィスコンシン州マディソンにある比較的小さな州政府を率いることと、ワシントンにある巨大な官僚機構(ＨＨＳの支出額は国防総省よりも多い）を動かそうとすることの違いについて、厳しい教育を受けることになった。

ブレイラーが国家医療情報技術コーディネーターに就任したことを記念して、トンプソンはウィラード・ホテルで驚くべき技術革新会議を主催した。議会、産業界、学界、連邦官僚の主要メンバーがそこに集まった。2時間にわたって、改革と近代化のための良いアイデアが出された。

ヒューバート・H・ハンフリー・ビルディングのオフィスに戻ったブレイラーは、スタッフから、公開の会議、適切な手続き、入念で時間のかかる官僚的なプロセスを経なければ手続き上できないなど、いくつかの法律に違反していることを知らされた。

ブレイラーは連邦政府官僚機構での初日を迎えた。その日の午後、彼は私に電話をかけてきて、今経験したことを話したいのですぐに来てくれないかと頼んだ。医療制度における患者と医師を支援するために最新の情報技術を導入しようとする善意の起業家として到着した彼は、最初の朝をHHSの顧問弁護士と過ごし、彼の仕事の法的制限について全て説明を受けた。午前中はずっと、彼に何ができないかを聞くことに費やされた。

ブレイラーは、官僚機構を変えるために積極的に起業家的リーダーシップを発揮しようとすれば、イノベーションを起こす能力が制限され、リスクを負うことになることを考えると、ここに留まるべきかどうかさえ悩んだ。

私は彼の不満に共感しながらも、ここに留まり、できる限りマシンを動かすために全力を尽くすよう促した。彼はベストを尽くしたが、結局サンフランシスコに戻り、ベンチャーキャピタルで大金を稼ぎ、民間の医療技術革新への投資を専門にした。官僚主義がまた勝ったのだ。

この種の話は、連邦政府全体で毎日起こっている。ハリー・トルーマン大統領は、大統領といえども政府内の物事を変更する際に直面する困難についてコメントした。２０１２年９月、ジェイソン・ケリーはシカゴ大学誌でこう述べている：

「ハリー・トルーマンはドワイト・アイゼンハワーを気の毒に思った。結局のところ、失敗した小間物屋に過ぎなかったトルーマンが、自分の大統領権限に対する障害に歯がゆかったとしたら、元五つ星将官である後継者がどれほど苛立つか想像に難くない。大統領執務室の机を叩きながら、トルーマンはこう言った「彼はここに座って、『こうしろ！あれをやれ！』と言う。そして何も起こらない。かわいそうなアイク。軍隊のようには少しもならないだろう。」

トルーマンの考えでは、最高司令官への昇進はアイゼンハワーの権力を制限することになる。選挙で選ばれた公職者としてのアイゼンハワーの命令は、軍隊でのように即座に受け入れられるものではなくなってしまう。トルーマンに言わせれば、大統領は懇願することしかできなかった。「私は一日中ここに座って、私が説得しなくても、十分な分別があればできるはずのことをするよう、人々を説得しようとしている。大統領の権限はそれだけだ。(3)」」

大統領でさえ官僚機構を手に負えないと感じるのであれば、地方市民や小さな町の市長、あるいは知事でさえ、連邦官僚を相手にするのは難しいことは想像に難くない。非常に困難な挑戦である。連邦、州、地方の官僚組織は巨大化し、組合化したため、変革に抵抗するようになった。システム全体が非効率的、そして多くの点で不誠実になっている。

私たちが受け継いできた官僚組織は、工業時代の機械主義的な組織形態を象徴している。私のお気に入りの例はペンタゴンだ。この巨大な建物は１９４３年に開設され、２万６千人の職員が手動のタイプライターとカーボン紙を使って世界規模の戦争を管理した。それから約80年後、手動のタイプライターとカーボン紙はノートパソコン、iPad、スマートフォンに取って代わられた。カーボン紙や手動のタイプライターに取って代わった現代のシステムが持つ情報管理の可能性を想像してみてごらん。それは1000：1の割合に違いない。しかし、ペンタゴンではまだおよそ2万7千人が働いている。

官僚組織の着実な成長と、その適応性や生産性の低下は、驚くべきことではない。65年以上前、官僚組織が成長し、自らを守り、その有効性を低下させるという自然な傾向は、必然的な展開として説明されていた。1955年、英国の海軍史家シリル・ノースコート・パーキンソンはエコノミスト誌上で、パーキンソンの法則として知られるようになった造語を発表した。

法則はこうだ：

「仕事は、その完成のために利用可能な時間を埋めるように拡大する」[4]

BBCの論文でティファニー・ウェンは、パーキンソンが理解しようとしていたのは「英国公務員の官僚化という別の種類の非効率性」だと指摘した。

彼女はこう説明した：

「彼は、1914年から1928年の間に海軍の艦船の数は3分の2に、人員は3分の1に減少したにもかかわらず、官僚の数は年間6％近くも膨れ上がっていることを指摘した。人員は減り、管理すべき仕事も減ったが、管理職は依然として拡大しており、パーキンソンはこれが海軍の作戦上の必要性とは無関係の要因によるものだと主張した。

パーキンソンは、官僚化につながる２つの重要な要素、すなわち、彼が『部下の増殖の法則』と呼んだ、管理職が２人以上の部下を雇って自分の部下とさせ、どちらも管理職自身と直接競合しないようにする傾向と、官僚が他の官僚のために仕事を作り出すという事実を指摘した。」

ウェンは、パーキンソンの法則の現代的な非政府レベルでの検証について報告した：「パーキンソンの法則を真剣に研究している学者の一人が、ウィーン医科大学の複雑系科学教授、シュテファン・トゥルナーである。トゥルナー氏は、ウィーン大学の医学部が２００４年に独立した大学に分裂したとき、この概念に興味を持ったという。

数年のうちに、ウィーン医科大学は15人で運営されていたのが１００人になった。「私はそこで何が起こっているのか、なぜ官僚の負担が減らないのかを理解したかったのです。」と彼は言う。

企業は通常、フラットなヒエラルキー、おそらく２人のエンジニアからスタートする。会社が成長するにつれて、彼らはアシスタントを雇い、そのアシスタントが昇進して部下を雇う。「ピラミッドは成長し始める。ヒエラルキーを導入する以外に何の役にも立たない人工的な階層を追加することで、人を昇進させて喜ばせ、モチベーションを維持することができる。ピラミッドが非常に大きくなり、コストがかかるようになると、会社の利益を全て食いつぶしてしまうかもしれない。この段階で官僚組織を大幅に縮小しなければ、会社は死んでしまうだろう。[5]」

もちろん、拡大する官僚機構が税金で賄われている場合、官僚機構が滅びることはない。納税者に対するさらなる資金要求は、官僚機構が労働組合化されている場合、より大きく、より激しくなる。教員組合は最近、その政治力を利用して、教壇に立つことを拒否した教員に給与を要求したり、担当する若者の教育に明らかに失敗した教員を給与所得者として雇用し続けたりした事例がある。

官僚主義の拡大がもたらす資源的影響と同様に、官僚主義の拡大がもたらす現実世界での影響も大きい。まず、単純に成功しないことである。そして、その失敗を隠蔽するために、システムはますます大きな嘘をつかなければならなくなる。嘘が重なり、大きくなるにつれ、腐敗はより一般的になり、許容されやすくなる。

大きな政府問題

最近の3つのケーススタディは、失敗と不誠実の規模を反映しており、アメリカの業績システムがますます侵食され、成績不振、不正確、二枚舌のシステムに取って代わろうとしている。

第1に、政府によるさまざまな救済策、特に政府が強制したCOVID－19の閉鎖に対応するために創設された失業保険プログラムにおいて、窃盗の規模が明らかになりつつある。推定によると、失業手当のうち最大４千億ドル（全国の資金の約半分）が外国の犯罪組織によって不正に盗まれたものである[6]。検察当局によると、カリフォルニア州だけでも、州の失業制度から少なくとも２００億ドルが盗まれた[7]（当初の見積もりでは３２０億ドルとも言われていた）。どうやらそのかなりの部分は、すでに刑務所にいた犯罪者が、刑務所のコンピューターを使って個人情報の窃盗を働いたために盗まれたようだ。刑務所の外にいる彼らの同僚が小切手を受け取り、入金したのだ。ワシントン州では、失業補償制度が詐欺によって6億４７００万ドル以上を失ったと州監査官が推定している[8]。

ワシントン州から不正に得た資金の多くは、アメリカ人のＩＤを盗む専門家となったナイジェリア人に流れたと伝えられている。もちろん、それだけ多くの金が盗まれたということは、同胞から盗もうとするアメリカ人が大量にいたということだ。例えばワシントン州では、元雇用保障局職員が36万ドルを盗んだ疑いで起訴されている[9]。

２つ目のケーススタディは、アフガニスタン紛争という大惨事である。アフガニスタン作戦の20年間、不誠実、偽情報、隠蔽工作が絶えなかったようだ。現場の軍事指導者たちは、任務も成功の定義も持たず、作戦が失敗する運命にあることを知っていた。しかし、軍上層部からは希望に満ちた報告がワシントンに届き続け、血なまぐさい戦争は続いた。

『ワシントン・ポスト』紙のクレイグ・ウィットロックは、『アフガニスタン・ペーパーズ：戦争秘史』という驚くべき本の中で、国防総省が独自に作成した上級将校への任務報告会の記録を用いて、軍と政府が少なくとも16年間にわたり組織的に誤解を招き、時には誤った情報を流してきたことを明らかにしている。国防総省の誠実さと能力に対する信頼は、その内部インタビューや文書によって打ち砕かれるだろう。

また、2021年のアフガニスタンからの実際の撤退の無能さについても、よりよく理解できるだろう。なぜなら、官僚化され、自己欺瞞に満ちた防衛システム（軍事的能力よりもウォーク主義を重視する）は、中国共産党のような深刻な敵対勢力や他の敵対勢力の連合軍に直面したとき、あっけなく崩壊してしまうからだ。ある退役軍人で、戦史の研究家として偉大な経歴を持つ人物が私に書いてくれたように、我々は、1940年にドイツ軍を破る見込みがなかった1920年代や1930年代の敗北主義者のフランス軍将兵のようになりつつある。

第3のケーススタディは、COVID－19パンデミックに対処しようとした公衆衛生システムの異常な失敗である。多くの点で、この失敗は救援資金の窃盗やアフガニスタン戦争に関する嘘の影響さえも凌駕している。

米国での最初の感染から2年以上経った今でも、検査やワクチンが不足している。そして、ウイルスを克服し、対処するための恒久的な計画はまだない。もし米国がメロドラマ的な政治に陥っておらず、哀れなほど狭量で党派に焦点を当てた議会が多数を占め、批評から同盟者を守ろうとする報道機関がなければ、COVID－19パンデミックへの対応を本来あるべき状態よりもはるかに悪化させた無能、不誠実、そして些細な私利私欲の規模について、現在驚くべき議会やメディアの調査が行われていただろう。

COVID－19の出現後、公衆衛生官僚が初期に犯した2つの失敗を考えてみよう。病気の広がりを追跡することができなかったことと、国中に浸透させることができる安価な自己投与テストを開発できなかったことである。

公衆衛生システムの失敗の規模を理解するには、まず公衆衛生システムというものが存在しないことを理解する必要がある。予算、専門知識、能力の規模が異なる地方、州、連邦政府機関が集まっている。その多くは、ファックスによる情報収集という時代遅れのモデルで運営されており、2週間前に何が起きていたかを把握するのに2週間以上かかるのが日常茶飯事だ。

このバラバラの活動の中心にあるのが、疾病管理予防センター（CDC）である。この広大な研究システムは、第二次世界大戦中に陸軍のマラリア対策室から発展したものである。COVID－19が発生する以前は、CDCは世界でも傑出した新病の研究分析センターとして広く知られていた。エボラ出血熱から麻疹に至るまで、その研究は歴史に残るものであり、世界標準となった。

しかし残念なことに、官僚組織の偉大な伝統に従って、CDCは自らの宣伝効果を信じるようになり、その権力と地位を守るようになった。CDCの外部からアイディアがもたらされると、官僚たちはまるで外国の病気を攻撃する免疫システムのように反応するようになった。

さらに、新しいアイディアが物事の進め方を根本的に変える必要があったとしても、自己満足に浸ったCDCのリーダーたちは、それを不要なものとして片付けてしまった。彼らは世界中で何十回もの健康危機に対処してきたのだから、プロトコルや手順を見直す必要はなかったのだ。COVID－19パンデミックの最中、私が尊敬し、医学の専門家として申し分のない評価を得ているCDCの元局長は、地方の公衆衛生局がそれぞれ独自のことをやっているという、混沌としていて、協調性がなく、時間がかかり、明らかに標準化されていないシステムが、私たちにできる最善のことだと私に言った。

CDCは、本当は検査発明の仕事をしているわけではなかったが、COVID－19の検査開発を自らに課していた。アメリカでは血液検査は少数の巨大企業に支配されている。政府と大企業の提携によって、大規模な検査はあまりにも難しく、高価で、時間がかかっている。

カリスタと私は2021年のクリスマスにイタリアにいたが、事実上どの薬局でも8ドル（5ユーロ）ほどでリアルタイムの検査が可能だった。12月、私たちはヴァージニア州アーリントンにある効率的で1日がかりの検査事務所に2度行った（最初はケネディ・センター栄誉賞に行くため、次はイタリアに飛ぶため）。イタリアのほぼ全ての薬局で検査を受けたのとは対照的に、ここでは予約を取り、時間通りに出向き、それでも列に並び、8ドル以上を支払い、結果が出るまで一晩待たなければならなかった。

COVID－19がパンデミックであることが明らかになったその日から、2020年2月末までに武漢、中国、そしてヨーロッパの多くに注意を払っていた人なら誰でも、新しい考え方とシステムが必要であることを知っていた。残念ながら、過去数回のパンデミックは、世界的な脅威として現実化することはなかった。

パニックになることにかなりの警戒感があり、平常心を示唆する方向に偏っていた。私は２０２０年２月にアンソニー・ファウチ博士とポッドキャストで対談したことがあるが、彼は明らかに、この事態は管理可能であり、我々のシステム全体を揺るがすようなものではないと考えていた。[10]

ＣＤＣ、国立衛生研究所、食品医薬品局、そして一般の公衆衛生環境におけるさまざまな失敗の数々は、何が問題で、何を修正する必要があるのかの分析を伴う、綿密で深刻な調査につながるはずだった。本書を書いている時点では、まだ何も行われていない。

これらは、官僚機構がいかに失敗し、国家を弱体化させているかを示す強力な例であり、研究する価値がある。我々は何千億ドルもの税金が盗まれるのを見てきた。20年もの間、私たちは不誠実で無能な戦争指導を見てきた。ウイルスが何十万人ものアメリカ人を殺し、経済全体が（特に中小企業にとって）政府によって破壊された。これらの災難に共通するのは、肥大化した非効率な官僚主義である。問題の根源に迫り、強力な改革を展開するための深い調査を求めるべきである。

この内省と修正がなければ、これらの問題はさらに悪化するだろう。現在のところ、私たちの報道メディア、政治家、官僚、利益団体のシステムは、現実に対処し、納得のいく、より良い未来の対応にたどり着くことができていないに等しい。

生き残るためには、アメリカは破綻しつつあるシステムを入れ替えなければならない。ルーズベルト的、官僚的、そしてイデオロギー的な90年間の進化の束縛から抜け出すことができなければ、共産中国に対抗することは不可能になるだろう。その結果、一世代も経たないうちに、中国が定義し支配する体制が出来上がるだろう（多くの大企業が北京に屈服し、中国共産党独裁政権をなだめるために明らかに虚偽のことを言っているのを、すでに目にしている）。

アメリカの自由と安全に対する脅威は非常に大きいため、2022年、2024年、2026年の選挙の目標は、通常よりも劇的に大きくなければならない。ルーズベルト政権のシステム全体を置き換えるために、国民の支持を集めるキャンペーンを展開しなければならない。

事実上、変革には個人ではなくアイディアが必要なのだ。現在の考え方の枠組みの中で個人を変えるだけでは、せいぜい衰退の速度を遅らせるだけだ。

2022年、2024年、2026年の選挙には3つの可能性がある。この3つのうち2つは、アメリカにとって並外れた危機である。そのうちの1つだけが、自由、繁栄、安全に対する内外の脅威を生き延び、それを乗り越えて繁栄することを可能にする。

「大きな政府の社会主義者」の復活

最初の悲惨な結果は、「大きな政府の社会主義者」の復活である。これはあり得ないが、可能性はある。

今の状況がどんなに悪く見えても、（現在の民主党の仮面をかぶった）「大きな政府の社会主義者」が復活する可能性は常にある。現代で最も驚きの復活をしたのは、１９４８年のハリー・トルーマン大統領だった。

世論調査会社がこぞって共和党候補のトム・デューイ（ニューヨーク州知事）の勝利を示唆したほど、トルーマンは後塵を拝していた。実際、ほとんどの世論調査会社は、トルーマンの立場が絶望的だと確信したため、９月に大統領選の世論調査を中止した。

国の情勢とジョー・バイデンの支持率を考えると、２０２２年の選挙は、よほど予想外のことが起こらない限り、大きな政府を掲げる社会主義者に不利な選挙になりそうだ。しかし、それが２０２４年の大統領選勝利につながるかもしれないし、つながらないかもしれない。

１９４６年、１９９４年、２０１０年に共和党が下院で大勝し、それぞれ55議席、54議席、63議席を獲得したが、その直後に民主党が大統領選で勝利した。そしてそれは、どちらにも当てはまる。１９８２年と１９８６年の民主党の議会勝利は、１９８４年と１９８８年の民主党の大統領勝利には結びつかなかった。

バイデン大統領の低支持率、カマラ・ハリス副大統領の低支持率、あるいは「大きな政府の社会主義者」による失敗の数々が、自動的に２０２４年の共和党大統領選勝利につながるなどとは、誰も当然に考えるべきではない。政治の時の流れは速い。

政治の世界では、1年は長い時間になる。カーター政権の崩壊状態から、「大きな政府の社会主義者」が立ち直るようには見えなかった。（カーターは1980年にロナルド・レーガンに敗れ、現職としては近代最大の選挙人団の敗北となり、民主党は上院の主導権を失い、共和党は下院で34議席を獲得した）。

しかし、可能性が低いことと不可能なことは同じではない。バイデンが任命した「大きな政府の社会主義者」が官僚や裁判所に8年間も居座ることは、アメリカにとって大惨事となるため、この可能性は慎重に分析されなければならない。

2023年と2024年の共和党主導のアメリカン・マジョリティのキャンペーン活動は、上下院を維持する計画から始めなければならない。同時に、2026年の共和党のあらゆるレベルでの勝利を確実にするために、共和党支持層をはるかに超えたアメリカ人の幅広い連合を発展させなければならない。

「基盤動員」キャンペーンではなく、「基盤拡大」キャンペーンが必要である。

共和党の典型的な泥仕合

2つ目の酷い状況は、共和党の勝利が完全に否定的で、近視眼的で、勢いがなく、アメリカの将来に対する脅威の規模を理解していないことである。

ここ数十年、共和党は、「アメリカとの契約」（1990年代に成立させた改革の成功プログラム）の核心である、アメリカ人のためにより良い未来を創造するという焦点を徐々に失ってきた。その代わりに、政権の座を維持するために対立候補を打ち負かすだけの習慣に陥ってしまった。共和党全国委員会の元政治責任者ジェントリー・コリンズが最近私に語ったように、共和党員の多くは「何かに賛成する」ことを忘れ、「誰かに反対する」ことがデフォルトになっている。その結果、メディアは私たちを攻撃しやすくなり、文化的に私たちの理想の多くを共有するマイノリティ有権者を含む、新しいアメリカ人を党に引き込むことが難しくなった。実際、私たちがアメリカン・マジョリティ・プロジェクトで実施した広範な世論調査やフォーカス・グループは、ラテン系アメリカ人やアジア系アメリカ人の有権者が、大きな政府を掲げる社会主義者たちによって着実に勢いを増しつつあることを示している。

その一方で黒人女性は学校選択の問題で共和党を支持し、黒人男性はバイデン率いる経済危機を受けて共和党を支持している。共和党が相手を否定するばかりの浅はかな選挙戦で勝利することが最も可能性の高い結果であり、それはアメリカにとって悲惨な結果をもたらすだろう。「大きな政府の社会主義者」の津波が押し寄せている。注意を払えば、誰でもそれを感じることができる。２０２２年の選挙が、インフレ、無法地帯の国境、失敗したCOVID－19政策、エネルギー価格の高騰、サプライチェーンの混乱、脆弱な外交・安全保障政策、国内での犯罪の増加、制御不能なホームレス問題、蔓延する依存症、蔓延する精神衛生問題、その他多くの危機に対する国民投票となれば、政権与党は不満と失望に満ちた有権者によって罰せられることになるだろう。

2022年の選挙に勝つには、「大きな政府の社会主義は機能していない」というシンプルなキャンペーンで十分だろう。しかし、それだけではこの国を救うことはできない。政権与党が失敗したからといって選挙に勝っても、私たちが必要とする規模の変革の舞台は整わない。それでは、自由、繁栄、安全保障、希望といった、広く支持されている私たちの楽観的な原則のためではなく、民主党に対抗するために走り続けることになる。

共和党の組織には、アイデア重視のキャンペーンを展開しようとしない深いバイアスがある。共和党のコンサルタントや委員会の大半は、単に勝つことで成績を残すことに安住している。彼らは野党調査や「彼らではない」キャンペーン・システムを開発する本能を発達させてきた。

ルーズベルトのニューディール政策、大きな政府モデルが支配的であるため、既存の100年近く前のシステムの外にある、新しいアイデアや言葉で突破することが難しい。90年にわたり、政治と行政はニューディールのコンセンサスの中で動いてきた。最大の変化は、リンドン・ジョンソン大統領の「大いなる社会」で、官僚機構をさらに大きくし、政府を増やし、富裕層や中間層から貧困層への再分配を拡大した。

ニュースメディアの、支配的で大きな政府モデルを支持するバイアスの強さ、そしてそこから脱却しようとするアイデアへの深い敵意も、とてつもなく大きなハードルとなっている。現代のニュースメディアは、大きな政府と富の再分配が良いことであり、リベラルな民主党のアイデアと言葉がアメリカの問題に対する当然の解決策であるというルーズベルト・ジョンソンのコンセンサスの中で育った。

大きな政府というコンセンサスの外側で、大胆な新しい解決策を明確に打ち出し、発展させるのはかなり難しい。だから、ほとんどのニュースメディアは敵対的になる。記者やアナリストにネガティブキャンペーンを取材させ、なぜ民主党に欠点があるのかを伝えるのは、リベラル派のコンセンサスに挑戦する新しいアイデアや新しい言葉を伝えるよりもずっと簡単だ。

１９６４年、バリー・ゴールドウォーターが支配的モデルからの脱却を図ったものの、崩壊を思い出してほしい。衝撃的だった。ゴールドウォーターの失脚は、ルーズベルト体制内では臆病な考えも容認されるが、大きな政府から脱却しようとする大胆な努力はメディアから攻撃され、国民から罰せられるということを証明したかのようだった。

レーガン大統領でさえ、ルーズベルト以来大統領として最高のコミュニケーターであったことは間違いないが、それまで育ってきたコンセンサスから外れた考えを避けたり、発案したりすることに慎重であった。レーガンはルーズベルトの民主党支持者だった。１９４８年の時点で、彼はトルーマン大統領の再選とヒューバート・H・ハンフリー上院議員を支持するコマーシャルを作っていた。

レーガンは、経済を活性化させるための3年間の減税や、自由を優先させるためのソ連への理路整然とした反対など、具体的な大きな提案をいくつか持っていた。彼は、プライムタイムにはまだ早いと直感した、幅広い保守的な提案には慎重だった。

私たちが「アメリカとの契約」を作成する際に注意したのは、70％以上の支持を得た問題だけを取り上げること、そして保守色が強くても敵対的なメディアから攻撃されるような問題は避けることだった。

つまり、ルーズベルトのニューディール・モデルから、現在民主党を支配しているビッグ・ガバメント・ソーシャリズム・モデルへの進化と、機能しない官僚組織や政策の明らかな衰退は、新世代のアイデアを開発する機会を提示している。

しかし、90年にわたる左翼思想支配の根底にある習慣と偏見により、共和党の候補者やコンサルタントの多くは、思想レベルで競争する習慣がない。彼らは、英国の故マーガレット・サッチャー首相の「まず議論に勝ち、次に投票に勝つ」というルールをよく理解していない。

議論に勝つためには、主張すべきポジティブなアイデアを持っていなければならない。これは、攻撃で勝つことに重点を置く従来の共和党のキャンペーンとは大きく異なる。

なぜなら、候補者は自分たちの主張を理解し、反対派の攻撃や敵対的な報道機関、反対する市民から自分たちの考えを守る覚悟がなければならないからだ。

これとは対照的に、コンサルタント中心のシステムは、本質的に相手を攻撃し、公開討論のリスクを最小限に抑え、相手側を防衛一方に追い込むことに偏りがある。その結果、コンサルタントが作った候補者は、有権者が彼らのことをよく知らないまま当選する可能性がある。この際、重要なことは、彼らの候補者は、議会でうまく戦うために自分の立場について十分に考えるよう促されていないということだ。

アイデアの発達には時間がかかる。また、提案を伝え、守るためには戦略的な規律も必要だが、否定的な攻撃キャンペーンには必要ない。攻撃キャンペーンは本質的に戦術的で場当たり的である。アイデア・キャンペーンは本質的に戦略的であり、メッセージを守り続ける必要がある。

レーガンが１９６４年10月、ゴールドウォーターのために全国放送で行った演説「A Time for Choosing（選択の時）」は、アイデアの戦略的展開の素晴らしい例である。(11)

この演説を読むと、レーガンが16年後に大統領の座に集中することになるアイデアのほとんどに出会うことになる。現実的な成果として、１９９６年に福祉改革を成立させることができたのは、レーガンが１９６５年の最初の知事選で提案していたからだ。福祉改革は、30年前から芽生え、着実に人気を集めていたアイデアだった。

積極的でアイデア重視のキャンペーンには困難がつきものだが、国家を決定的に動かす唯一の方法である。明らかにネガティブなキャンペーンで勝利しても、大衆の支持は何も得られていない。国民も、支持者も、大統領府の盟友も、そしてあなた自身のチームでさえも、あなたが何をしようとしているのかよく分からない。

これとは対照的に、アイデアを重視した前向きな選挙戦に勝利すれば、自分のアイデアを守り、それに対する大衆の反応から学び、選挙で選ばれた盟友に自分の価値を知らせ、前向きな行動を起こすための舞台を整え、願わくば志を同じくする指導者たちを鼓舞することができる。

アイデアを避け、民主党のネガティブなパフォーマンスに焦点を当てた２０２２年の選挙戦は、国にとって重大な損失となるだろう。共和党はおそらくそのネガティブキャンペーンで勝てるだろうが、あと2年間、激しい党派間のいがみ合いと人格攻撃の舞台を整えただけだ。

ニュースメディアは共和党を酷評することに集中し、アメリカは衰退の一途をたどるだろう。一方、崩壊しつつある「大きな政府の社会主義」システムは、資源を吸収し続け、より良いアメリカの未来を発展させることはできないだろう。

アメリカの多数派

私たちを危険にさらす脅威に立ち向かい、克服することができるのは、ただひとつの結果だけである。私たちは、共和党員、無党派層、そして国の将来を憂慮する民主党員に手を差し伸べる、情報に基づいた前向きなアメリカン・キャンペーンを必要としている。

「大きな政府の社会主義」や時代遅れの官僚機構が、全ての人にとって安全で豊かで自由な未来を発展させることができると、信じていない全ての人に手を差し伸べる必要がある。アメリカの多数派を構築しなければならない。

我々は、「大きな政府の社会主義」の考えに対する決定的な勝利と、アメリカが自らを守り、今後、何世代にもわたって国内の主要な課題を解決できるようにするのに、十分強力な改革と代替のプログラムが必要である。破綻した制度に取って代わり、救済可能な制度に改革することを約束する、完全に発展した前向きなアメリカのプログラムだけが、真の課題に対応できる。

アメリカン・マジョリティー・プロジェクトでは、大きな解決策とより良いアメリカの未来のビジョンをめぐって国民的合意が形成される可能性を示す、膨大な量のデータを持っている。

アメリカの前向きなキャンペーンは今始めなければならない。まず、上下両院の共和党議員は、党派的な要望よりも国家のニーズに焦点を当てることを支持すると表明すべきである。彼らは本気でなければならない。議会でもメディアでも、その基準を満たさないものとの関わりを拒否しなければならない。共和党の未来ではなく、アメリカの未来を語るべきだ。

現職議員や候補者は、タウンホールミーティングを開催し、アイデアに耳を傾けるよう奨励されるべきである。マルコ・ルビオは、フロリダ州下院議長選挙に出馬した際、議員たちに資金集めだけでなく「アイデア募集会」も開かせた。次期下院議長を選出する会議で、彼は白紙のページがある本を掲げ、有権者からの解決策を本に記入するよう同僚たちに求めた。これは採用できる素晴らしいモデルだ。

２０２０年、下院共和党が専門家の予測を上回る40議席を獲得した鍵のひとつは、ケビン・マッカーシー党首の「Commitment to America（アメリカへのコミットメント）」だった。それは、下院共和党が新しい有権者を獲得し、未決定層を改心させるためのより良いアプローチを提供する前向きなビジョンであった。上下両院の共和党は、党派的な問題ではなく、国家的な問題に関する一連の臨時公聴会を立ち上げるべきである。

前向きな解決策を開発している人々がいるシンクタンクは幅広く存在する。彼らは公聴会を開き、改革を説明し支持する論文を発表し、「大きな政府の社会主義者」たちが破綻したシステムを擁護し、新しい希望に満ちたアプローチを攻撃しようとする中で、積極的な公開討論を行うことができる。

民主党、特に下院のペロシ議長の下での民主党は、あまりに意地悪で、否定的で、傲慢であるため、共和党の時間とエネルギーを彼らの党派的悪意に合わせることに集中させたくなるが、それは大きな間違いである。

アメリカは国として多くの課題に直面しており、アメリカ人は個人的にも多くの課題に直面している。アメリカ人は、自国の問題を解決しようとするリーダーシップと、自国の問題を解決するためのより良いチャンスを与えるツールを求めている。彼らが求めているのは、政治的な点数稼ぎではない。より成功した人生を送りたいのだ。

下院共和党は、党派に焦点を当てた公聴会には10％ルールを設けるべきだ。時間と労力の90％は、アメリカの問題に対する解決策を理解し、発見し、開発し、伝えることに集中すべきである。少数派の議員であっても、大きなアイデアに焦点を当て、明るく粘り強くそれを追求すれば、大きな影響力を持つことができる。

ジャック・ケンプがサプライサイド経済学を着実に発展させ、実行に移し、何百万人ものアメリカ人を働かせるための強力な減税を実現したのを見た。ディック・アーミーが基地閉鎖委員会の構想を練るのも見た。

どちらの場合も、アイディア・リーダーが少数派であり、そのアイデアに適した委員会に所属していなかった。ケンプは、税金を扱う委員会である下院歳入委員会に所属していなかった。アーミーは、自分のアイデアを実現する法案の立法府である軍事委員会に所属していなかった。しかし、彼らの起業家精神とたゆまぬ集中力は、不利な状況や構造的な困難にもかかわらず、勝利へと導いた。

開放的で解決策を重視し、アメリカの多数派を重視する共和党では、多くのエネルギッシュな党員が自分の関心のあるトピックを選び、それを勝利のための争点や、前向きな立法構想に変えるために努力する機会がたくさんある。また、解決志向の政党には多くの「商品チャンピオン」が必要であり、多くの人々がそれぞれの立場でスターになれるような場を設けなければならない。

共和党はできるだけ早く、アメリカをより良くすると信じる法案を提出すべきである。彼らは、自分たちの解決策がなぜより良いアメリカの未来につながるのかを説明することに、ほとんどの時間を割くべきである。この対話の過程で、修正すべき点や修正漏れを知ることになる。

新しい解決策を開発するのはプロセスであり、最初の大胆な一歩は、それが広く受け入れられ、実際に実行できるようになるまで、しばしば修正・改善されなければならない。（これが立法プロセスの本来の姿である）共和党が無党派層や懸念する民主党議員を引きつけ、アメリカの多数派になったとき、それらの法案を可決するべきだ。

バイデンが拒否権を発動したければ、それは彼の特権だ。そうすれば、共和党が擁護できる問題を中心に２０２４年の選挙戦のアジェンダを形成し、破綻した「大きな政府の社会主義」の擁護と、人々の生活を向上させ、アメリカの存続を助ける新しいアイデアとの間に鋭いコントラストを描くことになる。これで、アメリカの多数派が勝利するための真の議論ができるだろう。

最終的には、共和党が２０２２年９月と２０２４年９月に「アメリカとの契約」に似たものを採択するのが良いだろう。これらの契約には、国民的多数派が結集できるような、大きくて大胆な提案が10個以下である必要がある。何百もの有益な法案が作成され、提出される可能性もある。しかし、このキャンペーンでは、最大かつ最も強力で、最も人気のある新提案に焦点を当てるべきである。

これがこの国を救う唯一の方法だ。やらなければならない。

第3章

機能するもの：歴史、安定性、強さ

「大きな政府の社会主義」は機能しないのだ。社会主義が生み出した、自己強化的失敗の巨大な連鎖から抜け出すには、機能する前向きな政策と解決策の基礎を理解する必要がある。「大きな政府の社会主義」が提供するものよりも、はるかに良いアメリカの未来を急速に創造するために実施できる、現在の問題に対する無数の即時解決策がある。しかし、現在の政治・メディア情勢では、これらの解決策を場当たり的に、あるいは行き当たりばったりで推し進めることは、共通の基盤や戦略を持たない、バラバラの個々の戦いを生み出す可能性がある。

これらの努力のいくつかは、エゴや内紛のために最終的には失敗に終わるだろう。残りは、一人一人摘み取られるか、常識に近づこうとするものに対して敵意をむき出しにするメディアによって無視されるだろう。だから、成功のための基本的なパターンや原則から始めなければならない。これらは、事実上アメリカ生活のあらゆる側面、そしてアメリカ自治政府のあらゆるレベルに適用されるべきである。

実際、これらの考え方は、市民生活や私生活の事実上あらゆるレベルにも適用できる。最初の原則は、他の全ての解決策を構築し、より効果的にすることができる基本原則である。それは、「歴史」、「安定性」、「強さ」である。

最貧困層から上流社会のエリート層まで、ほとんど全ての場所で、「大きな政府の社会主義」の価値観、政策、制度は破綻している。「大きな政府の社会主義者」たちは、アメリカの歴史、安定性、強さ、そして2世紀半にわたるアメリカの成功を生み出した原則を否定している。その結果、単に機能しないアイデアへの絶望的なコミットメントに至っている。

大きな政府を信じる真の社会主義者は、この本をまったく受け入れがたく、ばかばかしいとさえ思うだろう。結局のところ、彼らの世界では、アメリカの過去こそが問題なので、それが解決策になるはずがない。

しかし、もっと心の広い人たち、特に共和党員や保守派であるとさえ思っていない人たちには、これらのパターンを見て、こう自問自答してほしい‥

現実的な日常生活レベルにおいて、アメリカ文明の歴史的原則が悪いものだとしたら、どうして歴史上最も裕福で、最も自由で、最も安全で、最も包括的な社会が生まれたのだろうか？

地球上のどの国とも違って、どこからでもアメリカ人になることを学ぶことができる。ほんの数年で、他国では決して成し遂げられなかったレベルの成功を手にすることができる。特に今日、学界、メディア、政治的左派の多くが、私たちの社会のシステム上の欠陥を批判しているにもかかわらず、アメリカは世界中から何百万人もの人々を惹きつけ続けている。理由は簡単だ‥平均的な人々にとっては、地球上のどの場所よりも、ここにいる方がはるかに良いのだ。

成功は歴史から始まる

歴史はアメリカ人の経験の核心である。3世紀近くにわたり、アメリカ人は何をすべきか、何を避けるべきかという教訓を歴史に求めてきた。歴史の教訓は人を保守的な価値観（勤勉、忍耐、起業家精神、限られた政府など）に導く傾向があるため、大政翼賛社会主義者は歴史、特にアメリカの歴史を嫌う。福祉国家が失敗していることを何十年も見てきた結果、本当の問題は、人々が人生をどのように見て、どのような教訓を学ぶかという根本的なレベルに存在することが明らかになった。

１９９3年、私は「アメリカ文明の再生」という講座を教え始めた。この講座では、官僚主義的な依存を求める大いなる社会のアプローチと、それまでアメリカの歴史において機能してきた、制限された政府と独立の教訓との原理的な違いについて概説した。この講座は、ナンバーワンのベストセラー『アメリカを再生する』へと発展し、１９９4年の「アメリカとの契約」の基礎となった。

それは１９９6年の福祉改革法案の土台となった。この講座を初めて教えてから30年近く経った今日、アメリカ史の正確さと力強さは、成功のための原則を示す上で、これまで以上に役立っているようだ。私たちが生き残りたいのであれば、アメリカを最も自由で、繁栄し、力強く、文化的に統合された国家にした思想、制度、原則を学ばなければならないことは明らかである。

アメリカの過去に対する「大きな政府の社会主義者」の偏見は、そのメンバーが歴史を歪めることなく、学ぶことを特に難しくしている。しかし、建国の父たち以来、アメリカの指導者たちは史実から学ぶという、驚くほど強いパターンがある。独立戦争時代（およびそれに続く、憲法を制定し、外国の危険や自分たちの政府からアメリカ人を守ることのできる、市民が管理する政府を作るための努力)、指導者たちは何度も歴史に目を向けた。

大英帝国に対抗するために、新米国人はイギリスの歴史と、その伝統の中で体現された法の原則を引き合いに出した。初期のアメリカ人たちは、自分たちが1215年のマグナ・カルタにさかのぼる、イギリス市民の伝統的な権利を体現していると考えていた。独立宣言を書く際、そしてその起草に至るまでのイギリス王室との意見の相違の中で、建国者たちは自分たちがこれらの権利を再主張していると信じていた。

初期のアメリカ人たちは、自由を最大限に尊重し、政府を制限しながら、新国家を防衛するのに十分なほど強力な政府を樹立することに苦慮していたとき、ギリシャとローマの歴史に目を向けた。ギリシャの歴史は、彼らに大衆民主主義が危険であることを確信させた。純粋な民主主義は、暴徒の支配や破壊的、反動的、近視眼的な政策を引き起こす危険性があったのだ（これは、選挙人団の廃止を望む今日の多くの人々にとっての教訓でもある）。

ジェームズ・マディソンが『ザ・フェデラリスト第55篇』で書いたように、「もし全てのアテネ人がソクラテスであったとしても、議会は依然として暴徒であっただろう」(1) ローマの歴史は、共和制でさえ腐敗と派閥主義に堕落し、最終的には自由が帝国の専制政治に取って代わられることを彼らに確信させた。

もうひとつの焦点は、イングランド内戦（1642～51年）である。この紛争によってオリバー・クロムウェルは残忍な独裁体制を確立し、議会を解散させた(1653〜58年)。建国の父たちが最も恐れていたことの一つは、大英帝国との8年間の戦争で苦労して勝ち取った自由が、将来アメリカでクロムウェルのような指導者に押しつぶされることだった。

つまり、建国の父たちにとっての歴史の重要な教訓は、自分たちが作ろうとしている政府が、外国のいかなる勢力よりもアメリカの自由にとって大きな脅威になりうるということだった。だからこそ彼らは、合衆国憲法の修正条項第1条から第10条までを権利章典として成立させることにこだわったのだ。彼らは、自分たちの政府から市民を守る必要があることを知っていたのだ。歴史を研究し、その教訓を学ぶことへの情熱は、建国者たちだけにとどまらなかった。

エイブラハム・リンカーンはその情熱を体現していた。リンカーンの政治的な読書は、『アメリカン・スピーカー』(The American Speaker)、『コロンブスの雄弁家』(The Columbian Orator)、『ケンタッキーの戒律師』(The Kentucky Preceptor)といったアメリカ史のテキストが最初であった。

リンカーンは、パーソン・ウィームズの有名なジョージ・ワシントンの伝記（数世代にわたってワシントンを紹介する最も一般的な理想化された伝記）を吸収した。米国が内戦に突入することが明らかになったとき、当選したばかりのリンカーン大統領は、議会図書館から戦史と戦法に関する本を借りて、心の準備をした。

その1年前、彼はクーパー・ユニオンでの重要な選挙演説を練るために、初期共和国の歴史に没頭していた。ニューヨークで行われたこの演説は、奴隷制の歴史、建国の父たちの考え方、そして最終的に奴隷制を廃止するという彼らの願望を7千語に要約したものだった。

この演説は非常に説得力があったため、北部全土の新聞に転載され、リンカーンは有力な国全体の大統領候補となった。

一世代後の1882年、24歳のセオドア・ルーズベルトが『1812年の海戦』を書いた。アメリカの存亡に関わる海戦の重要性を、生き生きと描いた彼の文章は大きな衝撃を与え、近代海軍の発展につながった。この本は出版から140年経った今でも、このテーマに関する古典とみなされている。

ウッドロウ・ウィルソンは、最高司令官になる前に歴史を学び、政府に関する本を書いた教授兼大統領だった。フランクリン・デラノ・ルーズベルトは歴史に深い関心を持ち、並外れた知識を持っていた。

ハリー・トルーマンは生涯をかけて歴史を学んだ。無名の副大統領から突然ルーズベルト大統領の後継者になったとき、彼は過去の知識が複雑で急速に変化する世界に対処するための、重要な強みになることに気づいた。

ドワイト・アイゼンハワーは、フォート・レーベンワースのアメリカ陸軍指揮幕僚大学を首席で卒業した。彼は第一次世界大戦からアメリカ軍墓地の歴史を書き、残りの人生を歴史の研究とその作成に費やした。

この傾向は現代でも続いている。ジョン・F・ケネディは歴史的な出来事について『なぜイギリスは眠ったのか』と『プロファイルズ・カレッジ』の2冊の本を書いた。ロナルド・レーガンは歴史を学び、愛想のいい俳優という公的なスタイルにもかかわらず、実際には驚くほど広範な読書をする学者だった。

歴史が価値あるものであるのは、美徳と弱点、事故と計画された出来事など、人間の経験を生み出すために、渦巻いているものに根拠を与えてくれるからだ。

「大きな政府の社会主義者」は、アメリカ史の事実を嫌う。なぜなら、アメリカは政府の制限と個人の機会の開放によって、最も住みやすく幸福を追求しやすい国になったと教えているからだ。同様に歴史は、ユートピア的思考の失敗、狂信主義の危険性、中央集権的権力の腐敗を教えている。「大きな政府の社会主義」は、（その価値観と信念を国民全員に押し付けることによって）想定されるユートピアを創造することに専念している。

社会主義は狂信主義によって推進され、機能するためには中央集権が絶対に必要なのだ。歴史の教訓は、「大きな政府の社会主義」の核心的な信条を無効とし、それがもたらす避けられない危険と失敗に対して市民に警告している。

一方、歴史は、古典的なアメリカの常識のパターンと原則を正当化し、ユートピア社会の創造における過去の急進的実験の失敗を浮き彫りにする。歴史の教訓と急進的なユートピア主義のイデオロギーとの間に、緊張関係があることを示す明確な例が犯罪撲滅である。

歴史的に見れば、私たちは何が有効かを知っている。先に述べたように、「割れた窓」はビル・ブラットンがニューヨーク、ボストン、ロサンゼルスの警察署長、警察本部長を歴任した際に主導した警察革命の基礎となった。

ブラットンは1998年の著書『Turnaround: How America's Top Cop Reversed the Crime Epidemic』(邦題『アメリカのトップ警官はいかにして犯罪の蔓延を逆転させたか』)の中で、この警察革命と犯罪の劇的な減少について述べている。ブラットンの原則が適用されるたびに、犯罪は減少している。

しかし、「大きな政府の社会主義」の過激なユートピアンウォーク主義者は、警察は常に悪であり、犯罪者は常に抑圧の犠牲者であるという反警察、親犯罪の世界観にコミットしている。これは1960年代にさかのぼる。

デモ隊は「警察はブタだ」と唱え、ブラックパンサーは警官の暗殺を推進し、ウェザーマンは1969年から1970年にかけて1200件以上の国内爆弾テロを起こす暴力キャンペーンを展開した。

この世界観はまた、犯罪者はどんなに残忍な前科があろうとも、常に再度のチャンスを得るに値するとする。これが、ボルチモア、シカゴ、フィラデルフィア、その他のアメリカの都市で犯罪を激増させた、ジョージ・ソロスが支援する約20人の地方検事の重要な立場である(2)。

法の執行を拒否する急進的な地方検事が犯罪者を釈放し、政治家が反警察、親犯罪者の規則を採用するたびに、犯罪は増加する。この狂気の代償は、貧しい人々、苦労している人々、罪のない人々が負うことになる。

歴史はほとんどの場合、精神を解放または制限する有益な洞察を与えてくれる。このプロセスは、過激なユートピアンウォーク主義者の最も深い価値観と希望を損なうものである。その結果、歴史的研究を台無しにし、正しいとされる結果を生み出すために改ざんすることに固執し、必要なときには無視するという、意図的な取り組みが行われてきた。

候補者や活動的な市民に対する私のアドバイスは簡単だ。新しい問題や機会に遭遇したら、その問題をすでに解決した人の歴史を研究する時間を取りなさい。

彼らは何をやって成功したのか？　何をやって失敗したのか？　彼らは自分の人生を振り返ったとき、何が成功したと思っただろうか？　ほんの数時間、歴史を学ぶだけで、うまくいかない道を何年も歩まずにすむのだ。これが、これから問題を解決しようとする人が最初にすべきことである。

歴史の教訓が重要なのは、それがあなたの人生、地域社会、そして国に当てはまるからだ。事実上、あらゆる課題は過去の人々によって解決されてきた。「大きな政府の社会主義者」にとっての危機は、これらの解決策がほとんど常に保守的な基本を検証し、左翼のドグマを否定していることだ。

建国の父たちはこのことを理解していた。世界最大の帝国に反旗を翻しながら、彼らはそれを理解した。そして、２３１年もの長きにわたり、東海岸から大陸を超える国へと成長を遂げた自治のための文書を書きながら、このことを理解したのである。

歴史の教訓を生かすことで、アメリカは300万人から3億3千万人へと成長し、全てのアメリカ人が繁栄し、自由に生きる機会を創出した。「大きな政府の社会主義者」たちは、この歴史的真実を失わせなければならない。

公正で安定した通貨

安定した豊かな社会は、約束を守ることに基づいていなければならない。そして、約束を守るための重要な要素は、健全な貨幣でなければならない。もしあなたが私にお金を貸したとして、そのお金が切り下げられ、貸した金額よりも少ない購買力で返済することになれば、それは一種の詐欺だ。

政府が身の丈以上の支出をすることができれば、政府は成長する。政治家は借りた金で自分の権力を増やし、同盟国に貢ぐ。このような絶え間ない缶蹴りは、最終的に債務超過に陥る。建国の父たちは、事実上全員が経済的に成功していた。

彼らは財産を所有していた。彼らは投資の方法を知っていた。彼らは人生をスナップショットではなく、動画として捉えていた。物事は時間の経過とともに成長も衰退もすることを知っていた。彼らは労働倫理を重んじ、人々は労働の成果を手にすることが許されるべきだと考えていた。

独立戦争の経済的ストレスは、経済規模からすれば莫大な負債を残した。さらに、大陸会議が印刷した貨幣は激しいインフレに見舞われ、「一文の価値もない」という言葉が一般的になった。今日の7パーセントのインフレを苦痛と感じる人は、大陸会議が発行したドルの崩壊を考えてみてほしい。

１７７７年、大陸通貨の紙幣はスペインの銀貨（当時の国際的に認められた標準通貨）と同等だった。１７８０年までには、大陸通貨は40対1のスペインドルにまで暴落した。大陸議会はお札の印刷を中止せざるを得なくなった。

１７８６年、マサチューセッツ州が土地への増税によって戦争負債を返済しようとしたとき、州西部の農民がシェイズの反乱として知られるようになった蜂起を起こした。通貨の崩壊と無政府状態の拡大が重なり、建国の父たちは、連合規約はあまりにも弱く、はるかに強力な制度に置き換える必要があると確信した。

結局、フィラデルフィアで開かれた憲法制定会議は、盟約者団規約の改正から、後に合衆国憲法となるものへの置き換えへと移行した。自らも財産を所有していた建国の父たちは、財産は健全な社会の基盤であると考えた。

彼らの考えでは、人の家は、その人が本当に所有している場合にのみ、その人の城となりうる。そのため、１６４４年にイギリスの裁判官エドワード・コーク卿が残した有名な言葉「全ての人の家は、安息のためだけでなく、傷害や暴力に対する防御のためにも、その人の城であり要塞である」(3)は、財産を広く所有する社会でのみ有効であった。

国債や紙幣も財産であったため、建国の父たちは、それらを保護し、安定的で信頼できる状態を維持することに深い拘りを持っていた。そのため、インフレ（貨幣を安売りする）や債務否認（働いて貯蓄してきた人々を破産させ、怠惰な人々や自分たちの生活を保障できなかった債務者を優遇する）を忌み嫌った。

価値を維持するハードマネーが必要な理由はもう一つある：

連邦準備制度理事会（FRB）の金融緩和政策が、支配階級の利益となる腐敗を可能にしているのだ。これは、流通するドルの数を増やすFRBの仕組みと、インフレの性質のためである。

FRBには、通貨供給量を増やすための手段がいくつかある。その一つは、銀行の預金準備率を引き下げることである。これにより、銀行はより多くの資金を貸し出すことができる。もう一つの方法は、短期金利を引き下げることである。これによって銀行はFRBからより多くの資金を借りることができ、より多くの貸し出しが可能になる。最後に、FRBは民間ブローカーから国債を購入することができる。

これらの3つの方法には共通点がある。新しい資金やその恩恵を最初に受けるのは、金融システムと最も密接な関係にある銀行と民間ブローカーである。銀行が最初にお金を貸すのは、大企業やその他の金融機関である。彼らはその資金を、それぞれ自社株買いや株式購入に使う。COVID－19の大流行で経済が底を打ったにもかかわらず、株式市場が史上最高値を記録したのはこのためでもある。経済がキャッシュで潤い、それが株式市場に投じられたのだ。

金融緩和政策によって、中堅・中小企業が借り入れをしたり、人々が新規ローンで住宅を購入したりするための資金が解放された。しかし、FRBから解放された、あるいは渡された資金を貸した銀行にはまだ利子がついている。

繰り返すが、最も儲かっているのは金融システムとそれに関係する人々なのだ。加えて、経済に循環する新しいお金を最初に利用することは、非常に大きな利点である。最もコネのある人々は、インフレが起こる前にドルを使うことができる。彼らは、デメリットを感じることなく、資本増加の恩恵を全て受けることができる。

不利益を被るのは誰か?投資をしておらず、株の代わりに貯蓄に頼っている労働者階級の人々だ。ウォール街のブームから取り残された彼らの貯蓄と給料は切り下げられる。

安定した財産（従って安定した通貨と債務）に対するこのコミットメントの歴史的な深さは、「この憲法が採択される前に締結された全ての債務および契約は、この憲法の下でも盟約者団の下と同様に合衆国に対して有効である」という第6条の憲法規定に見ることができる。[4]借金を返済するというこの公約は、80年後、修正第14条が採択され、第4節が設けられたときにも力強いものであった：

「暴動または反乱を鎮圧するための役務に対する年金および報奨金の支払いのために発生した債務を含め、法律によって認められた合衆国の公的債務の有効性は、疑われてはならない[5]」

新しく提案された憲法の擁護者たちは、貨幣の重要性を明確にした。『ザ・フェデラリスト第30篇』において、彼らは次のように主張した：

「貨幣は、政治体の生命原理であり、政治体の生命と運動を維持し、政治体の最も重要な機能の遂行を可能にするものと考えるのが妥当であろう。従って、地域社会の資源が許す限り、貨幣を定期的かつ適切に供給する完全な力は、あらゆる憲法に不可欠な要素であると考えられる。[6]」

初代財務長官であり、アメリカの安定した通貨と信用のシステムを作り上げたアレクサンダー・ハミルトンは、次のように説明している：

「信用は、私的なものであれ公的なものであれ、どの国にとっても最大の意味を持つ。活性化原理と呼ぶべきものだろう。」

安定した通貨と限られた国債を持つために、建国の父たちは政府の倹約を厳しく習慣づけた。トーマス・ジェファーソンは、「しかしながら、私は、経済性を第一の、そして最も重要な共和制の美徳とし、公的債務を恐れるべき最大の危険とする」と書いている。[7]

ジェファーソンは最初の就任演説で、「賢明で質素な政府は、人々が互いに傷つけ合うのを抑制し、それ以外の点では、人々の産業活動や改善活動を規制することなく自由にし、労働者が稼いだパンを労働者の口から奪わない」と主張した。[8]

安定した貨幣、低税率、そして人々が稼いだお金を保持することへの深い拘りという、このシステムは、アメリカのシステムを定義するようになった。戦時中の支出を除けば、1789年から1932年にフランクリン・デラノ・ルーズベルトが選出されるまで、政府の倹約は常態であった。ルーズベルトのニューディールと政府の大規模な成長によって初めて、平時の赤字支出が典型的なものになった。

今日、官僚機構が限られ、税金が低く、負債が少ない州と、巨大な官僚機構、莫大な予算、膨大な規制を持つ州との差は顕著である。実業家から知事に転身したピート・リッツ氏が率いる質素倹約の伝統を持つネブラスカ州の失業率が１・７％であるのは偶然ではない。

歴史の教訓は大切である。お金は安定したものであるべきだ（インフレはほとんど、あるいはまったくない、ということ）。予算は質素でバランスが取れていなければならない。個人が働き、稼ぎ、貯蓄する機会を最大限に増やすべきである。

バイデン大統領と「大きな政府の社会主義者」たちは、現在この教訓を否定している。米国は２０２２年に約５千６００億ドルの債務利息を支払うことになっている。これは予算全体のおよそ10分の１にあたる。借金を増やし続ければ、この数字はさらに増えるだろう。

さらに、ＦＲＢが２０２２年に複数回の利上げを計画していることを考慮しよう。これは米国財務省、ひいてはアメリカの納税者にとって大きな問題となる可能性がある。暴走するインフレか、さらに金利を支払うか、そのどちらかを選択せざるを得ないというサイクルに陥るだろう。

『アメリカとの契約』を作成した際、国民が税金の一定割合を国家債務の返済に充てるという選択肢を認める条項を盛り込んだ。これは見直す価値のあるアイデアかもしれない。

底力

世界は常に、地域的にも世界的にも危険な状態にある。犯罪組織やテロ組織、外国政府は危険であり、私たちに危害を加えようとしている。希望に満ちた理想主義的な弱さは、国内での殺人者、性犯罪者、車上荒らしへの対処であれ、海外からわれわれを殺し、国を破壊しようとする者への対処であれ、災いを招く。

テキサス州選出の上院議員フィル・グラムが1995年に大統領選への出馬を表明した際に述べたように、「ライオンと子羊が共に横たわろうとしている世界であっても、アメリカが常にライオンであってほしい。(9)」

ワシントン大統領が「辞任挨拶」で書いたように、アメリカにとって、「人間的に言えば、自国の運命を支配するために必要な強さと一貫性が満たされる水準まで、途切れることなく前進する」ことが不可欠だった。(10) 建国の父たちは独立戦争で、自立と強さの伝統を確立する必要があることを、身をもって学んだ。

小さな船で嵐の大西洋を渡るには、道徳的にも肉体的にも勇気が必要だった。荒野で生きる道を切り開くには、勇敢さと膨大な労力が必要だった。ネイティブ・アメリカンとの絶え間ない小競り合いや、7年間にわたるフレンチ・インディアン戦争（新世界ではこう呼ばれていた）には、容赦ない強さが必要だった。

準備不足や油断は、簡単に拷問や死につながる。フォート・ウィリアムにいた兵士と入植者が武装解除され、フランス人の同盟国であるネイティブ・アメリカンに襲われたとき、一般的な報道では虐殺と呼ばれた。無防備であることが命取りになるという概念は、植民地時代のアメリカ文化にさらに追い打ちをかけた。


建国の父たちは、武力がなければ１７７５年のコンコードとレキシントンで彼らの抗議が粉砕されたことを知っていた。独立戦争が成功するかどうかは、自由のための軍隊を装備し、訓練し、戦場に送り出し、資金を調達できるかどうかにかかっていた。憲法制定会議と最初の数回の議会の参加者は皆、フランス革命をめぐるヨーロッパの戦争の規模に深い懸念を抱いていた。

１７９２年に勃発し、１８０２年のアミアン条約まで続き、１８０３年に再開された。ナポレオン戦争は１８１５年まで続いた。これらの戦争は大規模で、多くの人員と資源が投入された。建国の父たちはそれを見ており、ヨーロッパ人の攻撃を阻止するために十分な武装が必要であること、また可能であれば巻き込まれないようにしなければならないことを知っていた。

ヨーロッパのような大国同士の戦争は避けられたが、アメリカでは暴力と力による戦争が続いた。国内では、西部フロンティア（当時はオハイオ州とインディアナ州）での小競り合いが絶えなかった。その中には、１７９４年のフォーレン・ティンバーズでの歴史的な戦いも含まれていた。

国内では、独立戦争の借金返済のために設けられたウイスキーへの課税に、西部の農民たちが深い抵抗を示した。最終的にワシントン大統領は、農民たちの抵抗を不可能にするために1万3千人の軍隊を招集した。アメリカ人に対しても武力を行使する意思と、その武力を圧倒的なものにしようとする決意に注目してほしい。

アメリカはイギリス、フランス、スペインなどとの関わり合いを避けようとしたが、指導者たちは北アフリカの野蛮な海賊は看過し難いと判断した。海賊たちは地中海の平和な商業を襲い、人々を拉致し、奴隷として売り飛ばした。

ジェファーソン大統領は紛争を避けたいと公言しながらも、海賊を懲らしめ、彼らの略奪を終わらせる条約を締結させるために、海兵隊を率いて海軍遠征隊を派遣した。戦争は5年間続き、アメリカの勝利で終わった。海兵隊讃歌に「トリポリの海岸」とあるのはそのためである。

1812年、イギリス海軍によるアメリカ人水兵の拿捕を主な原因として、最終的にアメリカがイギリスとの戦争に突入したとき、準備不足のため、アメリカ軍は3つの歴史的な例外を除き、総じて低調な成績に終わった。

まず、フランシス・スコット・キー博士が目撃したように、ボルチモア港のマクヘンリー砦は包囲に耐えた。その経験から、彼は国歌を書いた。最初の詩節の最後が「自由の大地であり、勇者の故郷でもある場所」となっているのは偶然ではない。キーは、勇気がなければ、自由はより強力で勇敢な者たちによって急速に失われてしまうという現実に思いを馳せていたのだ。

第2に、伝説を生み出す神話的なアクシデントのひとつとして、英国はニューオリンズの防衛が万全であったにもかかわらず、攻撃を決定した。この攻撃は、講和条約が調印された後に起こった。しかし、当時の通信の遅さを考えると、和平が成立したことは双方とも知らなかった。ニューオリンズがアメリカ側にとって特異だったのは、その司令官であったアンドリュー・ジャクソン将軍（当時）の攻撃力と軍事力であった。彼はネイティブ・アメリカンに対するタフな対戦相手としての長い歴史があり、攻撃的で、強情でさえあった。

１８１２年、戦争でひどい打撃を受けた（ホワイトハウスは焼かれ、首都は占領された）若い国にとって、ニューオリンズの勝利は希望の稲妻だった。その結果、ジャクソンは最終的に極めてタフな大統領となり、その勝利は、40年間政府を支配してきた体制に対する草の根ポピュリズムの勝利を象徴するものとなった。

第3に、海戦において、イギリス海軍の圧倒的な力にもかかわらず、アメリカ人は驚くほど健闘した。アメリカの艦船と艦長は、陸上の同胞よりもはるかに良い成績を収め、海軍の問題では人員と装備の訓練における備えが不可欠であるという信念を国に与えた。その結果、平時には陸軍の支出よりも海軍の支出が一貫して優遇されることになる。

強さは重要であり、世界は危険であるというこのパターンは、アメリカの歴史を通じて続いてきた。リンカーン大統領は北部全体を動員しなければならなかった。彼は4年間という長い間、膨大な犠牲者（アメリカ史上最多）を出しながらも、南部を粉砕して連邦に復帰させる作戦への支持を維持しなければならなかった。

危険な世界における強さの重要性という感覚は、山男からカウボーイに至るフロンティアの伝統にも存在していた。善人が悪人を倒す銃撃戦（「OK牧場の決闘」が最も有名）は、アメリカの原型となった。

20世紀になると、映画は悪を倒す強さの重要性を深め鮮明にした。（例えば、『波止場』、『真昼の決闘』、『アンタッチャブル』、あるいは『スター・ウォーズ』など）

アメリカの知識層のイデオロギーは、武力が不要な快適で安全な世界かもしれない。しかし、より深い文化的信念は、悪は存在し、危険は潜んでいるというものだ。国内外において、自分自身と愛する人を守るための備えと能力を持つことは極めて重要である。

「大きな政府の社会主義」のウォーク主義の要素は、『ライオン・キング』がドキュメンタリーであり、ライオンとシマウマが一緒に歌って踊っていると思わせたいのだろう。しかし、ほとんどのアメリカ人は、シマウマを守ることはライオンを止めることであり、それはライオンをかなり不幸にするかもしれないことに気づいている。

危険な世界における強さは、アメリカ文明の核となる価値観である。もし米国の指導者が断固とした態度で力を行使していたら、ウラジーミル・プーチンはウクライナに侵攻しただろうか。

全ての計画は、悪と危険が存在し、罪のない人々を守るために必要なあらゆる力によって、打ち負かさなければならないという認識から出発すべきである。繰り返しになるが、これらは今日私たちが直面している問題に対する具体的な解決策ではない。

第４章

頂上の腐敗

「大きな政府の社会主義」は腐敗する。税金による救済をロビー活動で求める金持ちの億万長者のCEOを腐敗させる。生活保護を受け続けるために収入を隠している貧しいパートタイム労働者を腐敗させる。

誰が金をもらい、誰がもらわないかを決めるのが仕事である官僚や管理者を腐敗させる。また、ニュースメディアや学界、それに関わる全ての機関や人々も腐敗させる。

「大きな政府の社会主義」が腐敗するのは、その主な機能が、あるグループからお金を取り上げて別のグループに与えることだからだ。つまり、ある社会が「大きな政府の社会主義」を受け入れれば受け入れるほど、その社会の人々は生産性を高めることよりも、政府を操作することに創造的エネルギーを集中させるようになる。もちろん、お金だけの問題ではない。権力の問題だ。

政府がより強力になれば、選挙や政府指導者の決定がより重大なものとなる。利害関係が大きければ大きいほど、政治指導者（当選した議員、選挙スタッフ、活動的な報道関係者）は勝つためなら何でもする。ひとたび不正と欺瞞によって勝利すれば、同じように腐敗したやり方で政治を行う。

彼らは、国にとって非常に大きな賭けなのだから、自分の行動の道徳性を心配するのは愚かな虚栄心のなせる業だと主張して、自分たちを正当化しようとする。

権力者、エリート、「大きな政府の社会主義」システムから利益を得ている人々は、自分たちが大きな責任を担っているため、普通の人々とは異なる基準で管理されるべきだと考え始める。

再びアクトン卿の話を持ち出す。この腐敗は、1887年に彼がクライトン司教に宛てた、歴史家がスペイン異端審問についてどのように書くべきかに関する有名な一連の手紙の中で警告したことそのものである：

「ローマ教皇や国王は他の人々とは異なり、悪いことはしていないという有利な推定をもって裁くべきだというあなたの規範を、私は受け入れることができない。もし推定があるとすれば、それは権力者に対してであり、権力が増大するにつれて増大する。歴史的責任は、法的責任の欠如を補わなければならない。権力は腐敗しやすく、絶対的権力は絶対的に腐敗する。偉大な人物は、権威ではなく影響力を行使する場合でも、ほとんど常に悪人である。権威による腐敗の傾向や確実性を加えると、なおさらである。役職がその持ち主を神聖化するということほど悪い異端はない。」

これらの手紙の中で最も有名なフレーズは、「権力は腐敗する」というものだ。しかし、上記の段落の最後の一文「役職がその持ち主を神聖化するということほど悪い異端はない」は、おそらくもっと深い。

先にダニエル・パトリック・モイニハン上院議員の「逸脱を定義する」というコンセプトと、チャールズ・クラウトハマーの「そうすることで正常な行動が逸脱しているように見える」という補足について書いた。しかし、モイニハンとクラウトハマーが話していたのは、ほとんどが都心のような貧しい地域に影響を及ぼす問題についてだった。

彼らの分析は正しいが、同じ問題がアメリカや世界のエリートにも影響を及ぼしている。ある意味、エリートのために逸脱行為を再定義することは、貧困層のためにそうするよりも悪い。貧困層による逸脱行動の主な犠牲者は、自分自身とその周囲の人々である。これは悲劇である。一方、エリートの腐敗は、彼らが巨大な権力を振るうがゆえに、国全体に影響を及ぼす。これは、建国の父たちがイギリスで察知し、革命につながった危機と似ている。ゴードン・ウッドが書いているように：

「かつて自由の国であり、愛国者の学校であり、英雄の養育者であったイギリスは、今や奴隷制の国であり、暴君の学校であり、暴君の養育者となってしまった。」

１７７０年代には、イギリスの行く末を表す格言は全て絶望的なものだった。国家は断崖絶壁の縁にぶら下がりながら、急流に向かって流れている。内部崩壊が最も一般的なイメージだった。国家に毒が入り込み、国民と政府を「腐敗の塊」に変えていた。革命前夜、イングランドは「腐敗に沈み」、「破滅の瀬戸際でよろめいている」という信念は、大西洋の両岸で不満を抱くイギリス人の心に定着していた。(1)

建国の父たちの真の怒りの対象は、一般市民ではなかった。腐敗の元凶は指導者たち、つまりエリートたちだったのだ。独立宣言は、植民地がイングランドから離脱することを正当化する、英国支配エリートの腐敗のカタログである。

今日、アメリカ、そして世界のエリートたちに対して、同じような反乱が起きている。彼らは、単にその富や権力ゆえに、他の人々とは異なる基準に従うべきだと主張している。彼らはまた、法の支配の下、民主主義や共和制を通じて私たち国民全員に委ねられるべき決定を下す権利を、自分たちの地位が与えていると信じている。

株主資本主義、グレート・リセット、エリートの権威主義的衝動

アダム・スミスは著書『国富論』の中でこう警告している：「同じ商売をしている者同士が集まると、たとえそれが歓談や気晴らしのためであったとしても、会話はほとんどの場合、大衆に対する陰謀か、価格を吊り上げるための策略に終始する。」

この引用はしばしば文脈を無視して、自由放任の資本主義に対する警告と受け取られる。実際には、スミスは政府と商人階級の癒着に警告を発していたのである。彼はさらに、このような集会を妨げることは「自由と正義に反する」ので、政府は「このような集会を容易にするために、何もしてはならない。」

アメリカン・マジョリティ・プロジェクトとの世論調査では、アメリカ人が医療、高等教育、エネルギー、通信などの産業に対して最も高い不満を持っていることが一貫してわかっている。

これらの産業には共通した特徴がある。

これらの産業は全て、その一部が政府によって支払われ、一部が政府によって競争から守られ、政府のプログラムや規制がビジネスモデルと密接に結びついている。これらの産業は、金魚鉢がサンゴ礁の一部かのように、自由市場資本主義の一部となってしまったものだ。

憂慮すべきことに、大企業と大政翼賛会をさらに結びつけようとする動きが世界的に進行している。これを止めなければ、不満な顧客が増えるよりも、はるかに劣悪な結果を招くだろう。民主的なガバナンスそのものが破壊され、自由で民主的な社会が、中国のような権威主義体制へと変貌する危険性があるのだ。

この動きは「ステークホルダー資本主義」と呼ばれ、スイスのダボスで開催される世界経済フォーラム(WEF)などに集まるグローバル・エリートたちの最新の流行である。

WEFは、億万長者や強力な政府高官たちが、「世界の現状を改善することにコミットする」という崇高な目標のもとに結束したクラブである。彼らは気候変動や世界的貧困などの問題に関するセミナーに数日間出席した後、プライベートジェットやアマルフィ海岸沖に停泊しているヨットに乗って帰国する。

フォーラムへの参加には数十万ドルの費用がかかるため、毎年開催されるこのイベントへの参加は、おそらく現在可能な限り最もお金のかかる無駄な美徳シグナリング行為となる。人気があるのも無理はない。

ダボスの群衆は、自分たちが世界のために行動しているかのように見せたいのだが、うっかりして独裁的な傾向を露呈し続けている。

2020年、WEFは年次総会に「グレート・リセット」という不気味なテーマを掲げた。そして、2030年までに、世界のエリートたちの先見的なリーダーシップのもと、私たちは皆、「何も所有せず、幸せになる」と約束する、同じく不気味なビデオを発表した。不気味さの原因は、彼らが自分たちを含めて何も所有していないとは思えないからだ。

直近の会議では、ビル・ゲイツとWEFのクラウス・シュワブ代表が、中国共産党の習近平総書記の経済成長と、COVID－19パンデミックへの「見事」な対応を称賛した。

出席者の多くが、中国共産党の権威主義体制を望んでいることは明らかだ。そこで登場するのが、ステークホルダー資本主義である。

ステークホルダー資本主義とは、ダボス会議の参加者が、自分たちの権力と名声を維持しながら、世界的な問題を解決するという目標を達成するための手段である。

ステークホルダー資本主義を理解し、それがなぜ従来の自由市場資本主義と大きく異なるのかを理解することは、今日世界で起きていることの多くを理解する上で不可欠である。

世界中の民主主義国家で、市民が何度も変化を求めて投票しても、実際にはほとんど変化がないのは、これが大きな理由である。政府が国民に対してあまりに無反応なのも、アメリカの企業が顧客に対してますます無反応になっているのも、そのためである。

ステークホルダー資本主義は、「株主資本主義」に代わるものとして提唱されている。ステークホルダー資本主義は、企業が株主（所有者）に対して第一義的な責任を負う代わりに、その行動によって影響を受ける全ての人のニーズを満たす責任を負うとされている。(2)

この目標は魅力的に聞こえるかもしれないが、実際には汚職の手段である。株主資本主義にはマイナス面もある。批評家は、株主資本主義は短期的思考を助長する傾向があると主張する。しかし、株主資本主義には、シンプルであるという大きな利点がある。顧客の需要に応えることで、企業はより多くの収入を得、株主の価値を最大化する。さらに、売上高は、企業が顧客の需要に応えられているかどうかを教えてくれる。

顧客が満足すれば、株主も満足する。

しかし、この簡単な取り決めは、自由市場が相互の利益のために機能することを必要とする。政府が企業に人為的な独占を認め、過剰な規制によって競争への参入障壁を作れば、企業は顧客のニーズを無視して儲け続けることができる。このような癒着は、まさにスミスが警告した、一般市民に対する陰謀である。

このような大企業と大政府の癒着が、ステークホルダー資本主義モデルの核心である。これは、最も強力でコネのある企業のために規制を強化するという、「大きな政府の社会主義」モデルの自然な成り行きである。

ステークホルダー資本主義では、企業や政府のリーダーは敵対関係の建前を捨て、「協力」することで、顧客のニーズを満たすことを「世界善」のニーズを満たすことに置き換える。

もちろん、これはグローバル・エリートの価値観や優先順位によって定義されたものである。顧客の要求をエリートたちの「社会にとって何が良いことか」という認識に従属させることと引き換えに、企業は市場シェアの保証などを通じて、消費者の反発から保護される。

ロビイストやインサイダーの腐敗の力が今と同じくらいひどいものだが、「ステークホルダー資本主義」が標準になれば、それはもっとひどいものになるだろう。

企業エリートや政権エリートの汚い秘密は、彼らが私たち一般市民を見下していることだ。有権者を含む顧客の要求に応えなければならないことを嫌っているのだ。なぜなら、彼らは国民の優先順位や価値観を利己的で視野の狭いものと見なし、一方で自分たちの優先順位は世界的で高潔なものだと思い込んでいるからだ。たとえエリートたちの善意を前提にしたとしても、彼らは普通の人々の生活から切り離されているため、全ての人々のために行動することができないのだ。

近年、ステークホルダー資本主義の鮮やかな実例を2つほど目にした。

ひとつはエネルギー分野である。長年、ダボス会議では、気候変動と戦うために温室効果ガスの排出量を削減することに焦点が当てられてきた。その方法は、エネルギー使用を削減し、発電を風力や太陽光に切り替えることである。

世界的にエネルギー需要は急増しており、化石燃料は依然として地球上で最も信頼性が高く、最も安価なエネルギー形態であるにもかかわらず、である。

株主資本主義モデルでは、エネルギー企業が信頼性の低い電力形態に切り替えた場合、顧客から罰せられることになる。しかし、電力業界は世界中の政府によって厳しく規制されており、その多くがすでに実質的な独占状態であるため、政府指導者と民間企業は、容量が減少しているにもかかわらず、再生可能エネルギー産業への転換に協力してきた。

その結果は、深刻なエネルギー危機に見舞われている欧州で最も顕著である。皮肉なことに、欧州はロシアからの天然ガス購入を増やしている。また、カリフォルニア州では、再生可能エネルギーへの転換を積極的に進めているが、エネルギー使用量の多い夏には定期的に「ブラウンアウト」問題が発生する。[3][4]

これはまさに、ステークホルダー資本主義が意図したとおりに機能しているのだ。顧客は世の中のために苦しむが、会社とその裕福な指導者たちは消費者の反発や財政的苦難から守られている。

その保護は双方向に働く。企業が顧客から説明責任を逃れることができるように、ステークホルダー資本主義は政府に国民から説明責任を逃れる仕組みを与える。

伝統的な民主主義社会で、政府指導者が社会のために消費者の選択を制限したければ、そのための法律を成立させ、選挙で有権者に自らの行動を正当化する必要がある。しかし、ステークホルダー資本主義では、政府首脳は企業の力を利用して、法律を制定することなく、密室で秘密裏に消費者の選択を制限することができる。

大手ハイテク企業の検閲：行動するステークホルダー資本主義

さらに悪いことに、ステークホルダー資本主義は、政府が自由社会で行うには違法であることを企業の力を使って行うことで、統治エリートが市民の権利を踏みにじることを可能にしている。この現象の最も明確な例は、政府や他のエリート権力が好ましくないと考えるコンテンツに対する大手ハイテク企業や大手メディアの検閲である。

言論の自由をはじめ、権利章典に謳われた基本的自由の保護を誇りとする、アメリカ合衆国でこのようなことが起こりうることは、悲劇であると同時に、わが国のアイデンティティの危機でもある。

アレクシス・ド・トクヴィルは、19世紀半ばにアメリカの例外主義を記録した偉大な人物であるが、「少数派に対する多数派の専制」に対する防衛策として、言論の保護に驚嘆した。多数派が少数派の意見を抑圧するために政府機構を利用する危険性について話していたのではなく、社会現象について話していたのである。

彼は、民主主義国家においては、多数意見が形成される前は「議論の自由が大きい」と主張した。しかし、ひとたび多数派の意見が形成されると、少数派の意見に対する寛容さは失われる。「あなたの同胞は不浄な存在のようにあなたを敬遠し、あなたの潔白を最も確信している者も、今度は自分が敬遠されないようにと、あなたを見捨てるだろう。[5]」19世紀のこの警告が、今日のキャンセル・カルチャーをいかに完璧に言い表しているかを考えてみよう。

トクヴィルにとって、言論の保護は政府にとって不可欠であるだけでなく、国家的価値として不可欠であった。彼はジョン・スチュアート・ミルに深い影響を与え、『自由論』の中でこう書いている：

「従って、司法の専横に対する保護だけでは十分ではない。世間一般の意見や感情の横暴に対する保護も必要である。

社会が、民事上の罰則以外の手段によって、自分たちの考えや慣習を、それに異を唱える人々に行動の規則として押し付け、自分たちのやり方に調和しない個性の芽生えを妨げ、可能であればその形成を阻止し、全ての性格を自分たちのやり方を模範とするように強制しようとする傾向に対する保護も必要である。

個人の独立に対する集団的意見の正当な干渉には限界があり、その限界を見つけて侵食から守ることは、政治的専制主義から身を守ることと同様に、人間関係の良好な状態にとって不可欠である。[6]」

公式の物語に反するコンテンツの検閲に、全面的に乗り出した大手ハイテク寡頭勢力や大手メディア勢力は、このテストに失敗し、政治専制主義への道を開いている。人種やジェンダーの過激なイデオロギーに対する批判であれ、2020年の選挙に対する批判であれ、パンデミックに対する政府の対応に対する挑戦であれ、大手ハイテク企業は政府の公式な物語に反するコンテンツを定期的に抑圧し、禁止している。

言論の自由を重視する新興企業が現れても、それらは常に脅威にさらされている。インターネットは、今日私たちが享受しているような体験を生み出すために、全てのサービスが相互に深く結びついたシステムである。クレジットカード決済、検索、ホスティングなど、これらのサービスの多くは少数の大企業によってコントロールされている。

これらの大企業は、オンライン体験のインフラとなる重要なサービスへのアクセスを拒否することで、新興企業のビジネスを事実上不可能にすることができる。米国政府には権利章典による保護があるため、これらの企業を閉鎖させる力がないが、大手ハイテク企業にはそれがある。ステークホルダー資本主義は、世界のエリートが権力をチェックすることなく、私たちの権利を侵害するために共謀するメカニズムを作り出している。

結局のところ、ステークホルダー資本主義とは説明責任を回避することなのだ。それは、企業が顧客に対する説明責任を回避し、顧客のニーズを企業や統治エリートの価値観に置き換えることを可能にする。また、統治エリートは有権者への説明責任を回避することができる。なぜなら、政府権力ではできないことを、企業権力を使って成し遂げるからだ。

「誤報」、「陰謀論」、そして不正直さが期待されるようになる危険性

もちろん、支配層は検閲を正当化するために、ステークホルダー資本主義や彼らの「グレート・リセット」的なアジェンダに対する懸念も含めて、「誤報」や「陰謀論」だと言い逃れる。というのも、ダボス会議とグレート・リセット・アジェンダについては、実に突拍子もない主張も含まれているからだ。これは政治とプロパガンダの古典的なトリックだ：好まれる物語に対する全ての代替案を、その中で最も極端なものによって定義する。このようにして、政府権力と企業権力の不適切な癒着に関する正当な懸念は、ダボス会議の群衆がパンデミックを計画したという主張と同じカテゴリーにまとめられてしまう。

はっきり言っておくと、SNS上でデタラメを広める人々の行為（あるいはそれを簡単に鵜呑みにしてしまう人々の思慮のなさ）を許したくはないが、この国には常に変人や陰謀論者がいるという事実がある。これは壮大なアメリカの伝統だ。月面着陸を捏造した連中に聞いてみれば分かる（皮肉で言っている）。

新しく危険なのは、主要なニュースメディアや公務員など、私たちが信頼できるはずの機関が、「大きな政府の社会主義」的アジェンダを推進するために、スピンや欺瞞、時には真っ赤な嘘も厭わないほど献身的になっていることだ。

これもまた、ステークホルダー資本主義の一例である。ジャーナリスト、学界、科学界は、その職業の使命である、結果がどうであれ真実を発見し伝えることを放棄し、より大きな利益のためとみなす政治的アジェンダへのコミットメントを優先している。権力に対して真実を語るのではなく、権力と結託し、その過程で道徳的優越感に浸っているのだ。

ツイッターやジョー・ローガンのポッドキャストの変人から発信される情報よりも、政府や主要機関から発信される誤った情報やスピンの方が、民主主義にとってははるかに大きな危険である。というのも、自国の政府や主要なニュースソースが嘘をついていると感じると、人々は代替的な情報源に目を向け、闇の勢力が自分たちに陰謀を企てているという幻想的な物語を売る人々を信じるようになるからだ。

信頼できるはずの情報源からのスピン、腐敗、嘘は、文明そのものに対する致命的な脅威である。相互信頼は文明の基盤である。何千年もの間、人類は小集団で暮らすように進化し、誰を信用し、誰を信用しないかを評判で知っていた。人類がこの段階を超えることができたのは、相対的な他人を信頼できる法律や習慣を作り上げたからである。

この信頼があったからこそ、部族から集落、都市、そして国へと移動することができたのだ。嘘がまかり通ればまかり通るほど、私たちの政治体制や制度がウォークな政治や利己的な思惑によって腐敗すればするほど、私たちの社会における自由の基盤はひび割れ、不安定になっていく。

「レッツ・ゴー・ブランドン」の独創性

アメリカ人は、統治者や有力エリートから発せられる嘘とウォークなナンセンスの大群に反撃し始めている。

「レッツ・ゴー・ブランドン」は、生放送の奇妙で滑稽な瞬間から生まれた。2021年の秋、多くの大学フットボールやその他のスポーツイベントが、スタジアムの収容人数を通常に戻し始めた。そのため、「大きな政府の社会主義」の信奉者たちは、予想通りの大騒ぎをした。COVID－19のワクチンが希望者に提供された後も、彼らは人々が元の生活に戻るかもしれないという考えに怯えていた。

これはアフガニスタン撤退の大失敗の直後でもあった。多くのアメリカ人が、（ホワイトハウスがそれを認める前に）インフレとサプライチェーンの破綻が大きな問題であることに気づいたのもこの頃だった。ジョー・バイデン大統領のリーダーシップに対する不満の結果、多くのスポーツイベントで下品なチャントが聞かれるようになった：「ジョー・バイデンなんてクソくらえだ(Fuck Joe Biden)」2021年10月2日、アラバマ州のタラデガ・スーパースピードウェイで、ブランドン・ブラウンがNASCAR初優勝を飾った。レース後、彼がＮＢＣスポーツ・ネットワークの生インタビューを受けていると、スタンドでファンの一団がアンチ・バイデン・チャントを叫び始めた。それは放送でもはっきりと聞こえた。リポーターは、おそらく連邦通信委員会の罰金から雇用主を守ろうとしたのだろうがこう言った‥「お聞きの通り、観衆からは『ブランドン、行くぞ！』という声が上がっています。」

この明らかな嘘の不条理さは、ニュースメディアがいかに正直に報道しようとしないかを何百万人ものアメリカ人に思い知らせたからだ。このクリップはソーシャルメディアで拡散され、その瞬間、「レッツ・ゴー・ブランドン」運動が生まれた。「レッツ・ゴー・ブランドン」は、バイデン大統領のリーダーシップ以上の意味を持つ。それは反抗の宣言である。「私たちはあなたのスピンや嘘に目をつけている」と宣言しているのだ。何百万人ものアメリカ人が、このフレーズを帽子やバンパーステッカーなどの装飾品に採用し、普通のアメリカ人の常識を怒鳴り散らそうとするエリートや権力者の嘘に対する反抗の表現とした。

「レッツ・ゴー・ブランドン」が訴える嘘は枚挙にいとまがない。以下は、全てを網羅したリストとは言い難いが、最も悪質なものの一部である。

- ジェンダーはセックスとは違う。
- 批判的人種理論は学校では教えられていない。
- アメリカは制度的に人種差別的である。
- 全ての白人は本質的に人種差別主義者である。

・アメリカ全土で起きたブラック・ライヴズ・マター（ＢＬＭ）の暴動は、「ほとんどが平和的」であり、正当な不満の表現である。
・２０２０年の選挙に抗議するため、２０２１年１月６日にワシントンD.C.に集まった１万人以上の人々の誰もが、暴力的な政府転覆を望んでいた。
・科学に従え。いや、その科学ではなく、我々の言う「科学」だ。
・有権者だけがマスクを着用し、指導者は着用しない。
・警察への財政支出削減は犯罪の減少につながる。
・インフレは一過性のものだ。
・ロシアの共謀がドナルド・トランプの当選を助け、ヒラリー・クリントンを阻止した。
・ハンター・バイデンのラップトップはロシアの偽情報だった。
・ハンター・バイデンが自分の作品を数十万ドル（おそらく外国人に）で売ることは汚職ではない。
・アメリカの石油・ガス産業を閉鎖することは、コストに見合う価値がある。
・アフガニスタンからの撤退は見事であり、大成功だった。
・年間２００万人の不法入国は問題ではない。
・不法移民を、公衆衛生状態や犯罪歴をチェックすることなく、国内の市や町に空輸することは、まったく妥当なことだ。

しかし、ここ数年でもっともひどい嘘は、パンデミックに集中している。

横行する嘘：COVID—19はいかに科学と公衆衛生を破壊したか

この2年間で、医学と公衆衛生の明確な違いが明らかになった。医学の進歩は遅く、決定的なことはめったになく、発表の幅は比較的狭く、新しい情報が私たちの知っていることを変える可能性に対しては謙虚である。さらに、厄介でもある。医学が決定的な結論を出すことはめったにないが、それは人間の生物学が非常に複雑で個別化されているからである。

これとは対照的に、公衆衛生には、アメリカ人にある特定の行動をとるよう説得するというアジェンダがある。そのため、公衆衛生の擁護者たちは絶対的な確実性を伝えることを好み、自分たちのメッセージを濁すような情報を共有することに抵抗を示す。また、公衆衛生と個人の健康には大きな違いがある。後者は、あなた自身とあなたの状況に固有のものである。

公衆衛生では、その人固有の事情は考慮されない。さらに、個人の健康は、自分の決定が社会全体にどのような影響を与えるかよりも重要ではない。医学と公衆衛生、個人と公衆衛生の間にあるこれらの重要な違いは、公衆衛生が科学よりも政治と多くの共通点を持ち、公衆衛生擁護者が医師よりも政治家のように振る舞うことを意味する。

私たちが見聞きする公衆衛生擁護者たちは、科学的・医学的な資格を持っているかもしれない。しかし、彼らがテレビや記者会見に登場するとき、そこにいるのは科学者や医師としての立場ではなく、公衆衛生擁護者としての立場である。彼らは白衣と聴診器をつけた政治家なのだ。

主流メディアの盟友たちは、「おばあちゃんを救うため」というステークホルダー資本主義的根拠を優先するために、自分たちに流される情報に懐疑的になる義務を放棄し、公衆衛生擁護複合体は、ますます疑心暗鬼になるアメリカ国民に対して、誤解を招くような声明を出し、中途半端な真実を売りつけることに2年間を費やした。

誰かが自分たちの言っていることに疑問を呈するたびに、「科学」を信じろと叱られ、支配的な物語に疑問を呈することで疎外された。短期間であれば、これは有効な戦略だったかもしれない。しかし、パンデミックが長引くにつれ、アメリカ人はスピンを見抜き、政治を認識し始めた。人々が声を上げ始め、聞かされていることに疑問を抱けば抱くほど、情報の裁定者や信頼できる情報源と呼ばれる人たちは、より硬直化し、独断的になり、傲慢になった。その結果、純粋に政治的権力の掌握のために、科学と公衆衛生が堕落していった。

武漢研究所と「機能獲得」実験の定義の解析

私たちは今、パンデミックが一連の嘘から始まったことを知っている。ウイルスが中国の武漢の市場で発生し、センザンコウから人間に移った可能性が高いと言われたとき、私たちは騙された。中国の科学者が国際社会と協力し、情報を共有していると言われたのも嘘だった。コロナウイルスを収集し、どうすれば人への致死率が高くなるかを調べる実験を行っている武漢ウイルス研究所からウイルスが来た可能性があるという考えは陰謀論であり、科学的裏付けがないと言われたときも、騙されたのだ。また、米国政府はこの種の実験（一般に機能獲得と呼ばれる）に資金を提供していないと言われたときも、私たちは騙された。

重要なのは、私たちが嘘をつかれたということだ。真実を暴こうとする報道機関や科学界の取り組みではなく、それらによってだ。

COVID－19の起源に関する重要な事実を隠蔽しようとする中国政府、科学界、公衆衛生界の取り組みについて真実を暴露したのは、DRASTICと名乗り、中国の科学データベースを数え切れないほど時間をかけて調べた、ツイッター上で自発的に組織された研究者グループであった。

DRASTICは、武漢ウイルス研究所がコロナウイルスのサンプルを収集し、実験を行っていることを発見した。そのサンプルには、自然界で発見されたSARS-CoV-2に最も近いとされるサンプルも含まれていた。(7)

彼らは、このサンプルは実験に使われたことはないという中国の科学者や、その科学者らと協力しているグループの主張が嘘であることを突き止めた。(8) 彼らは、このサンプルや他の何百ものサンプルを採取して死亡した3人の中国人科学者が、中国政府の公式報告書で主張されているような真菌感染症で死亡したのではなく、「SARSのようなウイルス」で死亡したことを突き止めた[9]。彼らは、COVID－19の最初の感染者が、当初は感染のゼロ地点であると主張されていた武漢の市場で発生する数週間前に、既に発生していたことを発見した[10]。

さらに、米国のアンソニー・ファウチやフランシス・コリンズを含む世界トップのウイルス学者たちが、COVID－19の研究室流出の可能性について、公の場では除外していたが、私的な場では別のことを言っていたことを明らかにしたのは、ニューヨーク・タイムズ紙の敏腕調査記者ではなく、共和党の議会調査であった。

２０２０年1月30日と2月１日の電話のメモから、わずか数日後にランセット誌に中国を称賛し、実験室流出説を陰謀説と呼ぶ書簡に署名した科学者の何人かは、ウイルスが実験の産物である可能性が高いと考えていたことが明らかになった[11]。

さらに、この書簡が武漢ウイルス研究所に送られた米国立衛生研究所の助成金を受けた団体、エコヘルス・アライアンスの代表によって作成されたものであることを明らかにしたのは、政府の監察官ではなく、Right to Know（知る権利、ＲＫ）が提出した情報公開法の請求であった。そして、その代表は自らが組織したことを隠蔽した[12]。

さらに、エコヘルス・アライアンスが武漢ウイルス研究所において、自然界に存在するウイルスの人への感染性を高めることを目的とした「機能獲得」研究に資金を提供していたことを明らかにしたのは、市民グループによって提出されたその他の情報公開請求であった。

そして、ファウチを含む政府関係者が、高度に専門的で特殊な「機能獲得」の定義に依拠し、米国政府が資金援助をするはずがないと虚偽の主張をしていたことが明らかになったのである。その後、主要な報道機関が、自分たちが馬鹿にされていることに気づくと、代替的なニュースソースからこの情報を繰り返して報道した。この情報からも明らかなように、科学界は研究室リーク説があり得ないからではなく、あり得るからこそ、その結果を恐れて、意識的にその説を封じ込めようとしたのである。[13][14]

すなわち、中国との科学協力に打撃を与え、研究資金を枯渇させ、科学への不信感を増大させるというものだ。もちろん、これら3つの結果はいずれ起こりそうなことであり、彼らの不誠実さを責めるしかない。

言論の自由は我にあり、汝になし

ミネソタ州ミネアポリスで起きた警察官によるジョージ・フロイド殺害事件に端を発したBLM抗議デモに呼応して、COVID－19公衆衛生擁護団体による国民の信頼に対する第二の重大な侵害が起きた。

アメリカ人は隔離するように言われ、他人との密接な接触はたとえ外であっても危険であると言われ続けた数ヶ月後、公衆衛生擁護者たちは突然態度を変えた。1200人以上のいわゆる医療専門家が、「白人至上主義の蔓延する殺傷力」に対する抗議は公衆衛生に良いが、それ以外の抗議、例えば自宅待機命令に対する抗議は危険だと説明する書簡に署名した。
「公衆衛生の擁護者である私たちは、こうした集会がCOVID－19感染の危険性があるとして非難するものではない。私たちは、国家の公衆衛生、とりわけ脅かされている米国の黒人の健康に不可欠なものとして、これらを支持する。デモ参加者が集まり、変化を要求することを妨げることなく、最も安全な抗議行動を促進することによって、その支持を示すことができる。これは、全ての集会、特に自宅待機命令に対する抗議行動に対して寛容な姿勢と混同してはならない。」

彼らは抗議がパンデミック対策に役立つとまで言った：
「疫病への対応を含む公衆衛生に不可欠なものとして、人種差別への反対を優先する物語を提示したかったのである。私たちは、公衆衛生の名の下に抗議活動を弾圧するのではなく、公衆衛生の名の下に抗議者の要求に応え、それによって複数の公衆衛生の危機に対処することが、進むべき道であると信じている。[15]」

COVID－19の蔓延を食い止めるのに、マスクやワクチンは必要ないらしい。必要なのは「歴史の正しい側」にいることで、免疫を得ることができるのだ。

ＣＤＣのトム・フリーデン前局長もまた、この議論に加わった。２０２０年3月、彼は「社会的・経済的活動を再開せよ」という圧力の高まりに対応することは、「思慮深い分析や公衆衛生の専門知識に基づくものではない」と書いた。そのわずか数週間後、彼はＢＬＭ暴動に対して、よりニュアンスの異なる見解を示した：

「政府が地域社会の信頼を失うような行動をとったときに生まれるCOVID－19の管理に対する脅威に比べれば、外での抗議行動によるCOVID－19の管理に対する脅威は微々たるものだ。」[16][17]

彼は正しい。政府が地域社会の信頼を失うことは大きな問題だ。偽善とダブルスタンダードは、その信頼を失う大きな方法なのだ。

公衆衛生の権威の偽善が、政治家や活動家に必要な隠れ蓑を作り出したのだ。

2020年4月、ミシガン州知事のグレッチェン・ウィットマーは、ロックダウン反対デモは「人々の命を危険にさらすことになる」と述べた。[18] にもかかわらず、2020年6月、彼女はBLMの抗議デモに参加し、「支持を示す重要な瞬間だと感じた」と述べた。[19]

2020年7月、カリフォルニア州は教会での歌唱を禁止し、収容人数の25%までしか入れないよう求めたが、抗議活動にはそのような規制を設けなかった。[20] 2020年4月、CNNのアナリストであるエイプリル・ライアンは、立てこもりに抗議するアメリカ人は、医療措置を拒否する権利放棄書に署名するよう求められるべきかと質問した。[21] 2020年6月、彼女はBLMの抗議者たちを「人権侵害に抗議するアメリカ人」と呼び、支持するツイートをした。[22]

この文書の署名者達と、その背後にある感情を増幅させた主流メディアの声は、公衆衛生でもなく、医学でもなく、政治に関与していた。アメリカ国民はそれを知っていた。いくら文書に署名し、信用を振りかざしたところで、ある目的のためのプロテストはCOVID－19から安全で、別の目的のための抗議は安全ではないということを、普通のアメリカ人に納得させることはできなかった。

誤解のないように言っておくが、抗議活動が安全に行えるというのが間違っていたと言っているのではない。パンデミック対策の強引さに批判的だった私たちのほとんどは、自然の換気が十分にある屋外での集会を制限することの不合理さに注目していた。彼らが間違っていたのは、どのような言論の自由が政府の保護に値し、どのような言論の自由がそうでないかを定義する権限を自分たちに傲慢に与えたことだ。彼らは自分たちのダブルスタンダードのために無意味な根拠をでっち上げようとして、自分たちの信頼性を破壊したのだ。

ゼロコロナ幻想、ワクチン義務化、万能ワクチン政策

公衆衛生当局とアメリカ国民との間の第3の大きな信頼関係の破壊は、大勝利となるべき瞬間に起こった。COVID－19ワクチンを1年足らずで開発したことは、科学と公衆衛生の双方にとって驚くべき成果であった。

パンデミックに対して、政府が民間企業と協力して正しく行えた唯一のことの一つであったことは間違いない。そして、全ての人に予防接種を受けさせようという強引なキャンペーンのせいで、全てが台無しになった。公衆衛生がいかに医療の個人的な性質をそのアジェンダの下に組み伏しているかを示す完璧な例だった。

COVID－19によるリスクは、年齢や、肥満や慢性疾患といったその他の危険因子によって大きく異なることは、パンデミックの初期からわかっていた。ワクチンが利用可能になった当初は、65歳以上で特定の合併症を持つ人に優先的に接種するのが当然とされていた。しかし、公衆衛生複合体の焦点はやがて、重篤な病気にかかる危険性が最も高い人々を守ることから、アメリカ国民全員に予防接種を受けさせるという不可能な「ゼロコロナ」政策の追求へと移っていった。

政治的な日和見主義も混じっていた。「大きな政府の社会主義者」たちは、共和党員は予防接種を受けたがらず、戸締まり対策やマスク着用義務に最も強く反対していることを理解していた。そこでバイデン政権は、ワクチン接種を義務化することで、この問題をさらに両極化することにした。

これは政治的な決定であり、健康上の決定ではない。ある病気に対する集団予防接種の唯一の正当な根拠は、予防接種によってその病気の蔓延を抑えることに成功した場合のみである。

しかし、少なくとも2021年半ばにデルタ異変株がアメリカ全土に広がったときから、ワクチン接種の第一の利点は感染や蔓延を防ぐことではなく、病気の重症度を大幅に軽減することであることは明らかだった。2021年9月、CDCはウェブサイトで「ワクチン」と「予防接種」の定義を変更し、immunity（免疫）という言葉を削除してprotection（守り）に置き換えた。[23]

ブレイクスルー感染に関する事実と、この問題を分極化させたいという民主党の願望との間に断絶があったため、公衆衛生擁護複合体は、ワクチン未接種者がワクチン接種者にリスクをもたらすという、根本的に誤った物語に落ち着くことになった。

バイデン大統領はワクチン義務化を発表する際、「ワクチン接種者をワクチン未接種者から守る」ことを約束した。[24] 皮肉なことに、この主張はワクチン接種を受ける根拠を損なうものであった。ワクチン接種後に軽い感染症にかかるのと、ワクチン接種を受けずに重い感染症にかかるのとでは、雲泥の差があるからだ。

ワクチン未接種者が不釣り合いに入院を必要とすることから、公衆衛生資源が流出すると主張し、ワクチン接種の義務化を正当化しようとする者もいる。これは危険な前例である。肥満も入院の必要な危険因子である。運動を義務づけるべきか？

公共資源の節約という名目で、他にどのような個人の健康上の決定を義務化すべきだろうか？健康の結果は個人の選択と運の組み合わせの結果であり、責任の割合は人それぞれである。

社会化医療の大きな危険性の一つは、いったん医療費が政府の責任になると、私たちの私生活の選択の中で、政府が規制することが合法的に利益にならない側面がほとんどなくなってしまうことだ。大義のために個人の行動を強制しようとする強引な公衆衛生体制にも、同じ危険がある。画一的なワクチン政策は、多くの不誠実な形で現れた。

公衆衛生に対する公衆の信頼をさらに低下させた、特に腹立たしい例の一つは、すでにCOVID－19に感染し回復した人々は予防接種を受ける必要がないという明白な事実を無視したことである。

ウイルスやワクチンについて私たちが知っていること全てに合致していることだ。世界保健機関（WHO）はそのウェブサイトで、ワクチンと感染症がどのように役立つかを説明している：「ワクチンは、私たちが病気にかかったときと同じように、『抗体』として知られる病気と闘うタンパク質を作るために、免疫システムを訓練します。」

つまり、予防接種を受けて重篤な病気を避けることは確かに望ましいが、回復後に予防接種を受けても得るものはほとんどない。つまり、個人の健康という観点からは得るものはほとんどない。しかし、権威主義的な公衆衛生の観点からは、政府がより多くの管理を行うために必要なインフラの必要性が生まれるため、得るものは多い。

予防接種を受けると、多くの人が受け取ったワクチンカードのような公式記録が作成される。一方、COVID－19に感染した場合は、たとえ陽性であったとしても、州や地域の公衆衛生機関が記録を保管しCDCに送信する方法が乱暴かつ杜撰であるために、同じようには管理されない。自然免疫を認めることで、公衆衛生当局が管理権を行使し、ワクチンの必要性などの制限を課すことができなくなる。そのため、公衆衛生における「大きな政府の社会主義」がその醜い頭をもたげたのだ。

CDCをはじめとする公衆衛生当局者は、回復した免疫を仮定することは危険であると判断し、2020年10月に「自然感染後のSARS-CoV-2に対する持続的な防御免疫を示す証拠はない」と宣言する覚書に署名した。この声明が発表された時期と言葉の選択について考えてみよう。COVID－19がアメリカに来てからわずか6ヵ月後に発表されたもので、「持続的な」防御免疫について語ったのだ。言い換えると、十分な時間が経過していなかったため、それに何のエビデンスもなかったはずなのに。

実際のところ、回復免疫が事実であると信じる理由はたくさんあった。SARSやMERSといった過去の危険なコロナウイルスに関する研究では、強固な回復免疫が示されていた。２０２０年５月にサルで行われた研究では、COVID－19から回復したサルはウイルスにさらされても再び発病しなかった。[25]

その後、２０２１年８月に発表されたイスラエルの大規模な研究により、自然免疫の方がワクチン接種による免疫よりも感染予防においてはるかに優れていることが示され、ＣＤＣは、たとえすでにCOVID－19から回復していたとしても、全ての人にワクチンを接種するという硬直した姿勢に固執した。[26]

ついに２０２２年1月、ＣＤＣはCOVID－19の再感染率に関するデータを発表した。それによると、自然免疫はCOVID－19感染予防にワクチン接種のみの場合の3・3～4・7倍、入院予防に2・8倍の効果があった。また、COVID－19から回復した後にワクチンを接種しても、追加的な効用はほとんどないというデータもあった。[27]

その時にはもう遅かった。何百万というワクチンが、発展途上国に供給されるはずだったものを、必要のない人々のために浪費され、バイデンのワクチン義務化のおかげで、数え切れないほどのアメリカ人が解雇された。また、バイデン政権の画一的なワクチン政策によって、予防接種の普及は傷つけられ、国民の信頼はさらに損なわれた。

実際、バイデン政権のブースター注射計画をめぐって、食品医薬品局(FDA)の高官2人が辞任した。ホワイトハウスは、ブースター注射が全ての人に適切かどうかを判断するためのFDAの勧告やプロセスを無視している、と述べたのである[28]。

このような行き過ぎた行為の数々や、ガイダンスの変遷や繰り返し証明される間違いのために公衆衛生機関に対する国民の支持が失墜しているにもかかわらず、バイデン政権は依然として、画一的なワクチン接種の義務化に全速力で突き進んでいる。

本書を書いている今、彼らは、個人的にも公衆衛生上もほとんどメリットがないにもかかわらず、COVID−19による重篤な病気に最もかかりにくい子どもたちにもブースター注射を受けさせようと計画している。

第5章

人間性、政府、法の支配

最も基本的なレベルでは、「大きな政府の社会主義」とその歴史的先達は、人間の本質を説明していない。重要なのは、政府が作り出そうとしている人々の理想像のために、人間の本性を否定していることだ。これは、歴史的なアメリカのシステムや、古典的なリベラルな代議制共和国とは正反対である。

ロナルド・レーガン大統領は「リベラルの友人たちの問題は、彼らが無知であることではなく、事実でないことをたくさん知っていることだ」と述べた。彼は、左翼の教義の核心にある根本的な問題を語っていた。それは、左翼の信奉者たちが理想的なユートピア構想を実現するのを妨げている問題である。それは、彼らの思想が、イデオロギー的には魅力的だが現実的には不可能な思考パターンに基づいているからである。簡単に言えば、ユートピアは自由で思考的な人間には適していないため、うまくいかないのだ。

左翼が理想とするユートピアは、利己心も野心も公平感もなく、政府やそれを運営するエリートたちに搾取され続けることに何の抵抗もない架空の存在に向けてつくられている。そのため、ユートピアは（市民を犠牲にして）永久に権力を拡大し、異なるルールに従う政府を持つように設計されている。

人間の本性を考慮する

人間の行動には、記録された全ての時代から存在するパターンがある。だからこそ、ホメロスの物語、アイスキュロスの戯曲、聖書の教訓、シェイクスピアの悲劇、ドラマ、喜劇は全て、現代の私たちの心に響くのだ。『ロミオとジュリエット』を現代風にミュージカル化した『ウェストサイド物語』は、不朽のヒューマンストーリーの好例である。

フランス革命、ロシア革命、中国革命をルーツとし、ウォークな神学を展望する「大きな政府の社会主義」は、人間は可塑的で柔和であり、容易に形を変えられると信じている。ソビエト連邦で「ニューソビエト人」が崩壊し、中国で毛沢東が永続的な文化革命を起こそうとした努力が失敗に終わったように、ウォーク革命も崩壊するだろう。より良い未来を創造し、問題を解決するには、人間の本性に基づかなければ成功しない。

建国の父たちは、実践的な生活を送った驚くべき人々の集まりだった。農民であり、商人であり、弁護士であり、投資家であった。彼らはまた、政治や立法過程にも精通していた。彼らは広く学び、深く考えた。彼らの長年の経験は、集団として、人間の本性に対する厳しい考えへと彼らを導いたのである。

建国者たちは皆、中央集権的な権力は専制政治につながることを理解していた。そして彼らは、人類の完璧なモデルのために中央集権的なシステムを設計しようとするのは甘く愚かなことだと考えただろう。

ジェームズ・マディソンは『フェデラリスト』第51篇で、人間の本性、つまり人間の弱さの必然性を説いている：

「しかし、諸権力が徐々に同じ部門に集中することを防ぐ偉大な安全装置は、各部門を管理する人々に、他部門の侵害に抵抗するために必要な憲法上の手段と個人的動機を与えることにある。防衛のための備えは、他の全ての場合と同様、攻撃の危険性に見合ったものでなければならない。野心は野心に対抗するものでなければならない。人間の利益は、その土地の憲法上の権利と結びついていなければならない。政府の濫用を抑制するためにこのような装置が必要なのは、人間の本性を反映しているのかもしれない。

しかし、政府そのものが、人間の本性に対する最大の反省以外の何物でもないだろう。もし人間が天使だったら、政府は必要ないだろう。もし天使が人間を統治するのであれば、政府の外部統制も内部統制も必要ないだろう。

人間が人間を統治する政府を構築する上で、大きな困難は、まず政府が被統治者を統治できるようにし、次に政府が自らを統治できるようにすることにある。国民への依存が政府に対する第一義的な統制であることは間違いないが、経験は人類に補助的な予防措置の必要性を教えてきた。[1]」

「大きな政府の社会主義者」がもたらした大きな危険は、たとえ信頼できないことが繰り返し証明されたとしても、こうした補助的な予防措置や人々が信頼に足り得る信念を取り去ってきたということだ。家具店で働く24歳の女性を殺害するまでに11回も逮捕された者がいるのは、悪人や破壊的な人間から身を守る必要性に対するユートピア的無知の結果である。(2)

法の支配が不可欠なのは、まさに人間の本性の中心に存在する固有の弱さのためである。悪魔を追及するあまり、あらゆる法を打ち壊してしまえば、悪魔があなたに牙を剝いたときには法はなくなっている、というのが『わが命つきるとも』におけるトマス・モア卿の警告である。ソ連の秘密警察長官ラヴレンチー・ベリヤがヨシフ・スターリンに誓った「被告に罪状をあてがう」という言葉は、法の支配が人間の支配に取って代わられた世界に内在する邪悪と危険性の強力な例である。

だから合衆国憲法は、普通の人間が政府を運営することになると予想していた人々によって設計された。彼らは権力を分離し、エゴと利害を対立させることによって自由を維持するような構造にしなければならないと考えた。事実上、建国の父たちは、善意や純粋な意思に頼るのではなく、誰もが利己的で権力を求めると想定したのだ。

彼らの目標は、異なる権力が互いにバランスを取るシステムを構築することだった。人間の本性を手なずけることができると甘く考えていたわけではない。自由な社会の存続を脅かさないような方法で、人間の力の追求を制御できると考えたのだ。

彼らは、フランスの政治哲学者モンテスキューの著作に倣った。モンテスキューは、その古典

『法の精神』の中で、異なる制度間で権力を分割することで、互いに均衡を保ち、その均衡の中で自由が存続することを提唱した。

アメリカでは、連邦政府には立法、行政、司法の3部門がある。それらは全て権利章典と州、そしてその他の全ての権限は市民にあるという規定によって縛られている。これは全て、個人を保護し、政府の権限を制限し、独裁のリスクを最小限に抑えるために考案されたものだ。

人間の本性は必然的に腐敗と強制につながるというこの感覚は、イギリス政府に対するアメリカ人の認識によって強化された。アメリカの見方（これはイギリスのホイッグ党の見方を反映していた）では、国王とその大臣たちは、公益を犠牲にして自分たちの政治機構を維持するために資金や地位を与えることで、イギリスの政治と政府を腐敗させていた。

このモデルにおける汚職とは、単に特定の行為に対する違法な贈収賄に限定されるものではない。公的な目的ではなく、私的な目的のために資源や地位を配分することを指す。

さらに、アメリカ入植者たちが裁判官について経験したことは、彼らは王の代理人であり、王の勅令を実行するために法を曲げるということであった。その結果、裁判官の改革は、（代表なくして課税なし、に次いで）植民地主義者たちが最も頻繁に要求したことであった。国王に忠誠を誓った裁判官に対するこのような恐怖が、司法の専横に対する憲法上の保護につながったのである。

同様に、政府に対する一般的な恐怖が、憲法修正第2条の武器を持つ権利につながったのである。現代の左派の解釈とは反対に、建国の父たちは、アメリカ人が鹿狩りに行くために武器を持つ権利を保護したのではない。マディソンは『フェデラリスト』第46篇で、市民が自分の身を守るために民兵を維持することを主張している。彼は、州の民兵は専制政治の「危険を撃退することができるだろう」と書いている：

「他の国にはほとんどない武装しているという利点のほかに、国民が所属し、民兵将校が任命される下部政府の存在は、野心の企てに対して、どのような形態の単純な政府よりも乗り越えがたい障壁を形成する。(3)」

マディソンはさらに、自由政府が武装した市民を安心させることと、「民衆に武器を持たせることを恐れた」ヨーロッパの王とを対比させた。武器を持つ権利に対するアメリカの信念は、1775年4月19日のレキシントン・コンコードの戦いまで遡る。デイヴィッド・ハケット・フィッシャーが著書『ポール・リビアの真夜中の騎行』で述べているように、イギリス軍はイングランド、スコットランド、ウェールズ、アイルランドで日常的に農民の反乱を圧倒していた。その日、彼らはボストンを出発し、非武装の有象無象に対する掃討作戦だと確信していた。

しかし、イギリス軍は訓練中の武装民兵に遭遇。民兵はイギリス軍の隊列を決定的に打ち破り、血の跡を残してボストンに引き返させた。武装した市民の力に関するこの記憶は、15年後に権利章典が書かれたときにも鮮明に残っていた。

アメリカの左派は、建国の父たちが外国勢力と同じように自国の政府を疑っていたとは、日頃から信じられないと思っている。しかし、人間の本性に内在する危険性を深く信じた彼らは、政府から市民を守るための一連の努力を行った。このような緊張関係は、2世紀以上たった今でも続いている。

建国者たちから、いかなる政策も人間の本質を土台に据える必要があることを学ぶ。人間の本性に合わない理論に基づいて政策を立案すると、必然的に失敗を招くことになる。

フランクリン・デラノ・ルーズベルト大統領のニューディール政策は、労働を促進するものであった。ルーズベルトは、労働が健康な生活と健全な社会の中心であると考えていたからである。対照的に、リンドン・B・ジョンソンのグレート・ソサエティは、貧困層は無力で絶望的であり、政府は彼らの依存関係をより快適なものにするために介入しなければならないとする急進的な思想を取り入れた。

ルーズベルトは人間の本質を理解し、それを強化する政策を構築した。ジョンソンは、何千年にもわたる経験の核となる原則を否定する哲学を語っていた。犯罪であれ、福祉であれ、教育であれ、その他多くの課題であれ、その政策が人間の本質を受け入れ、強化するものでなければ失敗する。

大きな政府の危険性

危険な世界で生き残るために必要な政府の力は、自由を脅かすものでもある。自由を存続させながら安全も確保するためには、政府の構造や従うべき規則によって、政府が国民を支配したり独裁したりする能力が制限されるようなシステムを作ることが不可欠なのだ。

もう一度、『フェデラリスト』第51篇におけるマディソンの核心的主張を思い出してほしい。もし人間が完全であれば、政府は必要ない。

政府が人間によって構成されている限り、我々はそれを制限する必要がある。権力の誘惑からの自由に対する建国者たちのコミットメントの深さは、戦争が終わったとき、ワシントン将軍が大陸軍の司令官として辞任したことからも分かる。そのシーンはアナポリスにあるメリーランド州議会議事堂で描かれた。

自ら権力を放棄するというそのユニークな象徴性は、ワシントンの権力放棄について聞かされた国王ジョージ3世が「もし彼がそうすれば、彼は世界で最も偉大な人物になるだろう」と言ったほど力強いものだった。

建国の父たちは、ワシントンのような名誉、誠実さ、そして自由への情熱に欠ける人々が、やがて権力を手に入れることを知っていた。普通の人々、そして悪党でさえも、いつかは権力を手に入れることを知っていた。建国者たちに課せられた課題は、腐敗を優先して自由を弱体化させようとする不謹慎な権力者の能力を制限するシステムを設計することであった。彼らの目標は、政府のあらゆる機関による歯止めなき権力獲得を阻止する統治構造を設計することであった。

彼らの最初の一歩は、『法の精神』の中で、権力の分割が自由を最大化し、専制政治の危険を最小化するというモンテスキューの洞察を採用することだった。前述したように、政府の各支部は、他の2つの支部に対してその特権と権力を固く守ることになる。

立法府においては、合衆国憲法はさらに、国民を直接代表する（そして2年ごとに更新される）民選議院と、州を代表する上院との間で権力を分割し、上院の3分の1だけが2年ごとに改選される。建国者たちは、ロンドンの下院と貴族院の分裂を再現しようとしていた。最初の6年間、上院を異なるものにしようとする努力は、会期を秘密とし、投票記録を残さないというものまで行われた。

1913年に修正第17条が採択される以前は、上院議員は州議会によって選出されていた。上院議員も一般投票によって選ばれるようになったのは、この改正後のことである。増税、財政支出、大統領任命の承認といった具体的な権限は、上下両院に分割され、2つの競争的な機関が誕生し、権力はさらに分割された。

トーマス・ジェファーソンは、憲法において個人の権利が政府から十分に保護されていないと感じ、権利章典の採択を主張した。これが、憲法の最初の10カ条の修正条項となった。政府の権力を優先して、これらの権利が徐々に侵食されているにもかかわらず、権利章典は政府から個人を守るために作られたことを忘れてはならない。さらに、建国者たちは賢明にも、合衆国憲法によって連邦政府に明示的に付与されていない全ての権力を、州とその市民に留保した。

専制政治から身を守る究極の方法として、ジェファーソンはしばしば、どの世代にも革命が必要だと言い、建国の父たちは、武装した市民が独裁政治を不可能にするよう、憲法修正第2条を主張した。彼らは、一世代にわたる闘争と葛藤の末に勝ち取った自由を維持し、守るために、歴史のルールを適用することに真剣だった。

建国の父たちは、制限された政府と個人の自由を保障する制度を創り上げるために力を尽くした。この制度は、アメリカ国民を無分別か無知だと考えた1世紀の知的エリートたちによって侵食されてきたが、その核心は依然として、政府を制限し、アメリカ国民を解放するように設計されている。限られた権力と法の支配という原則を再構築することは、長期的な自由のために不可欠である。権力が集中し、次第に自由が失われていくことについて、建国の父たちが感じたあらゆる警告が、私たちの世代にも当てはまる。

繰り返すが、アクトン卿の時代と同様に、今日でも権力は腐敗する傾向がある。絶対的権力は依然として絶対的に腐敗する。ナンシー・ペロシ下院議長を見よ。彼女は下院で独裁体制を確立しているが、その一方で、国家安全保障問題でも明らかに、あからさまな嘘をつく議員を保護し、推進している。

ピーター・シュワイザーの『Red-Handed：アメリカのエリートはいかにして中国の勝利に手を

貸して金持ちになったか』を読み、『フェデラリスト』の全ての警告について考えてみよう。あらゆるレベルで自由の原則を再構築することに専心する指導者と断固とした市民の世代を必要としている。ワシントンから州都、市や郡の政府、教育委員会、そして個々の市民の活動まで。億万長者のオリガルヒも含まれる。彼らの多くは今日、愛国心よりも利益を優先させることを日常的に行っている。

法の支配と立法プロセスの復活

法の支配は、強者から弱者を守る核心である。投資や貯蓄のための安全な条件を整え、官僚的な政府や利己的な政治家による必然的な侵害から国民の自由を守る。また、富裕層や権力者が不当な利益を得ることも阻止する。

立法プロセスは、社会の同意を取り付け、「被治者の同意」を現実のものとするための重要な構成要素である。また、地域社会が自らを教育し、地域社会全体が維持する用意のある合意を見出すのも、立法プロセスを通じてである。建国の父たちは法律に深く精通していた。彼らの多くは弁護士であった。彼らは皆、法の重要性を理解しており、革命以前に植民地議会で法律を作成することに参加していた。

重要な決定に対する彼らのアプローチは、全て立法プロセスを中心に展開されていた。事実確認、可能な解決策についての議論、コンセンサスの形成など、そのプロセスを用いて、(時にはある結論や別の結論に反対する人がいたとしても)ルールや決定が合理的になされたと誰もが安心できるようにしたのである。これは、自治に対するプロセス重視のアプローチである。

最近のワシントンにおける立法プロセスの破綻は、このアプローチに逆行するものだった。秘密裏に法律を起草し、修正も公聴会も開かずに強行採決する少数の人間に権力が集中している。これは法の支配と被治者の同意に対する真の脅威である。また、法律があまりに少ない意見と、あまりに少ない批判的思考で作成されることも保証されている。法の支配と被治者の同意に対する真の脅威である。現在の議会指導者の中には、自分が誰よりも物知りだと思っている者もいるようだ。彼らは日常的に、事実上まったく知識がない状態で問題を決定している。その結果は、過度に制限され、インプットが制限されたシステムを反映している。

建国の父たちは、法律に対して実際的な尊敬の念を抱いていた。大英帝国に対する彼らの最大の不満のひとつは、独立した裁判官が、王の意のままに法を歪曲し媚びを売る王室の下僕に取って代わられたことだった。法の支配を弱体化させ、独立した裁判官を王室の下僕に置き換えるということは、専制的な政府の堕落から誰一人、何一つ安全ではないということを、建国の父たちはみな理解していた。

『ヘンリー六世第二部』で、シェイクスピアが犯罪者で純粋な悪人に「まず初めに、弁護士を皆殺しにしよう」と言わせたのは、弁護士や法律が犯罪者や犯罪を抑止する度合いを指摘しているのである。主要都市の多くで見られるように、イデオロギー的な地方弁護士によって法律が停止されると、悪人たちが罪のない人々を食い物にする。ジョージ・ソロスが支援する地方弁護士たちによる法の曲解は、死や傷害、財産の喪失、そしてまともな社会の劇的な崩壊につながっている。

1月6日事件に関する下院特別委員会のメンバーたちは、自分たちが定義した聖戦の追求のために憲法と自由の原則を踏みにじり始める前に、法の支配を維持することについて深く考えたほうがよかっただろう。それどころか、委員会のメンバーは、令状も司法の監視もなくアメリカ人をスパイし、政敵を攻撃するために議会の権力を利用し、「大きな政府の社会主義」の宣伝活動として機能し、適正手続きやいかなる拘束も受けずに活動してきた。

法の支配に対する建国の父たちの信念は、ジョン・ロックの著作から多くの力を得ている。ロックは17世紀末の哲学者であり医師であった。彼の思想と著作は、プラグマティズムと法に基づく社会の先駆けとなった。ロックはイギリス内戦の複雑な試練と格闘していた。王位継承権はおそらく神によるものであったにもかかわらず、国王は斬首された。

その後、オリバー・クロムウェルによる共和制連邦が誕生した。チャールズ2世は条件付きで復活した。その後、カトリックのジェームズ2世が1688年に「名誉革命」によって追放され、プロテスタントのウィリアムとメアリーが王位についた。ウィリアムはオランダの伝統である代議制の出身で、指導者の権限は限られていたため、ジェームズが信じていた絶対君主制とは異なるアプローチをとった。

1689年に制定された権利章典は、議会が君主制の権力を制限することを宣言したものであり、ウィリアムとメアリーがその権力を大幅に制限された国の支配者となった協定の重要な部分であった。強力な議会権力を持つ限定君主制という新たな復古の擁護者として、ロックは法の支配の下での代議政体に関する初期の最も有名な理論家となった。彼はこう書いた：「王と専制君主の違いは、一方が法を自らの権力の境界とし、公共の利益を政府の目的とするのに対し、他方は全てを自らの意志と欲望に委ねるということにほかならない。法がどこであろうと、専制政治が始まる。(4)」

現在の制御不能なホワイトハウス、下院、官僚機構を見ながら、その言葉を思い出してほしい。ジェファーソンはロックを広く研究しており、法の支配を擁護する彼の後継者とみなすことができる。法の支配に対する建国の父たちの主張は、独立宣言の中で際立っている。通常、私たちは前文の「全ての人間はその創造主によって不可侵の権利を与えられている」だけを読む。

しかし、ジョージ3世に対する訴えに目を向ければ、建国世代が自分たちのイギリス人としての法的権利を侵害しようとする専制的な行為にどれほど腹を立てていたかが分かるだろう。国王が植民地住民の統治を妨げる一方で、植民地住民と彼らのニーズをほとんど無視していると批判した。国王の怠慢によって、植民者たちは秩序ある安全な社会を維持するための絶え間ない障害を目の当たりにした。しかし、独立宣言におけるジョージ3世に対する不満の多くは、法の支配の侵害と専制を主張するものであった。

・司法権を確立するための法律への同意を拒否し、司法行政を妨害した。
・裁判官の任期、給与額、支払いを、自分の意志だけに依存させた。
・多数の新官庁を建設し、国民を困らせ、彼らの財産を奪うために、警官の大群をここに送り込んだ。
・平時において、議会の同意なしに常備軍を維持してきた。
・軍隊を市民権力から独立させ、市民権力に優越させようとした。
・他国と協力して、わが国の憲法とは異質で、わが国の法律では認められていない司法権をわが国に付与し、彼らの立法と称する行為に同意している。
・武装した大軍を我々の間に駐屯させること。
・住民に対していかなる殺人を犯しても、模擬裁判によって彼らを処罰から保護する。
・世界のあらゆる地域との貿易を絶ち、我々の同意なしに税金を課す。
・多くの場合、陪審員裁判の恩恵を奪う。
・我々を、海を越えて移送し、見せかけの罪で裁かせる。
・近隣の州における英国法の自由な制度を廃止し、そこに恣意的な政府を樹立し、その境界を拡大することで、この植民地に同じ絶対的支配を導入するための模範となり、またその道具となるようにする。
・我々の憲章を取り上げ、我々の最も貴重な法律を廃止し、我々の政府の形態を根本的に変更する。

・我々の立法府を一時停止し、あらゆる場合に我々のために立法する権力を有すると宣言する。

これらの不満は、かつて忠誠を誓っていた入植者たちを、世界で最も強力な帝国を相手に8年にわたる独立戦争を引き起こすほど、深い脅威と見なされた。ジョン・アダムズは、アメリカ人が独裁政権による政治を拒否する理由と、アメリカ人が期待することを説明した：

「恐怖はほとんどの政府の基盤である。しかし、恐怖心はあまりに卑劣で残忍な情熱であり、恐怖心が支配する人間はあまりに愚かで惨めであるため、アメリカ人は恐怖心を基盤とする政治制度には賛成しないだろう。

共和国の定義は、まさに『法の帝国であって、人の帝国ではない』のだ。共和制は最高の政治である。社会の諸権力の特殊な配置、言い換えれば、法の公平かつ正確な執行を確保するために最も適した政府の形態が、共和国として最良のものである。」[5]

「謙虚さ、忍耐、節度という偉大な政治的美徳がなければ、権力者はみな猛獣と化す」とアダムスが後に主張したことについて、現在の政治家やニュースメディアの世代は考えたほうがいいだろう。従兄弟であるサミュエル・アダムズは、その積極的な目標を「富める者も貧しい者も、宮廷の寵児も耕作に従事する田舎者も、正義のルールは一つであるべきだ」と要約した。[6]

これこそ建国の父たちが理想とし、アメリカに築こうとしていた法の支配であった。その2世代後の１８３８年、イリノイ州スプリングフィールドのライシアムでの演説で、エイブラハム・リンカーンは法の支配の重要性を再確認した。リンカーンは「憲法と法律への敬意」を求めた。

彼は言った：

「全てのアメリカ人、全ての自由を愛する者、全ての後世の幸福を願う者よ、革命の血によって、この国の法律にいささかも違反せず、他者による違反を決して容認しないことを誓おう。76年の愛国者たちが独立宣言の支持のために行ったように、憲法と法律を支持するために、全ての米国人は、その生命、財産、神聖な名誉を誓約する。

法律に違反することは、父の血を踏みにじることであり、自分自身とその子供たちの自由の人格を引き裂くことであることを、全ての人に思い起こさせよう。膝の上でおしゃべりしている赤ちゃんに、アメリカの全ての母親が法律に対する敬虔の念を吹き込もう。学校、神学校、大学で教えよう。入門書、綴り本、年鑑にも書かせよう。

説教壇で説教し、立法府で宣言し、法廷で執行する。つまるところ、この宗教を国家の政治的宗教とし、老いも若きも、金持ちも貧乏人も、重々しい人も陽気な心の持ち主も、あらゆる性別、あらゆる言語、あらゆる肌の色、あらゆる境遇の人々が、絶え間なくこの宗教の祭壇に捧げるようにするのだ。このような感情が国民全体に、いや、ごく一般的に蔓延している間は、わが国の自由を破壊しようとするあらゆる努力はむなしく、あらゆる試みは実を結ばないだろう。[7]」

四半世紀後、最も血なまぐさい戦争の最も血なまぐさい戦いの地で、リンカーンはゲティスバーグの演説の中で、法の支配に私たち全員が従属するというこの感覚をとらえ、こう言った‥「神のもと、この国は自由の新生を遂げ、人民の、人民による、人民のための政治は、この地上から滅びることはない。」

官僚たちがますます傲慢になり、ロビイストたちがますます腐敗し、政治家たちがますます無法になり、ニュースメディアがますます不誠実になっていくのを見るにつけ、私たちは、法の支配なくして人民による政治はありえないというリンカーンの理解に今一度立ち戻らなければならない。それくらい、法の支配は私たちの自由と国にとって重要なのだ。アメリカが自由であり続けるためには、法の支配をより真剣に実施し、全ての議員が公平に参加できる、より開かれた立法過程に戻らなければならない。

大統領職に権力が過度に集中することは、自由に対する重大な脅威である。大統領は事実上、選挙で選ばれた王であり、王の脅威はホワイトハウスでも再現できる。一握りの議員や上院議員に権力を集中させることは、自由社会における立法の原則に反する。

自分たちでルールを作り、権力を市民に押し付けることができる官僚組織は、まさに建国の父たちがイギリスの君主制を非難したことを再現している。地方政府、州政府、連邦政府のあらゆるレベルで法の支配を取り戻すのは困難で、対立を伴い、議論を呼ぶプロセスになるだろう。だが、自由を存続させるためにはそうしなければならない。

第6章

貧困と絶望

私たちは何度も何度も「大きな政府の社会主義者」がいかに現実とかけ離れているかを見てきた。

ジョー・バイデン大統領は1兆7500億ドルの「ビルド・バック・ベター」計画がインフレを抑えるだろうと繰り返し言った。「大きな政府の社会主義者」にとって、経済学の原則は関係ない。歴史的に見ても、政府支出の増加はインフレ率の上昇をもたらす。「大きな政府の社会主義者」にとっては、不都合な真実に遭遇しても、事実などどうでもよいのだ。

2010年、ジョー・バイデン副大統領（当時）が「金字塔」と讃えたビルド・バック・ベター法案が推進派の主張通りはるかに多くの費用がかかると、議会予算局に真っ向から否定された。法案が当初宣伝されていた3650億ドルではなく、3兆100億ドルの赤字を増やすという分析が行われた後、ホワイトハウスのジェン・プサキ報道官は、この試算を単に「フェイク」として否定した。[1]

「大きな政府の社会主義」は、最終的に問題がなくなるまで、あるいは主流メディアが関心を失うまで、問題を無視するか、却下するだけである。彼らは、困難な課題に直面したとき、自給自足や創意工夫よりも、達成不可能な目標に向かって美徳シグナリングを優先する。

この記事を書いている時点で、アメリカ人はガソリン1ガロンに約3・5ドルを支払っている。これは1年前より約1ドル高い[2]（カリフォルニア州ビバリーヒルズでは、レギュラー・ガソリンの価格が6・25ドルと高いが、同州の平均は1ガロンあたり5ドルに近い）。[3]

トランプ大統領の下、米国はエネルギー面で独立した。ウォール・ストリート・ジャーナル紙が報じたように、パンデミックの時に石油需要が激減したため、供給も激減した。現在、需要が回復したとはいえ、供給量はパンデミック前のレベルには戻っていない。(4)

しかし、バイデン政権は気候変動阻止の名目で、アメリカのエネルギー自給率回復には取り組んでいない。それどころか、石油掘削許可の停止やキーストーンXLパイプラインの中止といった政策を通じて、アメリカの石油産業を積極的に潰そうとしている。

バイデン政権の現実離れは、ジェニファー・グランホルム米エネルギー長官がアメリカの石油増産計画について質問されたときに、現実を突きつけられた。彼女は笑いながら、「馬鹿げている」と答えた。(5)

バイデンが大統領に就任してから1年後の2022年初頭の世論調査で、アメリカ人がいかに現状に不満を抱いているかが明らかになった。CBS/YouGovの世論調査によると、アメリカの状況が「うまくいっている」と考えている有権者はわずか4%だった。

同じ世論調査によれば、バイデン大統領の誕生によって、アメリカ人の50%が不満を感じ、49%が失望し、40%がナーバスになっているという。この懸念は、バイデン政権がアメリカ人にとって重要な問題に取り組んでいないことに起因している。

アメリカ人の大多数は、バイデン大統領が経済やインフレに十分に集中しているとは思っていない。世論調査回答者の62%が政権の経済への対応に、70%がバイデン大統領のインフレへの対応に否定的である。

この世論調査で重要なのは、67%のアメリカ人が、バイデン大統領と「大きな政府の社会主義者」、自分たちが関心のない、あるいは少ししか関心のない問題に焦点を当てていると答えたことだ。議会の「大きな政府の社会主義者」（以前は議会民主党として知られていた）は、失敗したビルド・バック・ベター法の可決に注力していた。そして今、可決に失敗したため、分割して可決することを目指している。

しかし、アメリカ国民の関心はそのようなものではない。CBS/YouGovの世論調査結果によると、回答者の76%が、もしビルド・バック・ベターが可決されても、バイデン大統領に対する評価は改善しないと回答している(6)。

要するに、「大きな政府の社会主義者」たちが現実と切り離すことは、最終的にアメリカ人、私たちの家族、私たちのコミュニティに害を及ぼすということだ。虚構と事実を認識し区別すること、プロセスよりも結果を優先すること、参加よりも成果に報いることを常に怠ることで、多くのアメリカ人が貧困と絶望の連鎖に陥っている。

インフレとサプライチェーンの危機

インフレ率は、ガソリン・ポンプで車に給油したり、食料品店に食料を買いに行ったり、家族のために必需品を購入したりする全てのアメリカ人に影響を与える。

インフレ率が上昇すると、物価が上がり通貨の価値が下がるため、消費者の購買力が低下する。全体として、インフレは中低賃金労働者の商品やサービスの価格に組み込まれた隠れた税金なのだ。インフレの正味の結果は、アメリカ人が使わなくてもポケットに入るお金が減るということだ。

バイデン政権下で、インフレは急上昇した。2021年12月の消費者物価指数（アメリカ人が商品やサービスに支払う金額を示す指標）は7％上昇した。インフレ率が6％を上回ったのは3カ月連続である[7]。

この大幅な上昇は40年ぶりの記録である（インフレ率がこれほど高くなったのは1982年が最後）。しかし、その時点ではインフレ率は下降傾向にあった[8]。現在、インフレ率は上昇の一途をたどっており、バイデン政権はインフレ率を下げるための適切な政策や解決策を打ち出していない。

アメリカ人が経済と物価上昇を懸念しているのは当然のことだ。AP通信社-NORC公共問題研究センターの調査によると、2022年、ほとんどのアメリカ人にとって経済が最大の関心事であることがわかった。自由形式の質問では、68％のアメリカ人が2022年に政府が経済を優先することを望むと回答した。昨年の調査結果と比較すると、アメリカ人の個人的な財政、生活費、インフレに対する懸念も大幅に増加していることがわかった[9]。

アメリカ人は日々インフレの逼迫を感じている。家庭での食品価格は6・5％上昇し、これは２００８年以降のどの前年比上昇率よりも高い。具体的には、食料品店の主要な食品グループの全てが、２０２０年から２０２１年にかけて値上がりした。例えば、肉、鶏肉、魚、卵の価格は12・5％上昇し、果物・野菜は5・0％、穀物・ベーカリー製品は4・8％上昇した。[10]

この価格のひずみはエネルギー部門にも及んだ。２０２１年の無鉛レギュラー・ガソリンの価格は、11月に1ガロン当たり3・48ドルとピークに達し、２０１２年11月以来の高値となった。[11]２０２１年の平均電力価格も、米国労働統計局が１９７８年にこのデータを記録し始めて以来、最高値を記録した。[12]この電気料金の高騰により、電気自動車を運転するコストが高くなる。

全国のアメリカ人にとって、質の高い食料を食卓に並べ、燃料を車に入れ、家の明かりを灯し続けることは難しくなっている。一方、バイデン大統領はインフレの危機に立ち向かおうともせず、インフレの悪化を食い止めるために十分な努力もしていない。

インフレ率の上昇には様々な要因がある。ＡＰ通信が２０２２年1月12日に書いたように：「パンデミックが２０２０年春に経済を麻痺させ、ロックダウンが実施され、企業は休業や営業時間の短縮を行い、消費者は健康上の理由から家に閉じこもり、雇用主は２２００万人もの雇用を削減した。昨年4～6月期の経済生産高は年率31％という記録的な落ち込みを見せた。」

誰もがさらなる不幸を覚悟した。企業は投資を削減した。再入荷は延期された。残酷な不況が続いた。

しかし、景気は長期低迷に沈むどころか、莫大な政府援助と金利引き下げなどを行ったFRBによる緊急介入に後押しされ、予想外の回復を見せた。今年の春までには、ワクチンの接種が消費者を勇気づけ、レストラン、バー、商店、空港に活気を取り戻した。

突然、企業は需要を満たすために奔走しなければならなくなった。11月には過去最高の1060万人近くを記録した求人数を満たすだけの雇用を急ぐことも、顧客の注文を満たすだけの物資を購入することもできなかった。

ビジネスが回復するにつれて、港湾や貨物ヤードが交通量をさばききれなくなった。グローバル・サプライチェーンは寸断された。コストは上昇した。そして企業は、パンデミックの間に貯蓄を蓄えていた消費者の多くに、コスト上昇を価格上昇という形で転嫁できることに気づいた。

しかし、ローレンス・サマーズ元財務長官を含む批評家たちは、ジョー・バイデン大統領による1兆9千億ドルのコロナウイルス救済策が、大半の世帯に1400ドルの小切手を支給し、すでにうまくいっていた経済を過熱させたと一部で非難した。(13)

要するに、アメリカ経済はサプライチェーンのボトルネック、(コロナウイルスの規制義務もあって)労働者不足、(バイデン政権によるアメリカのエネルギー自立に対する攻撃のおかげで)エネルギー価格の高騰、そして需要の急増という巨大な嵐に見舞われたのである。

労働者を求人に誘い込むために賃金が上昇した。これが、供給制限やガソリン価格の上昇による他のコスト上昇と相まって、コスト上昇を招き、消費者がステッカーに表示する価格に反映されている。（時給が４・７％上昇したとはいえ、昇給率はインフレ率に追いついていない。CNBCが報じたように、インフレ率が７％上昇し、平均昇給率が４・７％の上昇で、平均２％以上の賃下げとなる）(14)。

しかし、需要が急増する一方で、サプライチェーンは同時に大きな混乱に見舞われた。余談だが、このことは、米国が共産中国（米国への商品供給のトップ）からの輸入に過度に依存していることの深刻な問題を浮き彫りにした(15)。

需要の高まりは、記録的な量の貨物がアメリカの港に到着するのに苦労するという結果をもたらしている。ロサンゼルス港では、２０２１年に１０７０万個の20フィートコンテナが通過し、それまでの記録を13％上回った(16)。特にカリフォルニアのロサンゼルスとロングビーチでは、海運の混雑が滞貨、遅延、価格上昇を引き起こしている。この２つの港は、米国へのコンテナ輸入の約40％を扱っている(17)。

２０２１年11月16日、ロサンゼルス港とロングビーチ港は、（安全性と大気質の改善を名目に）混雑緩和のための新しい待ち行列システムを導入した。船舶は到着待ち行列に並んだ後、陸地から約１５０マイル離れた「安全・大気質エリア」外の空きバースを待つことになる(18)。しかし、これは結局、バックログの問題を解決するものではなく、問題を長引かせるものだ。

アーロン・クライグマンはジャスト・ザ・ニュース紙に次のように書いている：

「新しい順番待ちシステムは、表向きは有害な排気ガスを減らし、船舶をより広範囲に分散させることで安全性を向上させるために考案された。ロサンゼルス港とロングビーチ港の混雑は意図したとおりに緩和された。しかし、この成果は、流通のボトルネックを示す最も顕著でアクセスしやすい証拠を視界から取り除くという点を除けば、サプライチェーンの危機とは何の関係もない。[19]」

任意の海上境界線の内側に何隻の船がいるかは問題ではない。重要なのは、アメリカ全土の消費者に出荷される貨物の積み降ろしを待っている船の数である。南カリフォルニアのマリン・エクスチェンジによると、1月21日、コンテナ船のバックアップ総数は１０６隻だった。本書を書いている時点では、1月9日に１０９隻のコンテナ船がバックアップし、過去最高を記録している。[20]

バイデン大統領とピート・バティジェッジ運輸長官は、港湾事業の拡大によってサプライチェーンの危機を緩和することに成功したとさかんに主張している。10月、バイデン大統領は、ロサンゼルス港を「画期的なものになる可能性」がある24時間体制に移行する契約を発表した。同政権は、サプライチェーンの危機を緩和するための、いわゆる「90日間スプリント」を宣言した。[21]しかし、それから90日近くが経ち、全米の商店で棚が空っぽになっている画像をアメリカ人が数多く共有するなか、ツイッターでは#BareShelvesBiden(空棚バイデン）がトレンドになった。

ウォール・ストリート・ジャーナル紙によれば、ロサンゼルス港とロングビーチ港の開港期間を延長する「画期的な」計画は、「ほとんど波紋を広げなかった」。当然のことながら、トラック運転手や倉庫業者は夜中には働かない。

ロングビーチ港が9月中旬に終夜営業を開始したところ、トラックは1台も来なかった。[22]さらに、運輸業界は、多くの業界や産業で経験したのと同じ労働力不足に見舞われている。パンデミックの結果、多くのトラック運転手が退職し、新規運転手のための免許講習も滞ったため、貨物を輸送する運転手が不足した。[23]コンテナ滞留料（コンテナがターミナルに長期間滞留した場合に課される罰金）の導入が危ぶまれているが、この原稿を書いている2022年2月下旬の時点では、導入は延期され続けている。

しかし、もしそれが実施された場合、誰がその費用を負担するのだろうか？消費者である。

バイデン政権は、巨大なサプライチェーン（現在、米国最大の港湾を拡張するために40億ドルを投じている）の単なる1つのリンクに焦点を絞っている。[24]

バイデン大統領は、港湾の開港時間を延長し、輸送のボトルネックを緩和すればインフレが緩和されるという幻想のもとに動いている。しかしこれは、バイデン大統領の政策が経済全体の物価にどのような影響を及ぼしているかという、もっと大きな構図を見逃している。

石油生産の削減とエネルギーの自立は、消費者、企業、供給業者のコストを引き上げる。過剰な（そして最高裁が決定したように違法な）ワクチンや検査の義務化は、すでに労働から逃げているアメリカの労働者に害を与える。

サプライチェーンの危機への対処を怠れば、経済成長は最小限に抑えられる。そして、政府から個人への小切手や何兆ドルもの連邦政府支出の承認という形で、経済に現金を溢れさせることは、限られた財やサービスに対する需要の急増を招き、その結果インフレ率をさらに高めることになる。

バイデン大統領はインフレを緩和するわけでも、サプライチェーンの危機を解決するわけでもない。彼の政策は、空の棚を増やし、空の銀行口座を増やし、アメリカ国民にさらなる試練をもたらす。

米国人を依存させ続ける

「大きな政府の社会主義者」たちは、生活費をはるかに高くしただけでなく、彼らの政策は最も弱い立場のアメリカ人を苦しめてきた。

「大きな政府の社会主義者」の政策のせいで、困窮しているアメリカ人は自給自足よりも政府への依存を強めている。例えば、ホームレス撲滅への「大きな政府の社会主義者」のアプローチは、アメリカに住むホームレスの数を増やした。

2013年、オバマ政権は「ハウジング・ファースト」と呼ばれる政策を打ち出し、全国的なホームレス対策に焦点を絞った。ハウジング・ファーストには2つの基本原則がある。

第一に、政府補助や住宅バウチャーを通じて恒久的な住宅を提供することが、ホームレス状態を終わらせる最善の解決策であることを提案している。第二に、提供される住宅は即座に提供されるべきであり、前提条件（つまり、節酒や最低収入の基準）やサービス参加要件は存在しないべきである。焦点は、本人を支援することから、恒久的な住宅に迅速に入居させることに移った。その結果、資金配分が変わり、最前線にいる地方自治体のプログラムや優先事項が変わった。

２０２０年10月に発表されたホームレスに関する米国閣僚理事会支援協議会(USICH: United States Interagency Council on Homelessness)の報告書によると：

「２０１３年12月20日、住宅都市開発省からの資金調達可能通知は、サービス参加義務のあるプログラムにはペナルティを科し、参入障壁が低くサービス参加義務のない住宅支援にはインセンティブを与えるという方向に正式にシフトした。自立を最適化し、ホームレスへの逆戻りを減らすために住宅と組み合わされた強固で総合的なラップアラウンド・サービスに取って代わり、入居斡旋のスピードが焦点の物差しとなった。[25]」

このようなハウジング・ファーストへの優先順位のシフトは、最終的にプロセスの変化をもたらした。例えば、２０１２年から２０１９年にかけての連邦政府の資金調達における官僚的な変更により、移行期住宅のベッドとは対照的に、新たに分類された早期入居住宅のベッド（ハウジング・ファーストの重要な構成要素）により多くの資源が割り当てられた。

各住宅形態には24ヶ月という期限があるが、移行期住宅に入居している人は、住宅都市開発省によってホームレスとみなされる。早期入居住宅に入居している人はそうではない。これは官僚的なごまかしにすぎない。言うまでもなく、移行期住宅のベッド数は減少し、早期入居住宅のベッド数は増加した。

USICHの報告書はこう続けている：

「多くの場合（ほとんどではないにしても）、移行期住宅のベッドを提供していた同じ地域機関が、今度は早期入居住宅のベッドを提供しており、多くの場合、同じ建物内で同じ個人に提供していた。移行期プログラムから早期入居住宅プログラムに移った10万1746人を、ホームレスの経験がなくなったと「再分類」したことが、ホームレス減少の証拠として挙げられている。この再分類は、ハウジング・ファーストの有効性の裏付けとして使われているが、真のホームレス減少を示すものではない。」

「大きな政府の社会主義者」たちが、サプライチェーンの危機をカリフォルニアの海岸から遠ざけることで成功を宣言したように、彼らは失敗したプログラムを成功したように見せるために、アメリカ人のホームレスの定義を再分類した。

ハウジング・ファーストが実施される前の2007年から2014年にかけて、アメリカでは避難していない人の数が31・4％減少している。[26]（住宅都市開発省によると、「屋根のないホームレス状態」とは、夜間の主な場所が、通常の寝床として指定されていない、または通常使用されていない公共または民間の場所である人々を指す。例えば、路上、車、公園などである[27]）

ホームレスを対象とした連邦政府からの資金援助は、約10年前と比べて２００％以上増加しているが、ホームレスの数は増加している。COVID－19の大流行前の２０１４年から２０１９年にかけて、避難所のないホームレス状態にある人は全国で20・5％増加した(28)。

パンデミック前の２０２０年１月、米国では一晩にホームレスとなった人の数は58万４６６人で、２０１９年から2・2％増加した(29)。（この数字には、シェルターなし、シェルターありのホームレス経験者も含まれる。後者は緊急シェルター、過渡的住居プログラム、または安全な避難所に居住する人々を指す(30)）

カリフォルニア州を例にとれば、ハウジング・ファーストの政策が実際にはいかに悲惨なものであるかを知ることができる。２０１６年、ホームレス支援に関する全てのプログラムと資金をハウジング・ファーストのアプローチに沿ったものにすることを義務付ける法改正が行われた。この切り替えは、カリフォルニア州の住宅コストの上昇と相まって、大惨事となった。カリフォルニア州全体では、２０１５年から２０１９年にかけて、保護されていないホームレスが47・1％増加したのに対し、州全体のホームレスは30・7％増加した(31)。

最新の数字によると、ホームレスの４人に１人以上、全米でシェルターのない人の半数以上がカリフォルニア州に住んでいる。パンデミック以前の２０２０年１月、カリフォルニア州には推定16万１５４８人のホームレスがいた。同州は、２０１９年から２０２０年にかけて、ホームレス状態にある人の増加率が全米で最も高かった(32)。

ハウジング・ファーストの「画一的な」アプローチは、個人や家族がホームレスになる根本的な原因を考慮していない。クリストファー・ルフォがヘリテージ財団の報告書で書いているように、「政策立案者は、ホームレス問題は住宅問題ではなく、主として人間問題であることを理解しなければならない。[33]」

メンタルヘルスの問題、薬物乱用、トラウマや虐待の経験は、ホームレス状態につながる大きな原動力となっている。カリフォルニア・ポリシー・ラボが2019年に実施した全国調査によると、ホームレス状態になった原因として、ホームレスでない人の46%、シェルターで保護された人の34%がトラウマや虐待状態にあった。保護されていないホームレスの50%では、精神的健康状態が住居喪失の一因であり、保護されていないホームレスの51%では、薬物やアルコールのサブスタンス乱用が一因であった。[34]

パンデミックの余波の中で、こうした健康、依存症、安全性の課題が沈静化することはないだろう。私の妻であるカリスタ・ギングリッチ元駐聖座米国大使が書いているように、「2020年以降、精神衛生上の闘い、薬物乱用、家庭内暴力が激化していることは明らかである。[35]」世界全体では、家庭内暴力は2020年に25～33%増加した。米国で実施された研究のレビューによると、自宅待機命令が出された後、家庭内暴力の報告件数は全国で平均8・1%増加した。[36]

さらに、2020～2021年4月のデータに基づくと、薬物過剰摂取による死亡者数が初めて12ヵ月間で10万人を超えた。[37]合成オピオイドであるフェンタニルの過剰摂取は、今や18～45歳の米国人の死因の第1位となっている。[38] また、アルコールの消費量も増加し、アルコールを摂取する人の31%が、パンデミック中に飲酒量が増えたと報告している。[39] セラピストたちは、精神的健康問題の治療を求める人々が急増していると報告している。

２０２１年12月17日、マサチューセッツ州の臨床ソーシャルワーカー、トム・ラチウサはニューヨーク・タイムズ紙に次のように語っている：

「私の知るセラピストはみな、これまで経験したことのないようなセラピーへの需要を経験している。[40]」

このような精神疾患の増加は、若い少女たちに深刻な影響を与えている。米国外科医総長からの公開勧告にはこう書かれている「２０２１年初頭、米国では自殺未遂の疑いによる救急外来受診率が、２０１９年初頭の同時期と比較して、思春期の女児で51%高かった。[41]」

パンデミックの後、このような傾向の高まりは、特に女性にとって懸念材料となる。カリフォルニア・ポリシー・ラボの報告書にあるように「健康面や行動面における健康管理の必要性、虐待やトラウマの経験は、シェルターのない人々、特に女性の住居喪失の主な要因である。[42]」

確かに安定した住居は、米国におけるホームレスの減少に不可欠な要素である。しかし、ハウジング・ファーストのプログラムでは、シェルターの確保と同時に、ホームレス状態を引き起こすこれらの要因に優先順位をつけることができない。前提条件や参加要件を撤廃しても、ホームレスの人々が様々な病気の治療を受ける動機付けにはならない。

ハウジング・ファーストの「ゴールド・スタンダード」であるニューヨークの「パスウェイ

ズ・トゥ・ハウジング」プログラムでは、ソーシャルワーカー、精神科医、薬物乱用の専門家を含むチームが24時間体制で対応しているにもかかわらず、薬物乱用障害に苦しむ居住者の数は1年間で増加した。さらに、薬物乱用障害を経験した人のうち、回復に至った人はいなかった(43)。

シェルターや「ハームリダクション」を過度に強調することは、多くのホームレスが影響を受けている悲惨な健康問題やトラウマ問題を、路上から政府が提供する住宅や補助金付きの住宅に移し替えたに過ぎない。これでは、現実に困難に直面している個人に力を与えることも、政府の援助からの自立を促すこともできない。

元米国住宅都市開発長官のベン・カーソン博士は、次のように語っている。「思いやりとは、『かわいそうに、私が面倒を見てあげる』ということだと考えている人がいる。それは思いやりではない。思いやりとは、『どうすればこの人の可能性を引き出せるか』ということだ」と述べている(44)。

「大きな政府の社会主義」のハウジング・ファースト政策は大失敗であり、最終的には助けようとした人々に害を及ぼす。弱い立場の人々を政府に依存させ、その苦悩によって投獄し続けることは、思いやりではなく、極めて残酷で破壊的である。

教育の衰退

「大きな政府の社会主義者」たちが、アメリカ国民のもうひとつの弱者である子どもたちの期待を裏切っていることは明らかだ。確かに、COVID－19の大流行はアメリカの若者の学習進度を著しく阻害し、２０２０－21学年度末には全米の幼稚園児から高校生までの数学の遅れは平均５カ月、読解の遅れは平均４カ月に達する。[45]

アメリカ全土の学区で、パンデミックの間、生徒の成績不良がかつてないほど増加した。テキサス州ヒューストン近郊では、２０２０－21年度の第１学期に、中高生の半数近くが少なくとも１つのクラスで落第した。ノースカロライナ州のウィルソン郡学校では、２０２０年秋に少なくとも１つ不合格となった生徒の割合（３年生から12年生までで46％）が、前年の２倍以上に増加した。[46]２０２０－21年度の最初の４分の３において、ボルチモア市の高校生の41％が評定平均値１・０未満であった。[47]

国連の評価では、パンデミック時の広範な休校と学習損失により、現在の学生は生涯で合計17兆ドルの収入を失う可能性があると推定されている。[48]このような傾向や数字は懸念すべきものだが、学校が生徒を教育できないのは、遠隔教育の義務化やCOVID－19パンデミックによる閉鎖以前からあったことを認識することが重要である。

全国学力調査(NAEP)の長期傾向調査がパンデミック開始前に収集したデータによると、13歳の数学と読解のスコアが、テストが実施されてきた50年間で初めて低下した。2019年10月から12月にかけて実施されたこのテストでは、全国平均で算数の得点が5ポイント、読解の得点が3ポイント低下していることがわかった。

テストとデータ収集を監督する米国米教育統計センター(NCES)のコミッショナーは、この結果に非常にショックを受け、スタッフに数字の再チェックを依頼したとポリティコ誌に語った。「どれも気になる結果です。特に数学の結果は大変なものでした。[49]」

州や地方レベルのデータを見ても、調査結果は同じように厄介である。たとえば、ニューヨーク、ボルチモア、シカゴである。NAEPのスコアは、基礎以下、基礎、熟達、上級の4段階に分かれている。

ニューヨーク市では、2019年の読解力試験でNAEPの習熟レベル以上の得点を獲得した小学4年生は27%であった。[50] シカゴでは、読解力試験でNAEPの習熟レベル以上の得点を獲得した小学4年生はわずか25%であった。[51] ボルチモア市では、その割合はもっと低く、4年生で習熟度以上の読解力を持つのはわずか13%であった。[52]

教育の初期段階でのこのような読解力の低さは、長期的な学業成績に影響を与える。

アニー・E・ケーシー財団の報告書は、幼い生徒にとって読解力が非常に重要である理由を次のように述べている：

「小学3年生の終わり(NAEPが小学4年生の始めに測定する)までに読解力が十分であるかどうかは、子供の教育的発達を左右する基準となりうる。3年生の終わりまで、ほとんどの子どもは読むことを学んでいる。

しかし、4年生になると、学習するために読むようになり、算数や理科などの教科でより多くの情報を得たり、問題を解決したり、学習内容について批判的に考えたり、その知識を基に行動したり、周囲の人々と共有したりするために、そのスキルを使うようになる。チルドレンズ・リーディング・ファウンデーションによると、小学4年生のカリキュラムの半分までが、その学年以下の読解力の生徒には理解できない。また、イェール大学の研究者によると、3年生で読解力の低い生徒の4分の3は、高校でも読解力の低いままだという。

驚くことではないが、識字率が比較的低い生徒は、その後の学年でも行動的・社会的問題が多く、留年率も高い傾向がある。全米調査委員会は、「高校卒業で定義される学業上の成功は、小学3年生時点での読解力を知ることによって、妥当な精度で予測できる」と主張している。少なくとも、その時点である程度の読解力を身につけていなければ、高校を卒業できる可能性は低い[53]。」

簡単な解決策は(そして「大きな政府の社会主義者」たちの常套手段は)、これらの成績不振の学校や学区に資金を投入することだ。しかし、問題は資金ではない。2018－19年度、ニューヨーク州は公立の小中学校に生徒一人当たり2万5139ドルを支出したが、これは全米平均をなんと91%も上回っている。

全米100の大規模な学校システムの中で、ニューヨーク市は生徒一人当たりの支出額が2万8004ドルと最も高く、第1位だった。(ちなみに、メリーランド州モンゴメリー郡の支出額は、大規模校の中で2番目に高く、生徒一人当たり1万6490ドルであった。[54]

さらに、「U.S. News & World Reportによると、シカゴ公立学校は生徒一人当たり年間1万5201ドル、ボルチモア郡公立学校は1万3907ドルを支出している。[55][56]

要するに、全米の学校制度は生徒のためではなく、大人(教師と官僚)のために機能してきたのである。[57]

ウォークなイデオローグたちが、アメリカの歴史を書き換えるような、分裂を招くようなカリキュラムを実施している。[58] 組合に加入している教師たちは学校に戻ることを拒否し、学校閉鎖を余儀なくされている。アメリカ中の生徒たちは、混乱した過剰なCOVID−19保護命令に従うことを余儀なくされ、学習と社会化を困難にしている。「人種差別と闘う」ために、成績評価システムは全面的に見直された。[59]

いわゆる「西洋数学」は権力と抑圧のために振りかざされる道具だと主張する新しい数学カリキュラムが提案されている。[60] より多くの資金を得るために、学校は不登校の「幽霊生徒」に偽の成績を付けている。[61] 解雇されるべき無能な学校管理者や教師が、雇用名簿に残っている。

リストはまだまだある。しかし、これは次世代を担うアメリカ人の期待を裏切っているアメリカ全土で起こっている出来事、考え方、政策のほんの一例にすぎない。これらのアプローチは、生徒が成功を収めることを奨励するものではなく、むしろ成功とは何かを再定義し、失敗する可能性を排除することで、悪い教師にあまりにも大きな力を与えている。

物価の高騰、ホームレスの増加、学校制度の継続的な破綻を見れば、アメリカ人が不満を抱くのも無理はない。良い教育を受けずに、アメリカの若者はどうやって自活するための給料の良い仕事に就けるのだろうか？「大きな政府の社会主義者」たちが、効果のない政策やプログラムに投資し続けているときに、ホームレスの人々はどうやって立ち直るのだろうか？

アメリカ人は、必要なものが手に入らない、あるいは手に入らなくなったときに、どうやって請求書や住居、食料、ガソリン、生活必需品の代金を支払えばいいのだろうか？「大きな政府の社会主義」政策が、アメリカ人が潜在能力を最大限に発揮し、自らの足で立つことができるような成果を重視していないことは、圧倒的に明らかである。貧困と絶望をもたらすだけだ。

第7章

機会と希望

「大きな政府の社会主義」は、古典的なアメリカの例外主義の否定である。

その中核にあるのは、アメリカの例外主義は、経歴、性別、地位、階級、人種に関係なく、成功や昇進の唯一の制約は自分自身の自信と努力だけであるという信念に基づいている。

これはアメリカ建国当時と同様、今日にも当てはまる。例えばアレクサンダー・ハミルトン。ハミルトンは1750年代、カリブ海に浮かぶネイビス島で婚外子として生まれた。父親は彼を捨て、母親は彼がまだ幼い頃に亡くなった。1772年、孤児となったハミルトンは、地元の人々がアメリカでの教育費を集めてくれた後、ニューヨークに渡った。

ニューヨークのキングス・カレッジで学び、在学中、およそ17歳で植民地の大義を掲げ、ジョン・ジェイが書いたと思われるほど、鑑識眼のある匿名のパンフレットを書いた。独立戦争中、ハミルトンは出世し、ワシントンの副官となった。アメリカがイギリスに勝利した後、ハミルトンは法律を学び、ニューヨークの弁護士に合格した。

後にハミルトンは、1787年にフィラデルフィアで開催された憲法制定会議のニューヨーク代表として選出され、85篇の「フェデラリスト」論文のうち50篇以上を執筆して憲法批准に重要な役割を果たした。彼は初代財務長官となり、合衆国で最初の銀行を設立した。

元副大統領アーロン・バーとの決闘という悲劇的な結末を迎えたハミルトンだが（ミュージカル『ハミルトン』で見事に再現されている）質素な始まりから、わが国で最も重要な歴史的人物の一人となった彼の出世は、アメリカニズムを定義する精神、意欲、達成感を体現している。

わが国の歴史は、機会と希望によって形作られてきた。アメリカ人は世代を超えて、西部の未踏の地に新たな道を切り開き、世界初の飛行機で空を飛び、月に降り立った。

何世紀もの間、アメリカは丘の上の輝く街であり、世界中から何百万人もの人々がアメリカンドリームを求めて集まってきた場所であった。劣等生としてスタートしたこの国は、アメリカ国民の気概、知性、ビジョン、勇気によって、世界をリードする技術大国、経済大国、軍事大国となった。

アメリカという実験の成果は目覚ましい。しかし、わが国が若いうちに成功を収めたにもかかわらず（アメリカは他国に比べてまだ若い国である）、継続的な繁栄、自由、安全が保証されているわけでは決してない。ロナルド・レーガン大統領が警告したように「自由とは脆いものであり、絶滅の脅威から一世代以上逃れたことはない(1)」

アメリカが共産主義中国やロシア、そして将来現れるかもしれないその他の挑戦の脅威にうまく立ち向かうためには、まずアメリカ人が自由で、力を与えられ、自らの人生と実力で成功するよう奨励されなければならない。

仕事は全てのはじまり

労働は健康な生活と健全な社会の中心である。レーガン大統領も言ったように「最良の社会プログラムは仕事である」

ベンジャミン・フランクリンは「幸せな人間は働く人間である。不幸なのは怠惰な人間である。」

フランクリンはこうも言っている：

「決して先延ばしにしてはならない。明日、どんなに忙しくなるかわからないのだから。」

あらゆる政府プログラムは、人々は（著しく恵まれない人々を除いて）働かなければならないという原則を思い出し、依存、受動性、仕事を避けることは個人と社会を破壊するという原則に立ち戻るために再考されなければならない。

初期のアメリカでは、ヨーロッパからの入植者たちは、生き残るために厳しい労働と絶え間ない努力を必要とする荒野に身を置いていた。例えば、北部の冬は深刻な警戒と備えが必要だった。ほとんど全ての人が働いていたため、健常者で働かない人に対する同情はほとんどなかった。農業を成功させるには家族全員が必要なことが多かったため、家族全員が生き残り、繁栄するためには、誰もが働かなければならなかった。

中流階級の行動を蔑視し、労働倫理を弱体化させようとする知識人の最善の努力にもかかわらず、このような労働を支持する傾向は続いた。トーマス・ジェファーソンが書いたように、幸福とは「偶然に置かれた生活の状態によって左右されるものではなく、常に善良な良心、健康、職業、あらゆる公正な追求における自由の結果である」(2)

大恐慌のさなかでも、フランクリン・デラノ・ルーズベルト大統領は労働の重要性を主張した。1935年の一般教書演説で、ルーズベルト大統領は労働の重要性を強調した：

「歴史の教訓は、目の前にある証拠によって確認され、救済に依存し続けることが、国民精神を根本から破壊する精神的崩壊を引き起こすことを決定的に示している。

このような方法で救済を行うことは、麻薬を投与することであり、人間の精神を微妙に破壊するものである。健全な政策とは相容れない。アメリカの伝統に反する。健常者であっても貧困にあえぐ労働者には、仕事を見つけなければならない。連邦政府はこの救済事業をやめなければならない。

私は、現金やバスケットや、週に数時間の草刈りや落ち葉かきや公園での新聞拾いによって、国民の活力がこれ以上失われることを望んでいない。私たちは、失業者の身体を困窮から守るだけでなく、彼らの自尊心、自立心、勇気、決意をも守らなければならない。(3)」

フランクリン・デラノ・ルーズベルト大統領がポリオから回復し、充実した人生を送るために費やした並々ならぬ努力を考えてみよう。ルーズベルト大統領は、親族や友人たちが彼のペースを落とし、病人としての限られた人生を受け入れようとするのに付き合うこともできたが、そうしなかった。

ルーズベルト大統領が人格を形成するために、また満足のいく人生を送るために不可欠なこととして、仕事を提唱し続けたのは、ほとんど不思議なことではない。

大恐慌時代の理想主義的な態度は、世界ヘビー級チャンピオンのジェームス・J・ブラドック

が、手を骨折して失業したときに受け取った見舞金の返済に、チャンピオンの賞金の一部を使ったときに示された。(4)

ルーズベルト大統領、ハリー・トルーマン大統領（彼の店はかつて倒産した）、ドワイト・アイゼンハワー大統領は皆、労働倫理を体現していたが、知的な左派はますます反労働的だった。１９６５年に始まったリンドン・ジョンソンの「大いなる社会」は、努力なしに収入を得、罪悪感なしに怠惰に過ごし、他者から金品を受動的に受け入れるという構造を構築し始めた。自分が持っているもののために働けば、その価値を認め、他の人が持っているもののために働いたことを尊重する。努力なしに金品を与えられると、その価値は失われる。不労所得に自然な限界はない。その結果、収入源としての犯罪が増加する。

パンデミックが始まって以来、カリフォルニア州の失業補償基金から盗まれた２００億ドルは、気軽な犯罪がアメリカ社会に浸透し、歪められていることを示す一例である。(5)

メディケアとメディケイドのための国民医療費の10％（3千億ドル以上）が毎年盗まれている可能性があると考えると、腐敗した市民権に対する同じ疑問が重要になる。(6)

この60年近く、私たちは存在することだけでお金を受け取る従属階級を育ててきた。お金を得ることに何の努力もせず、何の価値も認めない。そのような依存階級のかなりの割合が、今や犯罪者階級になりつつある。アメリカが再び健全で、生産的で、安全な社会になるためには、労働倫理、金銭の価値、誠実さの重要性を再確認することが不可欠である。

レーガン大統領は１９８３年のラジオ演説で、「将来の報酬は、単純な勤勉さで勝ち取るものだ。今日一生懸命働けば働くほど、明日の報酬は大きくなる。(7)」

レーガン大統領のラジオ演説の1年後、ピーター・コーブはアメリカ・ワークスを設立した。この革新的なプログラムは、ニューヨーク州知事のマリオ・クオモがスポンサーとなり、生活保護からの脱却を支援するまったく新しいモデルをもたらした。『Poor No More：依存と貧困との戦いを再考する』という著書の中でコーブが概説しているように、彼は、社会サービスにおけるパフォーマンス・ベースの契約は、貧しい人々により良い結果をもたらし、地域社会により大きな価値をもたらすと確信していた。(8)

私は1990年代初頭にアメリカ・ワークスを訪問した。ビル・クリントン大統領と私は、重度の失業者が働くためのスキルと習慣を身につけるのを助ける方法について、彼らのアドバイスを頼りにした。コーブとCEOのリー・ボウズ博士は、1996年の福祉改革法案の設計について助言してくれた。

アメリカ・ワークスのチームは、自立を促す労働ベースのシステムが、事実上全ての依存ベースのモデルに取って代わるべきだと考えている。1935年にルーズベルト大統領が警告したように、努力なしに援助を受ける人はほとんどいないはずだ。

全ての政府プログラムと政府政策は、それらが労働を促進し、財産の所有を促進し、達成を促進し、誠実な努力による進歩を促進するものであることを確認するために評価されるべきである。可能な限り幅広いアメリカ人が、生産的で、精力的で、充実した、自立した生活を送るのを助けるために、あらゆる努力が払われるべきである。財産（実物も金銭的なものも）を手に入れることができれば、労働意欲に対する報酬が増すのだから、人々が困難にもかかわらず底辺から這い上がり、早期に財産を手に入れることができるよう、あらゆる努力を払ってルールを変えるべきである。そうすれば、仕事へのコミットメントがさらに高まるだろう。

ホームレスの危機に真剣に取り組むのであれば、手ごろな価格の住宅、薬物・アルコール依存症の治療、メンタルヘルスやトラウマに配慮したケア、リハビリプログラムと並行して、「働くことそのもの」に優先的に取り組むアプローチが必要だ。

成果を重視することが必要だ。そして最終的に望まれる成果とは、全ての健常なアメリカ人が十分な給料をもらえる仕事に就けるようになることであるべきだ。給料の良い仕事を続けることができれば、家賃を支払うことができ、刑務所に入ることもなく、依存症や精神衛生上の問題は解決されているか、あるいは解決されつつある可能性が高い。

これが、アメリカ社会の繁栄と、各個人の成功と満足にとって、仕事が非常に重要な理由である。

教育：（いまだ）危機に瀕する国家

アメリカ人は、職場や家庭、地域社会で成功するために必要な技能や知識を身につけなければならない。教育が自由社会の中心にあるのはこのためである。教育はまた、安全な社会の中心でもある。教育は、人々が善良な市民になるために必要不可欠である。科学技術の急速な変化の中で、アメリカの労働者が他国とうまく競争するためにも不可欠である。

過去50年間、アメリカの教育制度は着実に衰退してきた。いまや、若い市民を十分に教育することも、新しい科学技術をめぐる世界的競争に勝つための手段を備えた人材を十分に準備することもできない。市民と経済競争のための効果的な教育システムを構築することは、アメリカの将来にとって最も重要な課題である。

この教育へのコミットメントは、アメリカの経験に深く根ざしている。入植者たちは学問に深い情熱を持っていた。

1635年、アメリカ初の公立高校、ボストン・ラテン・スクールが創立された。その1年後、つまり巡礼者たちが新大陸に到着してからわずか16年後、マサチューセッツ湾植民地の大法院の投票によってハーバード・カレッジが設立された。植民地では次々と学校が設立され、学問が重んじられるようになった。

アメリカ建国の父たちは、学ぶことの重要性を強調した。ベンジャミン・フランクリンは、印刷工としてのキャリアから識字の価値を知っており、図書館や学校の熱心な支持者であった：「いつの時代も賢人たちは、青少年の優れた教育を、家庭と連邦の両方の幸福の最も確かな基礎と見なしてきた。それゆえ、ほとんど全ての政府は、適切な歳入によって、次の時代を支えるような学問所を設立し、寄付することを、その関心の主要な対象としてきた(9)。」

トーマス・ジェファーソンもまた、教育の重要性を理解し、全ての人に教育を受けられるようにするという課題に心を奪われていた。

１７８５年のジェファーソンによれば「教育計画全体の最終的な結果は、州の全ての子供たちに読み、書き、算術を教え、ギリシャ語、ラテン語、地理学、算術の高等分野をよく学んだ優れた才能を持つ者を毎年輩出し、さらにそれらの学問分野に加えて、その才能が導くままに諸科学を加えた者を輩出することである(10)」

建国の父たちの教育へのコミットメントは、１７８５年の土地条例（北西部条例のひとつ）の成立によって、現実的な投資となった。これは憲法制定会議の2年前のことで、独立戦争終結後、新政府に取って代わられる前の盟約者団議会の最も重要な行動であった。

１７８５年の土地条例では、政府は各タウンシップの1平方マイルの土地を公立学校の維持のために使用することを定めた(11)。

長い年月を経て、アメリカの教育への取り組みはより強く、より広く浸透していった。レイの算数シリーズ（第1巻は1834年出版）とマクガフィーのリーダー（第1巻は1836年出版）は膨大な数を売り上げた。これらは3世代にわたってアメリカの教育の基準であり、現在の同学年で使われるテキストよりもはるかに難しいものであった。

しかし、1960年代からアメリカの教育制度は崩壊し始めた。その一因は、第二次世界大戦の世代が、子供たちに楽な生活をさせたいと願ったことである。もう一つは、勤勉さや実質よりも感情やプロセスを重視する教育哲学の台頭である。さらにもう一つは、教育官僚と教職員組合が組み合わさり、学習要件を矮小化し、学習意欲を劇的に低下させたことである。

1983年までに、アメリカの教育崩壊は危機的状況に陥り、レーガン大統領は、改革を提案するため、著名な教育者からなるブルーリボン委員会を設立した。デビッド・P・ガードナーが率いるこの委員会は、『危機に瀕する国家：教育改革の必要性』を執筆した。報告書はこう結論づけた：

「わが国は危機に瀕している。商業、産業、科学、技術革新において、かつては揺るぎなかった優位性が、世界中の競争相手に追い越されようとしている。本報告書は、この問題の数ある原因や次元のうちの一つに過ぎないが、アメリカの繁栄、安全保障、礼節の根幹をなすものである。

我々は米国民に報告する。我々の学校と大学が歴史的に達成し、米国とその国民の幸福に貢献してきたことに正当な誇りを持つことができる一方で、我々の社会の教育基盤は現在、国家と国民としての我々の未来を脅かす凡庸さの高まりによって侵食されつつある。

一世代前には想像もできなかったことが起こり始めている。つまり、他国が私たちの教育水準に匹敵し、凌駕しつつあるのだ。もし非友好的な外国が、今日のような平凡な教育水準をアメリカに押し付けようとしたなら、私たちはそれを戦争行為と見なしたかもしれない。しかし現状では、我々はそれを許している。

スプートニク・チャレンジの後に達成された生徒の学力向上も、私たちは無駄にしてしまった。さらに、その成果を可能にするのに不可欠な支援システムも解体してしまった。事実上、私たちは無思慮で一方的な教育軍縮行為を行ってきたのである。我々の社会と教育機関は、学校教育の基本的な目的と、それを達成するために必要な高い期待と規律ある努力を見失っているようだ。(12)」

1983年4月30日、レーガン大統領は全国放送のラジオ演説で、この報告書の憂慮すべき結果に反論した：

「しかし今日、私たちは、今日の生徒の教育スキルは、彼らの両親の教育スキルには及ばないという厳しい報告書を提出させられている。17歳の若者の約13％が機能的文盲であり、マイノリティの若者の間ではその割合は40％に近い。高校生の3分の2以上がまともな小論文を書けない。

この調査は、過去20年間、教室での学習の質が低下していることを示している。この事実は、多くの保護者やその間に教育を受けた生徒を驚かせるものではないだろう。当時は、連邦政府の教育への関与がどんどん大きくなっていった時代である。

地域の学校に対する保護者の管理は縮小した。官僚主義は膨れ上がり、説明責任は失われたかに見えた。保護者は不満を募らせ、どこへ向かえばいいのかわからなくなった。政府は、教育は家庭から始まるものであり、それは親の権利であり責任であることを忘れているようだ。私立学校も公立学校も、皆さんの家庭の子どもたちの教育を援助するために存在している。

あまりにも長い間、ここワシントンの人々は、あなた方の家庭の願いが邪魔でしかないかのように振る舞ってきた。私たちは、その『ワシントンが一番よく知っている』という態度が何をもたらしたかを見てきた。識字率や教育の多様性に関する私たちの高い水準は、どんどん低下している。善意ではあるが誤った政策立案者たちは、私たちの伝統であった豊かな多様性と卓越性に、画一的な平凡さを刻印したのである。

連邦政府の支出は、この20年間で17倍に増加したが、その間に教育の質は劇的に低下した。州および地方自治体の教育努力を支援するという確固としたコミットメントを継続するが、私たちのアジェンダの焦点は、そうでなければならないように、保護者の選択肢と影響力を回復し、学校間の競争を高めることである。[13]」

この報告書とレーガン大統領の全国演説によって、教育界の権威と、より良い結果を求める保護者や改革派の要求との間で現在も続く闘いが始まった。

ウィスコンシン州では、ジェシー・ジャクソンの大統領選挙キャンペーンの元州議長で州議会議員のアネット・ポリー・ウィリアムズ（「学校選択の母」として知られる）がトミー・トンプソン知事と手を組み、１９９０年に全米初の学校バウチャー・プログラムを成立させたことが突破口となった[14]。

今日、教員組合と、知る権利と選択する権利を主張する親や関心のある市民の間で、この戦いが繰り広げられているのを目の当たりにしている。教職員組合は、親が自分の子供が通う学校を選ぶ権利や、自分の子供に何が教えられているのかを知る権利にさえ、絶対的に反対している。

市民権を獲得し、共産中国と競争するのに十分な教育を受けることと、権力を維持し拡大しようとする教育官僚と教職員組合の闘争は、激化の一途をたどっている。説明責任、保護者の関与、選択の自由を支持する声は高まっているが、旧体制の失敗を擁護する巨大な権力、力、資源は依然として存在する。

アメリカの学校の有効性を再構築することは、アメリカが長期的に生き残るための重要なプロジェクトである。生徒たちは、情報通の市民となり、我々の自由を全体主義体制に取って代わろうとする中国共産党と同じくらい有能で洗練された仕事を引き受けるために必要な知識と技術レベルを身につけなければならない。親は子どもの教育に関与し、教室で教えられていることを知る権利を持たなければならない。

レーガン大統領の伝統に従い、アメリカの歴史は正確に教えられなければならない。１７７６アクションが開発したモデルは、あまりにも多くの学校で常態化しているウォークでマルクス主義的な洗脳教育に取って代わるための良い出発点である。可能な限り、生徒にはベストを尽くすよう励まし、挑戦させなければならない。優秀な学校（マグネット・スクール）やその他の達成の中心地が育成されなければならない。保護者は、子どもにとって最適と思われる学校に、子どもを通わせる権利を持つべきであり、納税者のお金は、組合や官僚組織ではなく、生徒のために使われるべきだ。

均衡予算で成功するアメリカを築く

無謀な連邦政府の支出を続けることは、アメリカ国民にとって災いのもとである。前章で述べたように、インフレは記録的な高水準に達し、サプライチェーンは大きく寸断されている。COVID－19の大流行で政府支出はすでに高水準だったが、バイデン政権と「大きな政府の社会主義者」たちは、アメリカ人の金をさらに使うことを優先した。アメリカン・レスキュー・プラン（米国の経済対策法）とインフラ法案を合わせると、バイデン政権はすでに合計3兆1千億ドルの法案に署名している。[15] もしビルド・バック・ベター法が成立していれば、この総額はもっと増えていただろう。

バイデン大統領は、この数兆ドル規模の新たな支出は「インフレを抑えるだろう」と述べている。[16] しかし、政府支出を吸収できる商品が少なくなっている今、これはすでに高騰しているインフレをさらに悪化させる典型的な方法だ。アメリカ経済の規模は、政府支出の量に追いついていない。現在、国の借金は30兆ドルを超えているが、アメリカの国内総生産は20兆9千500億ドルである。[17][18]

１９８０年（ジミー・カーター政権、最後の高インフレ民主党大統領時代）、米国経済は国債の3倍の規模だった。しかし現在、その役割は逆転している。今や債務が経済を上回っている。つまり、今日の連邦準備制度理事会（ＦＲＢ）には、景気を冷やすために金利を引き上げる余地がかなり少なくなっているのだ。債務があまりに大きいため、高金利は債務返済にかかる膨大な費用によって連邦、州、地方の予算を食い潰すことになる。

カーター政権が金利を引き上げたとき、景気後退が起こった。しかし、この原稿を書いている時点で、ウォール・ストリート・ジャーナル紙は、アメリカ人は来るべき利上げを予期すべきであると報じている。

２０２２年2月10日付の同紙によれば：

「米連邦準備制度理事会（ＦＲＢ）当局者が来月の政策決定会合を前に直面している問題は、もはや金利を引き上げるかどうかではなく、どの程度引き上げるかである。この議論にはまだ数週間を要するが、来月には金利を通常の4分の1％ポイントではなく、0・5％ポイントに大幅に引き上げる可能性もある。ＦＲＢは２０００年以来、金利を0・5％ポイント引き上げていない。[19]」

この貧しく無責任な連邦財政政策の矢面に立たされているのは、米国民である。3月の政策決定会合の結果にかかわらず、予算均衡を図ることは急務である。アメリカ国民もそう考えている。

私たちがアメリカン・マジョリティー・プロジェクトで主催し、マクローリン＆アソシエイツが実施した最近の世論調査によると、アメリカ国民の70％が、連邦議会が毎年均衡のとれた連邦予算を可決することを義務づける憲法修正案を可決することを支持している。

フォーカス・グループでこの点をさらに掘り下げると、次のようなことがわかった：「予算を均衡させることは、議会に優先順位を決めさせ、問題の根本原因を解決することだ。全ての家庭や企業が当然にやらなければならないことであり、したがって議会もそうすべきだという信念に基づいている。[20]」

均衡のとれた連邦予算を成立させることは難しいが、不可能ではない。私が下院議長であったとき、議会共和党は、私たちの生涯で唯一、4年間にわたり均衡予算を成立させた。私たちはチームとして、節約を見つけ出し、改革を可決することによって、予算均衡を優先させた。

1990年代の私たちのアプローチは、アメリカ人のお金をケチケチ使うことではなく、より賢く使うことだった。無造作に予算を削減したり、無頓着に「これまで行われてきたこと」を続けることはなかった。

私たちはアメリカ人と国の未来に投資したのだ。このアプローチには規律が必要であり、リターン、成果、成功の指標に焦点を当てる必要がある。

例えば、国立衛生研究所の有益性を認識し、その予算を倍増させることに着手した。この予算増は、救われる命を増やし、世界市場で稼ぐお金を増やし、高賃金産業におけるアメリカの世界的リーダーシップを確保することにつながった。福祉と電気通信産業を改革し、その結果、より多くの人々が働き、雇用が増え、納税者と消費者の節約につながった。[21]

予算均衡に焦点を絞った結果、私たちが目にしたものは驚くべきものだった。議会共和党が多数派となった１９９５年、米議会予算局の予測では、今後10年間の累積連邦財政赤字は合計２・７兆ドルだった。しかし、わずか４年後の１９９９年1月、ＣＢＯは今後10年間の連邦政府の黒字を２兆３千億ドルと予測した。わずか４年間で、米国の財政見通しは5兆ドルも好転したのである。

今世紀に入ってから多くのことが変化したのは事実だが、私が議長だった頃に共和党が実施したのと同じやり方で、議会が財政均衡を図れない理由もなければ、図るべきではない理由もない。私たちは、アメリカン・マジョリティー・プロジェクトとマクローリン・アンド・アソシエイツの世論調査で、「１９９０年代の成功の方程式は、政府支出を抑制し、規制を削減し、福祉を改革して人々が働くインセンティブを持てるようにし、経済成長を促進するために減税を行い、経済が大きくなるにつれて歳入を増やすことだった」とアメリカ人に伝えた。

次に、「現在、議会が同じ経済政策をとることに賛成ですか、反対ですか」と質問した。民主党の65％、無党派層の71％、共和党の83％を含め、合計73％の人々がこの経済政策を支持している。[22]議員には、より賢明な支出を優先させる強い道義的根拠と政治的動機がある。今こそ議会は有権者の声に耳を傾け、連邦予算を均衡させる時である。

アメリカのエネルギー自給率を回復させる

エネルギーはアメリカ経済の屋台骨であり、石油は生命線である。しかし、バイデン大統領は政権発足初日から、急進的な気候変動活動家をなだめようと、米国のエネルギー安全保障を攻撃してきた。

前回述べたように、2019年、ドナルド・トランプ大統領の下、アメリカは1952年以来初めてエネルギー面で自立した。これは、アメリカが消費したエネルギーよりも多くのエネルギーを生産したことを意味する。

トランプ政権下で、石油生産量は28%、天然ガス生産量は26%増加し、2020年には過去最高を記録した。[23] トランプ大統領のアプローチは、お役所仕事の削減とアメリカのエネルギー供給業者への支援を主な柱としていたが、バイデン大統領によって覆された。公平を期すため、ガス価格の高騰は、2020年春のCOVID－19の大流行で日量300万バレルの石油生産が失われたことが大きな原因であることに留意しなければならない。生産量は完全には回復していないが、需要は回復している。[24]

国際エネルギー機関（IEA）によると、世界中で供給不足はまだ少なくとも日量100万バレルある。[25] このようなアメリカのエネルギー部門の厳しい現実にもかかわらず、苦境にあるアメリカ人よりも気候変動擁護論者を優先するバイデン大統領の戦略は、消費者の価格を下げることも、アメリカのエネルギー自立の復活を促すこともできなかった。石油価格の高騰は、第二次世界大戦以降、全ての不況をもたらす要因となってきた。[26]

キーストーンＸＬパイプラインを中止し、イスラエルからヨーロッパへのイーストメド天然ガス・パイプラインに対するアメリカの支援を撤回する一方で、ロシアのノルド・ストリーム２パイプライン（ウクライナ侵攻後、現在停止中）を事実上容認することは、エネルギー、気候、安全保障の観点から賢明な政策とは言えない。[27]

実際、米国を世界の石油・天然ガス市場から事実上撤退させることで、ロシアは今や主要供給国となっている。バイデンの反石油スタンスは、ロシアのウクライナ侵攻を後押ししているのだ。さらに、連邦政府の石油、ガス、石炭の新規リース契約を一時停止することは、米国の石油の22%、天然ガスの13%を連邦政府の土地が供給しているにもかかわらず、１００万人の雇用を破壊し、消費者のコストを引き上げ、米国はエネルギー輸入の増加を余儀なくされかねない。[28]

「大きな政府の社会主義者」たちは、悲惨なCOMPETES法の中でグリーン・ニューディール政策を偽装しようとしている。ガソリン価格の高騰について質問されると笑い、アメリカ人には電気自動車を買うか、新しい仕事に就くように言う。彼らは驚くほどアメリカ国民の事情に疎い。[29][30]

これはギャラップ社の最近の世論調査でも明らかで、「調査で測定された全ての問題や社会的側面の中で、エネルギー政策への満足度が今年最も低下している」という結果が出ている。２０２１年には、アメリカ人の42%が国のエネルギー政策に非常に、あるいはある程度満足していた。しかし、2022年には27%にまで落ち込んでいる。[31]
アメリカの石油・ガスへの支持を高めるか、環境を守るかの選択は二者択一ではない。しかし、「大きな政府の社会主義者」たちは、この2つが政治的ポイントを獲得するために互いに対立するものだと信じ込ませようとしている。ケビン・マッカーシー下院共和党院内総務が言ったように、「バイデンのエネルギー危機に対する答えは、アメリカに必要なものを生産させることだ」。[32]
議会共和党は、米国の技術革新を優先し、米国の資源を活用し、米国の競争力を促進するアジェンダを策定するタスクフォースを立ち上げた。実証済みの保守主義に基づくこのアプローチを通じて、アジェンダは消費者のエネルギーコストを削減し、世界的な排出量を削減し、米国家庭の経済的安定を守る。
「大きな政府の社会主義者」がよくやるように、世界の環境問題をアメリカのせいにするのは簡単だ。しかし、それは間違っている。
2019年、国際エネルギー機関のファティ・ビロル事務局長は、「過去10年間で、米国の排出削減量はエネルギー史上最大となった」と述べた。[33] しかし、これはアメリカの資源と技術革新、そして自由市場の力に焦点を当てることで達成された。同じ原則を受け入れながら、前進の道を切り開く必要がある。
結局のところ、こうしたアプローチや変化を実行に移すことで、建国以来アメリカを成功に導き、何世代にもわたって繁栄を保証し続けてきた、機会や未来への希望という約束を再活性化することができるのだ。

第8章

危機と混沌

「大きな政府の社会主義」の最大の弱点の一つは、危機に対処して解決策を見出すことが本質的にできないことだ。

これは、「大きな政府の社会主義」が現実と官僚機構との間に生み出す知識のギャップのせいでもある。全人口に対して少数の人々によって運営される官僚機構に権力を集中させると、どこでも通用する解決策を見つけるための頭脳が不足する。多くの場合、開発された解決策は不測の事態を引き起こし、さらなる問題を引き起こすことになる。

日常生活の中で、孤立した官僚や学者が、紙の上では良いように見えるが、実際には混乱を引き起こすような規制や指針を打ち出すときに、このようなことがより小さな規模で起こるのを目の当たりにしている。

隠遁した専門家たちは、国全体に大々的な変更を加えるのに必要な幅広い経験を持っているはずもなく、予期せぬ結果を考慮することもない。いわゆる「3ストライクでアウト」や、1990年代に整備された積極的な麻薬取締法は、その厳しい例である。一般的に「3ストライク」法は、3つ目の重罪で有罪判決を受けた者は自動的に25年の懲役刑を受けることを義務づけていた。

これは犯罪者に厳しく、法律を守ることを強く奨励する合理的な方法のように見えるかもしれない。しかし、その結果は壊滅的なものだった。

手始めに、麻薬取締法は、非暴力的な依存症関連犯罪で有罪判決を受けた人々の大量投獄の波を生み出した。事実上、連邦政府が指定した麻薬に関わる犯罪は全て自動的に重罪となったため、人々は、中毒に打ち勝てなかったり、未治療の精神衛生上の問題を抱えていたり、あるいはその両方であったために、時には一生投獄されることになった。しかし、「3ストライク」法はさらに暴力的な結果をもたらした。

ロバート・P・マーフィーが経済教育財団に寄稿したように、この法律は警察官の生活をより危険なものにした。

「スリーストライク・ルールの意図せざる結果として、重罪の前科が2つある者は、3つ目の逮捕を逃れる重大な動機を持つことになる。そして実際、ロサンゼルスのデータによる実証的研究によれば、この効果によってより多くの警察官が殺されている」とマーフィーは書いている。(1)

アメリカ人のために街をより安全にしようとするあまり、何十万人もの苦労しているアメリカ人を刑務所に入れ、警察にとって平和を守ることがより危険になった。それほど劇的ではないが、重大な例は他にもある。通常、正規の教育を必要としない職業やその他の仕事について、政府が職業免許の取得を義務付けているため、正規の教育を受けていない人が仕事を見つけるのが難しく、費用もかかる。

簡単に言えば、良い仕事に就こうとする貧困層が、免許や授業を受ける余裕がなかったり、政府が課す条件を満たせなかったりするために、仕事に就けないということだ。そのため、免許を持った従業員が不足する。供給不足のため、これらの従業員はより多くの給与を要求することができる。これは、チャイルドケア、造園、建設、その他多くの日常的で重要な産業のコストを押し上げる大きな要因となっている。(2)

ルールを作る人々がイデオロギーにもとづいている場合、この知識問題は指数関数的に破壊的になる。オバマケア（医療保険制度改革）がそうであった。この法案の立案者は、全てのアメリカ人が医療を受けられるようにすることよりも、アメリカの医療保険制度にイデオロギー的なモデルを押し付けることに関心があった。

法律が成立する前、オバマ政権は医療保険料が全国の家族で平均２５００ドル下がると言っていた。その代わり、２０１７年５月の保健福祉省の報告書によると、「オバマケアの規制や義務の多くが施行される前年の２０１３年以降、個人向け医療保険プランの保険料は倍増している」。

具体的には、「個人市場の平均保険料は、２０１３年の年間２７８４ドルから、２０１７年のHealthcare.govでは５７１２ドルと、２９２８ドル（１０５％）も２倍以上に増加した」と報告書は指摘している。(3)

法案提出者はまた、保険に加入していなかったり、保険に加入する余裕がなかったりするアメリカ人に保険を提供すると主張した。ＨＨＳのデータによると、アメリカ人に健康保険への加入の義務が撤回される前の２０１７年の時点で、アメリカにはまだ保険に加入していない人が３千万人近くいた（これは現在でもほぼ同じ数字である）。(4) また、何百万人ものアメリカ人が好きだった保険を利用できなくなり、（専門家が約束していたのとは逆に）新しい医者を探すことを余儀なくされた。

そしてこの法律のかなりの部分が最終的に違憲と判断された。つまり、オバマケアは、イデオロギーに支配された小さな集団が大きな権力を持ち、アメリカの残りの人々に新しいルールを押し付けるとどうなるかを示す、さまざまな意味で素晴らしい例なのだ。

オバマケアは要するに、現代アメリカ社会の医療における「大きな政府の社会主義」の最初の重要な出現なのである。しかし、歴史の話はもう十分だ。アメリカ人は現在、さまざまな危機を経験している。だから今こそ「大きな政府の社会主義」を打ち破らなければならないのだ。

2年以上経った今も、私たちはCOVID－19の大流行と闘い、対処法を学んでいる。記録的な数の人々が、法執行機関や保健当局による真剣な監視を受けることなく、不法に国境を越えている（そして密かに全米の都市に運ばれている）。そして、海外の「大きな政府の社会主義者」たちによる政策と行動が、私たちを脆弱な状態にしている。

AP通信は2022年1月14日付の記事で、ジョー・バイデン大統領がさまざまな危機に対処できないことを具体的にまとめている：

「彼は議会の難局を打開し、パンデミックを終わらせ、経済を軌道に乗せるはずだった。就任から1年を迎える数日前、ジョー・バイデン大統領の根幹をなす「仕事をやり遂げる」という根拠を、悪いニュースの洪水が蝕んでいる。

バイデンは1週間のうちに、記録的なインフレ、COVID－19検査の不足と学校の混乱、そして彼自身の党の議員による直近数か月で2度目の国内政策への大バッシングに直面した。今回は、彼の投票権推進が絶望的となったようだ。

さらに、コロナウイルス対策の目玉が最高裁で却下されたことで、非常に野心的なアジェンダを実現する上で、ワシントンでの50年にわたる経験がバイデンのユニークなポジションを築いてきたという主張は、今週崩れ去ろうとしている。[5]」

本書を書いている時点でも、バイデンと「大きな政府の社会主義者」たちは、解決策を見つけることに失敗している。

議会の反対側にいる議員たちと問題解決に取り組むのではなく、危機を利用して自分たちのアジェンダの一部を強引に押し通そうとしたり、より大きな支配力を得ようとしているのだ。ある意味で、「大きな政府の社会主義者」は、ウラジーミル・レーニンや毛沢東から学んだ破局主義に情熱を燃やしている。どちらの指導者も、権力を獲得し、自分たちのアジェンダを押し付ける手段として危機を利用した。

この伝統から、ラーム・エマニュエルや後のヒラリー・クリントンの「危機を決して無駄にさせてはならない」というセリフが生まれたのだ。もちろん、「大きな政府の社会主義者」のアジェンダに役立たない危機（あるいは彼らの政策によって引き起こされた危機）は、従順なニュース・メディアを含む一連の社会的統制によって、軽視されたり、否定されたり、あるいは単に無視されたりする。

COVID—19の危機

アメリカは現在、一連の危機に直面している。最も明白で持続的な危機は、ドナルド・トランプ大統領が2021年1月に退任して以来、「大きな政府の社会主義者」たちによって完全に管理されてきた、2年以上前のCOVID－19パンデミックである。

官僚機構にいる「大きな政府の社会主義者」たちが、トランプが政権にいる間、積極的にトランプに反対していたのは明らかだ。

この原稿を書いている2022年3月現在、95万人近くのアメリカ人がCOVID－19ウイルスに感染して死亡している。オミクロン株は瞬く間にデルタ株を追い抜きその支配力は衰えつつある。「大きな政府の社会主義者」たちとそのメディアは、COVID－19の初期感染拡大をめぐって前政権を毎日のように非難していた。トランプ大統領の政権下で過去最高の1日当たりの感染者数は、2021年1月8日の30万0777人であった。これはきれいな比較ではないと言われるかもしれない。

オミクロン株は最も感染力の強いウイルスだが、致死率も最も低いようだ。しかし、最初の感染拡大の際には、ほとんど誰もワクチン接種を受けていないことも覚えておいてほしい。

2022年1月下旬現在、アメリカ人の75%が少なくとも1回、ほぼ63%が2回、さらに23%

がブースター注射を受けている。今なお記録的な感染率が続いていることは、ウイルスを封じ込め、打ち負かすことに失敗したバイデンの失策をより明確にしている。

バイデンが2020年に地下室に籠もりながら、トランプは危機管理を誤っており、ウイルスを打ち負かす理解も能力もないと主張し、選挙キャンペーンを行ったことを思い出してほしい。また、このバイデンはトランプとの討論で、トランプが大統領を辞める前に使えるワクチンを手に入れるのは不可能だと発言した人物であることも覚えておいてほしい（実際には、ファイザー・バイオテックとモデルナの2つがあった）。

2021年7月、COVID－19ワクチン開発の手柄を立てようとして失敗したバイデンは、「この致命的なウイルスからの独立宣言にこれまで以上に近づいた」と誇らしげに主張した。そしてこう続けた：

「だから今日、ウイルスは退治されたわけではないが、私たちはこのことを知っている。ウイルスはもはや我々の生活を支配していない。この国を麻痺させることもない。そして、それが二度と起こらないようにすることは、私たちの力の及ぶところなのです。(8)」

しかし、数ヵ月後の現在、患者数は大幅に増加し、検査用品は劇的に不足している。健康な従業員が足りず、多くの企業がまたもや操業停止に追い込まれている。小学生たちはまたしてもオンライン学習を余儀なくされ、すでに学校で苦学していた子どもたちをはじめ、多くの子どもたちの未来が暗礁に乗り上げている。これを受けてホワイトハウスは、人々がCOVID－19検査を自宅に発送するよう依頼できるウェブサイトの構築を約束した。

２０２１年12月、バイデンは50万件の検査を約束し、1月にはその数字を倍増させた。[9] しかし、多くのバイデンの盟友を含め、誰の目にも明らかなように、これはあまりにも少なく遅すぎた。

イェール大学公衆衛生大学院の疫学准教授で、同大学法科大学院の非常勤准教授でもあるグレッグ・ゴンサルヴェスは、２０２１年12月にワシントン・ポスト紙にこう書いている：「私は生涯に2度のパンデミックを経験してきた。最初はエイズ、そして今回はCOVID－19だ。その経験から、このような危機における指導者たちの失敗を誰も根に持たないことを知っている。彼らの成功は、救われた命で測ることができる。だからこそ、バイデン大統領がCOVID－19で失敗していることを認めることは心苦しい。

公衆衛生と医学の専門家たちによる数週間の要請を受け、バイデンは火曜日、わずか数週間で世界を席巻したオミクロン異変株への対処計画について一般向けに語った。私たちの多くは、アメリカ全土で感染者が増加する中、アメリカの取り組みを強化するための政策「リセット」を求めてきた。今こそその時だと期待していた。しかし悲しいことに、今週私たちが目にしたのは、政権がもたつき、大統領が事実を把握できず、パンデミックに関して実質的な方向転換をする気もない姿だった。[10]」

ゴンサルヴェスだけではない。バイデンが検査の提供を強化すると発表したことに対し、レフ・ファーチャーがPBS NewsHourに寄稿した：

「しかし、最初の出荷が開始されるのは1月に入ってからで、すぐにどれだけの検査が可能になるかは不明である。仮に具合が悪いと感じた人が迅速検査を受け、陽性と出たとしても、モノクローナル抗体治療以外の選択肢は限られており、その多くはオミクロン変異株の症例にはあまり効果がないようだ。ファイザーやメルクを含む多くの企業が開発中のCOVID－19抗ウイルス治療薬も同様である。これら2社の医薬品は、12月下旬にようやくFDA（アメリカ食品医薬品局（Food and Drug Administration））から緊急使用の認可を受けた。[11]」

　CNNのスティーブン・コリンソンは2021年12月下旬、COVID－19を倒すことがバイデンの2020年キャンペーンの柱であると指摘した。彼は、2021年3月に大統領が自宅での検査を可能にすると約束していたことを思い出した：

「それから9カ月以上が経過した今、彼はまだ十分な措置がとられていないことを認めている。このようなコメントから、ホワイトハウスがオミクロンの亜種に不意を突かれたという主張は受け入れがたい。

　多くの専門家は数ヶ月前から、迅速検査をもっと一般に普及させる必要があると述べてきた。ウイルスの新型が不可避であったことは周知の事実である。ホワイトハウスのジェン・プサキ報道官が、バイデンが現在受け入れている、アメリカ人全員に検査薬を送るというアイデアを嘲笑した最近のエピソードは、パンデミックのこの新しい段階に対する政権の姿勢をさらに混乱させた。[12]」

バイデンにとって最大のCOVID－19の取り組みのひとつは、最も物議をかもした取り組みのひとつでもある。2021年11月、バイデンは典型的な「大きな政府の社会主義者」のやり方で、連邦政府職員、医療従事者、大企業の従業員に対し、2022年初頭から予防接種を受けるか、毎週の検査を受けなければならないと発表した。

連邦政府職員と医療従事者に対する義務付けは、間違いなく彼の権限の範囲内である。医療従事者への義務付けは理にかなっている場合もあるが、看護師や医師が直面する健康リスクについて、連邦官僚が医療従事者本人よりも詳しいかどうかは疑問である。しかし、バイデンは従業員100人以上の米国企業の労働者にも適用した。これは明らかな行き過ぎだ。

労働安全衛生局（OSHA）の陰湿な権力掌握であり、最大8千万人のアメリカ人に影響を与えるものだった。期限が近づくにつれ、多くの州や企業が義務化をめぐって政権を訴えた。何百万人ものアメリカ人が、バイデン政権が要求する保険接種に応じなければ職を失うと心配した。

アラスカ州、フロリダ州、アイオワ州、カンザス州、テネシー州などいくつかの州は、予防接種を拒否したために職を失ったアメリカ人が失業手当を受けられるようにするための法律を可決した。結局、政権は企業に対する接種義務を一時停止し、2022年1月13日、連邦最高裁判所は民間企業に対するOSHA規則は成り立たないとの判決を下した。

同裁判所は、OSHAにはこのような「膨大な数の従業員の生活と健康に対する重大な侵害」を制定する権限が議会から与えられていないと述べた。(13)

これとは別に、連邦政府から資金援助を受けている医療施設（それでもかなりの数である）にのみ適用されるとの判決を下すことで、裁判所はバイデンによる医療従事者への押し付けを部分的に抑制した。

この原稿を書いている今、最もひどい権力奪取の努力は、COVID－19パンデミックを利用して、アメリカ国民にウォークなイデオロギーを押し付け、致命的な効果をもたらす可能性がある。アメリカ食品医薬品局（FAD）が2021年12月27日に発表したガイダンスは、COVID－19と闘うために、非白人や非ヒスパニック系の患者に優先的に薬を投与するよう医師に通達した。具体的には、FDAは医師がモノクローナル抗体ソトロビマブの限定投与を行う際に考慮すべきハイリスク要因として「人種または民族性」を挙げた。(14)FDAは後に、非白人、非ヒスパニック系の人々は、COVID－19感染をうまく撃退できない健康状態にある可能性が高いと説明した。つまり、ほぼ同じ健康状態のCOVID－19患者グループがいた場合、医師はまず非白人や非ヒスパニック系の患者に薬を与え、薬が残っていれば残りを治療すべきだということである。

露骨なウォーク的人種差別である。当然、ニューヨーク州やミネソタ州など、「大きな政府の社会主義者」が運営するいくつかの州は、FDAの動きを手玉に取り、他のCOVID－19治療薬について白人やヒスパニック系の患者を差別する理由として、医療における過去の格差を具体的に指摘した。

この不合理なガイダンスに対し、ヒスパニック系のマルコ・ルビオ上院議員は2021年1月

11日、FDAのジャネット・ウッドコック長官代理に書簡を送り、ガイダンスを撤回するよう求めた。ルビオはこう書いている：

「わが国は、健康上の結果に存在する現実的な格差をよりよく理解し、それに対処するよう努めるべきであるが、その重要な仕事は、人種や民族性に基づいて重要な医薬品を配給することではない。人種や民族性に基づいて救命のための薬物治療を配給することは、人種差別的であり、非アメリカ的である。他に言いようがない。

医療提供者は、患者がより高いリスクにさらされていることが研究で証明されている個々の病状に焦点を当てるべきである。適切な要因としては、65歳以上、肥満、妊娠中、慢性腎臓病、がん、糖尿病、心疾患、呼吸器疾患、その他の疾患が挙げられる。これらの併存疾患の多くが、有色人種に不釣り合いな影響を与えていることは、長い間、医学研究によって証明されてきた。従って、個人の病歴を優先することで、医療提供者は、他の全てのハイリスク患者を含め、病気のリスクが最も高い人種的マイノリティが、これらの救命薬を受け取れるようにすることができる。

この最新の行動は、肌の色によってアメリカをさらに分断しようとするウォークな民主党が、どこまでやる気なのかを物語っている。人種や民族性が、生きるかどうかを決める原動力になってはならない。リスクの高い人は誰でも、わが国の成長著しいCOVID－19治療薬を公平に受けられるべきである。(15)」

ルビオ上院議員と同様に、黒人で医師でもあるベン・カーソン元米住宅都市開発省長官も、人種に基づく指針は明らかに差別的であり、全てのアメリカ人が平等に扱われるようにする努力に大きく後退しているとFox Newsで述べた：
「差別をなくすために懸命に働いた人々、あらゆる人種の何百万もの人々を覚えている。そして今、私たちはそれを取り戻そうとしている。信じられないよ。（マイノリティのコミュニティは）いずれにせよそういう（病状）問題を抱えている。そこに人種を持ち込む必要はない。治療が必要な人を治療すればいいのです。[16]」

ＦＤＡのガイダンスで最も衝撃的だったのは、マーティン・ルーサー・キング牧師記念日の数日前にこのガイダンスが発表されたことだろう。キング牧師は「４人の小さな子供たちが、いつの日か肌の色で判断されるのではなく、人格の中身で判断されるような国に住むようになる」と夢見ていた。

カリスタと私がその祝日に書いたように「COVID－19パンデミックは国家的課題である。私たちは国民が団結することによってのみ、この難局を打開することができる。このような差別的な取り組みは、私たちを分断し、キング牧師の夢の完全な達成から遠ざけるだけ。[17]」

本書が出版される２０２２年7月までに、COVID－19の危機が過ぎ去り、アメリカ人がウイルスから守られ、皆が普通の幸せな生活を送れるようになることを心から願っている。そのためには、バイデン政権と議会の「大きな政府の社会主義者」の方向性とリーダーシップを大きく変える必要がある。

バイデンの国境開放

バイデン大統領が就任して間もなく、移民のキャラバン隊が中南米を移動し始めた。彼らは国境開放を主張する政党が2020年に議会とホワイトハウスの主導権を握ると見て、アメリカ国境に向かったのだ。

移民たちが到着すると、バイデンが壁の建設や国境警備の人員増強など、国境を守るためのこれまでの取り組みをほぼ全て取り消していたため、国境は物理的に多孔質になっていた。キャラバン隊はまた、国境職員が統制を維持する権限や能力を剝奪されたことにも気づいた。

バイデンはまた、亡命希望者を秩序立てて処理するために不可欠だったメキシコ残留政策を中止した（これは後に連邦裁判所の命令によって復活した）。さらに重要なことは、移民たちがメキシコに渡ることを阻止しようとするアメリカ政府の制度的意志がまったく欠如していたことである。

その結果、2021年の米国とメキシコの国境における不法越境者数は、政府が不法越境者の追跡を開始した1960年以降で最多となった。[18] アレックス・J・ルハンデが2021年8月にニューズウィーク誌に寄稿したように、前月は21万人以上が国境警備隊に遭遇した。

「これにより、1月以降の遭遇者数は111万1千人を超え、全米10位の都市であるカリフォルニア州サンノゼ市の人口を上回った。米国税関・国境警備局のデータによると、国境で検束された人の数は２０２０年の4月以降、毎月増加している」とルハンデは書いている。[19]

そしてこの記事が書かれたのは、今年があと4カ月近く残っていた頃だった。２０２１年10月までに、ルハンデはメキシコのタパチュラに「巨大なキャラバン」が集結していると報告していた。その中にはハイチや中米からの数万人の移民も含まれていた。[20]

その数日後、バイデン政権がトランプ政権下で国境を不法に越えようとして子どもと引き離された家族に対し、最高45万ドルを支払うことを検討していることが明らかになった。

テネシー州選出の上院議員ビル・ハガティは、この提案の不条理さをこうツイートした：

「バイデンの政策が不法移民を引き寄せていると思ったら、今度は不法入国した移民に一人45万ドルを支払うというのだ。無料で国境を開放するだけでは不十分だったようだ。記録的な国境危機の最中にこのようなことをするのは驚きだ。」[21]

米国税関・国境警備局の最終データによると、２０２１年には１７３万４６８６人が国境を越えようとして捕まった。これは２０２０年の45万８００８人、２０１９年の97万７５０９人を上回った。[22]

この記事を書いている時点で、２０２２年のこれまでのところ、捜査官は不法に国境を越えようとする33万８３７３人に遭遇しており、昨年の同時期(14万４０４２人)から42％増加している。つまり、昨年の過去最高記録を半分近く上回る可能性がある。しかし、これは単に国境を取り締まるためだけの話ではない。過度に開放された国境は、関係者全員にとって危険である。

バイデンの最初の1年間で、650人以上の移民が不法に米国に移住しようとして死亡した。これは、トランプ大統領下で最も死者が多かった年(2019年の524人)を24%上回り、バラク・オバマ大統領下で最も死者が多かった年(2016年の412人)を58%上回った。[23]

この厳しい数字だけを見ると、不思議に思わないではいられない。アメリカの左派やメディアの義憤や高潔な怒りはどこにあるのか?2016年1月20日から2020年1月19日にかけて、国境をめぐってあれほど熱狂した怒りはどこへいったのか?

実際、アメリカ南部とメキシコの国境には、関連する一連の危機が存在する。そのほとんど全てが、「大きな政府の社会主義」政策によって引き起こされ、「大きな政府の社会主義者」たちやその同盟者によって無視されている。

何十万人もの人々が危険を冒して砂漠を旅しているが、基本的な栄養、衛生、医療のニーズが満たされることなく、橋の下や粗末な住居に収容されている。何千人もの移民が、危険な犯罪者に金を払って密入国させているという人道的危機がある。そのうちの数万人は子どもたちである。多くの場合、彼らは犯罪カルテルに深く負い目を持っており、場合によっては奴隷化や性売買のシステムに陥っている。実際、国際人身売買防止連合(Coalition Against Trafficking International)のラテンアメリカ支部のディレクターであるテレサ・ウジョア・ジアウリズは、国境を越えて密入国してくるラテンアメリカの子どもたちの60%が、児童ポルノ、売春、麻薬密輸を強いられていると推定している。[24]

何百万人もの移民がCOVID－19の検査を受けることなく入国を許可されており、公衆衛生上の危機が発生している。「大きな政府の社会主義者」たちがCOVID－19を阻止するという名目で全米の都市や州を封鎖していたときでさえ、バイデン政権は移民たちが何の組織的な審査も受けずに大挙して国境を越えるのを許していた。さらにバイデン政権は、テキサスからニューヨーク郊外、[25]ペンシルベニア、[26]その他の都市へ、いわゆる「ゴースト・フライト」で越境者を送り込み始めたと報じられている。これらの飛行機は真夜中に離陸し、マニフェストなしで運航される。このため、誰が搭乗し、飛行機が着陸した後どこに行ったのかを調べるのは難しい。

我々の国境を越えて密輸される麻薬の数は記録的であり、それによって過去最多のアメリカ人が命を落としているという公共の安全の危機がある。ABC Newsが報じたように、バイデン政権発足後５カ月間に国境で捜査官が押収したフェンタニルの数は、２０２０年１年間で発見された数を上回った。[27]

米国疾病予防管理センターが、２０２０年5月から２０２１年4月までに10万人以上のアメリカ人が薬物の過剰摂取で死亡したと報告している。これは史上最多の年間過剰摂取による死亡者数である。[28]麻薬と一緒に、それを扱う危険で、しばしば暴力的な人々もやってくる。彼らの多くは、過剰で、十分な支援を受けていない法執行機関の真剣な精査を受けることなく、入国を許可されている。

国境沿いのアメリカの都市には、流入する人々を支えるだけの資源もインフラもなく、経済的な危機が迫っている。テキサス州知事のグレッグ・アボットは、憲法上は連邦政府の責任である国境警備を、テキサス州の主要な責任とするしかなかった。彼はリオグランデ・シティを起点とするテキサス州境の壁を建設している。[29]

最後に、多数のアメリカ人に危害を加えようとする人々が、私たちの主権が崩壊し、国境が侵入しやすくなるのを目の当たりにすることで、国家安全保障上の危機が生じる。国境警備の核心は国家安全保障である。

これらの危機は全て、アメリカに来たければ誰にでも国境を開放しようとする、「大きな政府の社会主義」政策の直接的な結果である。

世界中からやってくる人々は、合法的な移民手続きを避けてアメリカへやってくるように仕向けられている。こうして、何十万人もの人々が橋の下で暮らしたり、設備の整っていない軍事施設に詰め込まれたり、砂漠で死んだりすることになるのだ。

全米のニュースメディアは、政権初期の失敗についてバイデンホワイトハウスの責任を追及する義務的なひとときを短く過ごした後、これらの危機をほとんど無視してきた。政権自体も国境をほとんど無視しており、国境担当であるはずのカマラ・ハリス副大統領は6月に一度訪れただけだった。しかし、こうした問題がなくなったわけではないし、今後もなくなることはないだろう。実際、今後数年間で、これらの問題は着実に悪化していくだろう。

アフガニスタンの災厄

解決策のない危機が作り出された最後の、しかし極めて重要な例は、アフガニスタンの悲惨な避難とそれに続く恐ろしい結果である。

２０２１年7月、バイデンはバグラム飛行場からの米軍全軍の突然の撤退を命じた。これは前政権が開始した最終的な撤退ではなかった。まだ数千人の米兵、外交官、民間人が国内に残っていたのだ。なぜバイデンは、全てのアメリカ人が安全に避難する前に、国内最大で最も安全な、アメリカが管理する飛行場と軍事基地を放棄することを選んだのか、いまだに悲劇的で許しがたい謎である。このひどく誤った決断が、8月の最終的な軍事撤退をより混沌とした致命的なものにした。

カブールの北東に位置し、より孤立しているバグラムがなければ、何十年も我々を助けてくれたアメリカ人とアフガニスタンの同盟者は、脱出のためにカブールのハミド・カルザイ国際空港に頼らざるを得なかった。空港は街の真ん中にあり、交通機関や商店、工業ビルに囲まれている。そこから避難するために、空港周辺には必至のタリバンの弾圧から逃れるために飛行機に乗ろうとする、絶望的な人々の群れが集まった。

米軍兵士は、アメリカ人を安全に避難させることと、他の兵士が飛行機に殺到しないようにすることに注意を割かなければならない。関係者全員がより大きなリスクに直面することになる。この決定は、安全に任務を遂行しようとしていた13人の米兵と船員を、ISIS-Kの自爆攻撃によって殺害される結果となった（このテロリスト集団は、アメリカの撤退表明を受けて影響力を増していた）[30]。

アフガニスタンにおけるこの10年近くで、米軍にとって最も死者が多い日となった。その数日後、バイデンが選んだ避難地点が引き起こした混乱により、ISIS-Kのメンバーを狙った米軍の無人機攻撃で、7人の子どもを含む10人のアフガニスタン人が死亡した[31]。犠牲となったアフガニスタンの人々にとって悲劇的であったことに加え、この失敗は、現地の敵国に対して、米国は混乱した状況を実質的にコントロールすることも、知ることもできないという明確なシグナルとなった。

撤退から数日も経たないうちに、アフガニスタン政府軍は完全に崩壊し、タリバンが政権を掌握した。アフガニスタンのアシュラフ・ガーニ前大統領は、現金を満載したヘリコプターで国外に逃亡したと伝えられている[32]。その結果、米国がアフガニスタン政府に与えた820億ドル以上の軍事装備は、今やタリバンのものとなった（この事実をバイデン政権は姑息にも隠そうとした）[33]。

当時、バイデンをはじめとする政府高官たちは、アフガン政府の崩壊の早さを過小評価していたと主張した。国防総省と政権は、撤退の数カ月前からアフガン軍がタリバンに対抗する能力がないことを十分に警告していたことが、今になってわかった。AP通信が2022年1月に報じたように：

「2021年1月に国防総省に提出されたアフガニスタン復興特別監察官ジョン・ソプコの報告書は、アフガニスタンの空軍が米軍撤退後に生き残る能力を持たないことを米当局が警告していたことを強調している。特にこの報告書では、米国がアフガニスタンの支援スタッフを訓練しなかったため、米国の請負業者なしには空軍の航空機を維持できなくなったことを指摘している。[34]」

つまり、最初から最後まで、アフガニスタン降伏は完全な失敗だったのだ。アフガニスタンに残された何千人ものアメリカの請負業者とアフガニスタンの同盟者は、自分たちで出口を見つけるように言われたが、これはバイデン大統領の下で、アメリカが友人を見捨てるというシグナルである。

タリバンによるこの国の明白な支配は、全てのイスラム過激派テロ集団に、彼らが結果なしに好きな人に中世の専制政治を施すことができるということを示すものである。

バイデン率いる米国は、傍観する。これには、米国がアフガニスタンで影響力を持っている間に、ようやく自治と自由を手に入れた何百万人もの女性や少女たちも含まれる。私の妻、カリスタ・ギングリッチ元大使が2021年10月9日に書いたように：

「タリバンは、女性を公の場から排除する措置を講じている。働く女性は男性に仕事を奪われ、女子は学校や大学への進学が制限され、女性は陸上競技への参加が禁止されている。さらに、タリバンの新内閣には女性閣僚がおらず、カブールの女性省は閉鎖され、当局者は女性たちに安全のために家にいるよう指示している。

勇敢なアフガニスタンの女性たちは、街頭で平和的に行進することによって自分たちの権利を守ろうとしてきた。9月初旬の行進では、女性デモ隊が「私たちは平等な権利を求め、政府に女性を登用したい」と唱和した。しかし、タリバンが到着すると、この勇敢な女性たちは鞭や警棒で殴打された。[35]」

より広く言えば、世界中の敵対勢力は、われわれの意志力の限界と、現政権が戦略目標を実行できないことを目の当たりにした。具体的には、アフガニスタンでのバイデンの無能ぶりが、プーチンをウクライナ侵攻に駆り立てたのだろう。そして、バイデンが最終的にプーチンをどう扱うかによって、習近平は台湾への侵攻を強めるかもしれない。弱さは大惨事の連鎖反応を生む。

これらは、「大きな政府の社会主義」に傾倒する政府がいかに危機、混乱、対立を生み出すかのほんの一例に過ぎない。バイデンがホワイトハウスに就任し、「大きな政府の社会主義者」が議会を掌握して以来、ほとんど何の問題も解決していない。

もちろん、私たちはこうなることを予見していたはずだ。オバマ前大統領が2020年の民主党大統領候補指名キャンペーン中に警告したことを思い出してほしい：「物事をめちゃくちゃにするジョーの能力を過小評価してはいけない。[36]」

第９章

実利主義と繁栄

直面している危機を解決し、「大きな政府の社会主義」が私たちの国を引きずり込んだ混乱と対立のサイクルから抜け出すためには、理性、論理、そしてコンセンサスを見出そうとする熱意ある精神に立ち戻らなければならない。

つまり、さまざまな問題に対する解決策を見出すことに全力を注ぎ、それが可能な限り多くのアメリカ人の支持を得、現実的に実行され、実際に機能するようにしなければならない。この3つのステップ全てが重要である。

提案された解決策を人々が望まなければ、それはおそらくスキップされるか、リップサービスをされるだけだろう。そのため、アイデアを練り、人々に実行してもらおうとする時間とエネルギーの全てを無駄にしてしまうことになる。

その一例が、ジョー・バイデン大統領が2030年までにアメリカで販売される新車の半分を電気自動車にするよう指示したことだ[1]。

バイデンの大統領令が発表された直後、バイデンは1兆ドルのインフラ法案（自動車メーカーはこの法案から大きな利益を得ることを望んでいる）をめぐる議論と並行して発表した。問題は、2021年の時点で、ほとんどのアメリカ人が電気自動車を購入することに興味を持っていなかったことだ。

AP通信が3月15日に報じたように、2021年時点では電気自動車は全国販売台数のわずか2％しか占めていなかった。アメリカ人が平均して6年ごとに新車を購入するので、9年間で

3200パーセントの増加を期待するのは無理がある。

人々が解決策を望んでいても、それが現実的に実行できないのであれば、同じように解決されることはないだろう。バラク・オバマ政権下で可決された、いわゆる即戦力となるインフラ雇用のための8千億ドルの景気刺激策がそうだった。即戦力となる雇用を大量に創出するためなら、誰もがその資金を使いたがった。しかし問題だったのは、その雇用がすぐに開始できるものではなかったことだ(2)。

オバマ大統領が喧伝したインフラ・プロジェクトのほとんどには、まだ何年もの承認と調査が必要だった。お金は使ったが、結局雇用を創出することはできなかった。残念ながら、2021年11月に成立したジョー・バイデン大統領の1兆ドル規模のインフラ計画でも、この問題が繰り返されることが予想される。

新たな交通、通信、公共事業に充てられる5500億ドルのうち、実際に失業者を働かせるためにどれだけ使われるのか、注目してほしい。最後に、あるアイデアが多くの支持を集め、実行に移すことが可能であっても、それが問題を解決しないのであれば、何の意味があるのだろうか?

リンドン・B・ジョンソン大統領の「偉大なる社会」法案が成立して以来、米国の貧困率は意味のある形で減少していない。1964年の19%からわずかに下がったものの、貧困状態にあるアメリカ人の割合はそれ以来ほぼ横ばい(平均でおよそ13%)である。実際、人口増加に伴い、1964年(貧困率19%、3610万人)よりも2014年(貧困率14・8%、4670万人)の方が、１千万人多くアメリカ人が貧困に陥っていることになる[3]。
つまり、アメリカ人を再び繁栄させるためには、指導者たちが、人々が望み、実行でき、うまくいくようなことに立ち戻ることが必要なのだ。

実利主義（実社会で通用するか？）

実利主義は、入植者がバージニア州ジェームズタウンに上陸した最初の日から、第二次世界大戦後の大規模な理論的、哲学的、学術的、官僚的システムの台頭まで、アメリカのシステムの中心的なパターンであった。何が効果的であるかに正直に焦点を当て、その結果が受け入れられるまで理論を変えることにこだわることは、歴史上最も強く、最も安全で、最も繁栄した国家となった官僚主義以前のアメリカに戻ることである。

新しい世界を切り開くという性質上、ヨーロッパの入植者たちは常に新しいことを学び、期待値と結果を比較することを余儀なくされた。農作物の栽培という単純なことでも、気候や土壌が大きく異なるため、移民のグループによって依拠する場所が異なっていた。彼らは、自分たちが残してきた祖国に似た条件を求めていたのだ。彼らは限られたパターンの中で作物を育て、繁栄させる方法を知っており、そのパターンがある地域を異なる背景を持つ人々の拠点に変えたのである。

初期のアメリカでは、理論的な探求よりも現実的な結果が優先された。ジョン・クインシー・アダムズ大統領が天文台の建設を望んだことが、アンドリュー・ジャクソンの開拓者や小農民の支持者たちに奇妙なアイデアとして響いたのも不思議ではなかった。彼らは酒場から一歩出れば星を見ることができたのだ。科学的な宇宙探査という理論的な概念は（良い追求ではあったが）、1820年代のアメリカ人にとってあまりにも抽象的で遠いものだった。

しかし、実用性を重視することは、有用な知識を否定することと同じではなかった。リンカーンは、発明の特許を取得した唯一の大統領である。彼は（最初は弁護士として、その後大統領として）技術の研究にかなりの時間を費やし、より良い方法を探した。

アメリカには絶え間ない改良への意欲があったが、それは実用的な改良のためだった。ジョージ・ワシントンは農民として、より大きくて丈夫なラバを繁殖させ、アメリカの農民に新しい品種を紹介した。トーマス・ジェファーソンは、ケンタッキー州の化石を含め、常に知識を求め続け、ルイス・クラーク探検隊を大陸横断させ、今日の火星に行く旅にほとんど匹敵する旅をさせた（彼らの資料は今でもフィラデルフィアの自然科学アカデミーにあり、調べると驚くほどである）。ジェファーソンは、知識はより良い世界への現実的な一歩であると考えた。

実利主義のケーススタディとして、ヘンリー・キャボット・ロッジによるアレクサンダー・ハミルトンへの序文（ハミルトン論文全12巻のうちの第1巻）は傑作である：

「このような一見矛盾した表現が許されるなら、彼は事実に対して強力な想像力を持っていた。

つまり、彼はあらゆる状況の現実を自分自身で見て、強く感じていたので、常にそれを鮮明に描き出し、他人の心に鋭く訴えることができたのである。[4]」

ハミルトンがアダム・スミスの『諸国民の富の性質と原因に関する研究』に深い感銘を受けたのは偶然ではない。スミスは理論家ではなかった。彼の著作は、その後2世紀にわたって富の生産を支配することになる製造業商業システムの新たな現実に関する一連の観察である。スミスは、ある理論を取り上げて、それが正しいと思われるような事実を選ぼうとしたのではない。事実を記述し、そしてその事実を理解できるような説明を求めていたのである。

スミスがアメリカ人に与えた影響は、彼が描いた世界が自由を最大化するものであり、自由市場が富を創造するための最良のシステムであると主張したことによって、より容易になった。『国富論』と独立宣言がともに１７７６年に書かれ、それぞれがより良い未来を創造するための自由の力を、一方は経済学において、もう一方は政治と政府において明言したことは、象徴的に有益だった。

事実に対するアメリカ人の情熱は、政治家の枠をはるかに超えている。成功した発明家たちは事実に従った。トーマス・エジソンは、電球、映画カメラ、X線装置の前身など、１０９３の発明で特許を取得した。電球だけでも、彼は１０００以上の材料を試したという。エジソンの発明に対するアプローチを特徴づけていたのは、結果に焦点を当て、事実から洞察を導き出すことであった。同様に、ヘンリー・フォードは、組み立てラインが最終的に機能するまで、一度に１つの部品を解決することに執拗に集中することによって、現代の大量生産自動車システムを発明した。

近代経営において、最も大きな影響を与えた2人の人物、W・エドワーズ・デミングとピーター・ドラッカーは、ともに何が本当に有効であるかを体系化し、説明した人物である。効果的なマネジメントに関する彼らの理論は、彼らが達成した成功を注意深く観察することから生まれた。デミングの場合、AT&Tで働きながら体系的な問題解決法を開発した。1950年代初頭、デミングが日本人にそれを教えたとき、彼が共有したのは理論ではなく、彼の原則に従う規律さえあれば、どの企業にも適用できる実践的なシステムであった。デミングが日本の近代産業と経営能力の発展に与えた多大な影響に敬意を表し、今日、日本で最も優れた経営を行っている企業に贈られる賞がデミング賞である。

ドラッカーは金融記者であり、哲学者であり、ファシズムや共産主義に代わる体系的な代替案を模索する大学教授でもあった。現代のゼネラル・モーターズを開発した伝説的な天才、アルフレッド・スローンはドラッカーをデトロイトに招き、スローンが発明したシステムを研究させた。ドラッカーは、18世紀のアダム・スミスのように、理論家ではなく、観察を成文化する人であった。彼の最初の偉大な経営著作である『企業の概念』は、ゼネラル・モーターズ社内、特に当時GM車で最も売れたシボレー部門で2年間働いた後に生まれた。その後ドラッカーは、最も優秀で革新的なCEOたちのコンサルタントを務めた。何がうまくいき、何が失敗したかを洞察し続けたのは、そうした実践的な経験からだった。

ドラッカーの最も重要な著書である『経営者の条件』は、このような実践的な経験から生まれたものであり、理論よりもむしろ洞察につながったのである。アメリカの思考が現実的なものから出発し、現実から学んだ分だけ、それは非常に強力なものとなった。

全てを理論化することしかしてこなかった学者たちの理論が支配的になるにつれ、ビジネスや政府のシステムはより無能に、より非効率に、より自己欺瞞的になってきた。だから、もし国家として成功しようとするならば、何が本当に起きているのか、何が本当に効果的なのかに集中し続けなければならない。うまくいっていることを観察し、それをもっと実行に移さなければならない。重要なのは、失敗したものを観察し、たとえそれが現在の流行であったとしても、そこからアメリカを引き離すことである。成功を強化し、失敗を飢えさせるのだ。現実をより良い未来を創造するための指針とし、現実世界では何の根拠もないかもしれない理論モデルには慎重でなければならない。

起業家精神

アメリカの成功のもう１つの鍵は、極めて自由な市場の中で運営される起業家精神が広まったことである。

人々が幸福を追求し、夢を実現するために働くことを可能にする（一方で、何がうまくいき、何がそうでないかを顧客が定義できるようにする）ことは、世界史上最も強力な経済的成功の原動力となった。より多くの人々が、より多くの文化圏からやって来て、アメリカ人であることを学ぶことによって、その有効性と生産性を変えてきた。アメリカが起業家精神に報い、それを維持し、自由市場がアメリカの中心的な経済組織システムであり続けることは極めて重要である。

初期のアメリカの自然は、あらゆるタイプの起業家にとって驚くべき温床となった。スミスが記したイギリスの新興商業システムは、野心と機会を生み出す驚くべき装置であった。新世界の開放性と、18世紀初頭に始まった新技術の爆発的な普及は、より良い未来を創造するために努力を惜しまない大胆な人々に道を開いた。

起業家は企業官僚とは著しく異なる。アメリカのイノベーションや創意工夫に対する大きな挑戦の一つは、ビジネススクール的な考え方の台頭である。ビジネススクールでは、学問的な知識が過大評価され、知ること、そして実行することに対する報酬制度がない。

起業家というのは、リスクを取るものである。彼らはまた、成功の夢が何であれ、仕事を成し遂げなければならないことを知っている。起業家は、活動ではなく成果を測ることを学ぶ。失敗を巧みに説明するよりも、成功を評価することを学ぶ。起業家は、ほとんど全ての目標を達成するということは、予期せぬことや計画外のことに目を配ることだと学ぶ。説明や報告よりも、実行し達成することの方がはるかに困難であることを学ぶ。

官僚主義が求めるのは、ルーティンワーク、予測可能性、時間をかけて確立された規範、安定的で追従的なヒエラルキー、ルールの力が成功の要件に勝るシステムである。多くの官僚組織では、会議がうまくいき、報告書が読みやすいものであれば、たとえ設定された目標や基準を満たさなくても、その結果は受け入れられる。

自由市場がこのプロセス全体の中心であるのは、それが顧客の手に力を与えるからである。価値を定義するのは顧客である（デミングが指摘したように、潜在的な価値を創造するには企業家が必要だが、それが本物かどうかは顧客が決めなければならない）。顧客の習慣（何時に買い物をするか、どんなファッションが好きか、どんな食べ物が欲しいか、どのくらい待つかなど）が、起業を成功させる条件を決めるのである。

官僚システムは、起業家システムとは事実上正反対である。官僚には顧客がいる。顧客は官僚が望むときに訪れ、官僚が作成した書類に記入し、官僚が定義した選択肢だけを提供される。権力は官僚を中心とし、官僚はしばしばその権力を誇示することを楽しむ。官僚中心のシステムは、地方政府、州政府、連邦政府、そして政府と同じように規則にまみれ官僚的なシステムを持つ大企業に至るまで、アメリカ人の生活に浸透している。

起業家と顧客による自由市場から、官僚と顧客による限定された選択への移行は、１世紀余りの間に勢いを増し、ほとんどのアメリカ人の経済的成功と生活の質を低下させてきた。

フィリップ・K・ハワードは、現在の官僚制度から官僚主義、無駄、時間消費、腐敗、傲慢さの多くを取り除く方法について、洞察に満ちた一連の本を書いた。彼の改革は、よりダイナミックで、顧客志向で、効率的で、生産的なアメリカに戻るための重要なスタートである。

自由市場の重要性をスミスは、価格によって好機が存在することを知らせる見えざる手と表現した。それは、人々がより生産的になり、顧客の生活を向上させるようなことをするよう導くのに役立った。

スミスの洞察はオーストリア経済学派によって拡大され、その学生たちは冷蔵庫が導入される前のウィーンで魚の販売を研究した。彼らは、魚が午前中に到着したときが最も新鮮で、最も高値で売れることに気づいた。その後、冷蔵が存在しなかったため、日が経つにつれて鮮度が落ちていった。オーストリアの経済学者が興味をそそられたのは、同じ人がいつ何を買うかという劇的な違いだった。同じ人でも、給料日の直後に一番高い魚を買うかもしれない。そして月末には、スープやシチューに入れる古い魚を買うかもしれない。

重要な洞察は、官僚は毎日毎日、全ての顧客の価値判断を想像することはできないということだった。従って、官僚機構は市場のような品質、正確さ、スピードを持つことはできない。

可能な限り、顧客、起業家、市場を中心にシステムを設計することに立ち戻らなければならない。官僚主義的な管理、官僚主義的な態度、お役所的な規制の息苦しさから脱却するためには、莫大な規模の変革が必要だ。

アメリカの指導者たちは、官僚に従属する顧客として扱われている人を見るたびに、その関係を企業家と顧客の市場志向のシステムに変えるにはどうしたらよいかを自問すべきなのである。成果ではなくプロセスや活動が成功を決定するような政府のあらゆる部分において、システムは再設計されなければならない。

テクノロジーは進歩と機会を促進する

テクノロジーは、生活を向上させ、安全を確保し、最大多数の人々にとって最良の未来を発展させるための重要な要素である。アメリカ人は当初から、より良い生活への鍵としてテクノロジーに深く傾倒してきた。その理由のひとつは、大陸にまたがる広大な原野を開発する必要性であった。

労働力不足が恒常化し、農民や農奴、奴隷に比べ、自由な男女がより高い対価を得られるようになったことも一因である。その一部は、未来はもっと良くなるという核心的な信念に内在していた。ロナルド・レーガン大統領の言葉を借りれば、「驚くのはまだ早いよ」だ。

建国の父祖たちは、テクノロジーの約束と力に変わらぬ信頼を寄せていた。実際、建国の父たちは技術の進歩について深く考え、それを憲法に書き込んだ。

第1条第8節第8項は、連邦議会に対し、「科学と有用な芸術の進歩を促進するため、著作者および発明者に対し、それぞれの著作物および発見に対する排他的権利を限られた期間確保すること」を求めている。[5] ジェームス・マディソンは『フェデラリスト』第43編で、このような発明の力に対する世代間の信念を捉えている：
「この力の有用性はほとんど疑問の余地がないだろう。英国では、著作者の著作権はコモンローの権利であると厳粛に判決されている。有用な発明に対する権利も、同様に発明者に属するものと思われる。(6)」

「有用な発明」という概念は、建国の父の最古参であるベンジャミン・フランクリンによって実証されていた。フランクリンは遠近両用メガネを発明し、私たちは今でもそれを使っている。彼が発明したフランクリン・ストーブは非常に効果的で、今でも薪を燃やす場所で使われている。フランクリンは、雷雨の最中に凧を揚げるという有名な実験を通して雷の電気を発見しただけでなく、建物を守る避雷針を開発した。絶え間ない改造と発明への情熱は、生産性を向上させ、生活の質を高め、アメリカの経済力と軍事力を高める革新の波を次々と生み出した。

1790年代にはすでに、イーライ・ホイットニーは綿繰り機を開発し、標準化された部品の使用を通じて、銃の大量生産に革命をもたらしていた。交換可能な部品がコストを下げ、生産速度を向上させるという彼の理解は、100年後、ヘンリー・フォードが大量生産自動車と大規模な組立ラインを開発するのに利用されることになる。1807年までには、ロバート・フルトンは商業的に成功した蒸気船を開発していた。スピードの向上と水運のコスト低下は、革命的なインパクトを与えた。

初期のパイオニア世代が作り上げた勢いは、次の世代の産業界や科学界のパイオニアたちによって拡大され、深化していった。コネストーガ・ワゴンの使いやすさと運搬能力の向上、有刺鉄線の実用的な影響、あるいは植え付けや収穫のための一連の機械の発明など、事実上、人々が振り返るたびに、生産性の向上や生活の質の改善のために新しい何かが開発されていた。

このパターンの一環として、当時イリノイ州弁護士だったエイブラハム・リンカーンは、蒸気船が川の浅瀬を乗り越えるのを助ける装置を開発した。彼は特許を取得した唯一のアメリカ大統領となった（この装置は商業生産されることはなかった）。南北戦争中に大統領となったリンカーンは、新技術や新兵器の研究に多くの時間を費やし、戦争に勝利するために技術の応用に努めた。

前述したように、エジソンがその生涯の最後に及ぼした影響は、国内総生産（ＧＤＰ）の６％と推定され、全てのアメリカ人の生活に影響を与えたさまざまな改良と発明があった。発明の潮流は現代まで続き、医療、コンピューター、人工知能、通信、そして私たちを形作り続ける驚異的な新開発の飛躍的進歩にまで拡大した。

しかし、巨大官僚機構の台頭と「大きな政府の社会主義者」の態度が、新しいアイデアの開発と応用の速度を遅らせている。かつてニュースメディアは画期的な進歩を称え、より良い未来に魅了されたものだが、ここ数十年の報道はあまりに否定的で、将来を恐れ、大変動で死ぬことを予期し、より良い未来が本当に達成されるかもしれないという確信を持てない若者が増えている。

官僚組織には、新しい技術や革新を避ける巨大な能力がある。教育などの分野では、改善に対する抵抗は非常に大きい。戦争に負けたり、戦場で殺されたりする恐れがあるため、常に近代化を進めなければならないという大きなプレッシャーがかかる米国防総省でさえ、官僚主義的な構造によって、国家安全保障システム全体を変化させる新技術の、本来ならもっと劇的に速いパターンを、古いシステムや権力のパターンが最小限に抑えることを可能にしている。

毎日、イノベーションと新しい手法、成功例、能力を広く探すことから始めなければならない。画期的な技術によって生産性が向上したり、物事を成し遂げる能力が飛躍的に高まったりするようなあらゆる主要分野を定め、新しいアイデアや技術を開発し、実践している人々を計画的に探さなければならない。

イノベーター、発明家、システム開発者を探し出し、異なる考えを持ち、物事を成し遂げるための現状維持の方法に挑戦する人々のアドバイザリー・グループを構築しなければならない。政府や企業のリーダーは、新しいことに挑戦し、新しいアプローチを模索し、失敗のリスクを冒してでもブレークスルーを達成しようとしなければならない。常に「もっとうまくできないか?」「どこかの誰かがすでにもっとうまくやっていないか?」と問いかけなければならない。模倣は発明よりもはるかに安上がりであることを忘れてはならない。

誰もがアメリカ人になれる

「保守派は全ての移民を阻止し、人種のるつぼの時代を終わらせたがっている」という「大きな政府の社会主義者」の神話にもかかわらず、私たちは移民制度の解決に取り組まなければならない。これは単に国境を確保することよりもはるかに大きな問題である。

先に述べたプラグマティズムのパターンに従い、移民制度は大衆的かつ実用的でなければならない。

アメリカは当初から、驚くほど多様な人々を惹きつけ、彼らが幸福を追求し、生産的で充実した人生を送ることを可能にしてきた。人々はアメリカ人であることを学ぶ。アメリカ人になることを決意する。出身国からアメリカへと忠誠心を切り替える。他のどの文明にも当てはまらない方法で、アメリカ人であることを学び、アメリカ人として受け入れられることができる。

アメリカは、莫大な機会が存在する新世界に誕生したことを忘れてはならない。最初は土地において、次には技術的な進歩において、非常に大きな機会があったため、人々は驚くほど多様な背景を持つ人々を受け入れることができた。ネイティブ・アメリカン、アジア人、アフリカ人が初期には受け入れられにくかったという限界はあったが、どのような場合でも、同化した例外は存在した。

1770年3月5日、大英帝国に対するボストンの抗議運動で殺された最初のアメリカ人が、アフリカ系アメリカ人の自由民クリスパス・アタックスであったことは、象徴的に力強い。1850年代までに、黒人奴隷廃止論者たちは彼の記憶と、彼がイギリス兵に殺害された日を、奴隷制廃止の戦いのシンボルとして利用していた。

アメリカ人であることの定義を拡大し、何百万もの移民がアメリカ人であることを学ぶことができるようにするプロセスは、絶え間なく続いてきた。アメリカ人であることは学習されるものであり、継承されるシステムではないため、地理的移民と時間的移民（子供）の両方が存在する。どちらもアメリカ人であることを学べるようにする必要がある。

アメリカ人になる方法を教えることの衰退は、アメリカ文明を弱体化させる大きな要因である。地球上の3億3千万人がアメリカ人であることを学ぶことができる習慣、ルール、原則、歴史的先例は、一夜にして形成されるものではない。時間と努力が必要なのだ。また、社会全体によって強化されなければならない。

アメリカは、地球上のあらゆる地域から人々を受け入れ、彼らが繁栄し、社会に参加できるようにする能力において、まったくユニークな国であることを決して忘れてはならない。

歴史的には、ほとんどの国が厳格な制度を持っていた。ヨーロッパの農奴は生まれながらにして農奴であり、農奴であり続ける可能性が圧倒的に高かった。中世の西洋文明は階層が深く、農民が貴族になることはほとんど不可能だった。人々にはそれぞれの居場所があり、生まれた身分からあまり離れようとしないように、しばしば武力が用いられた。

歴史上ほとんどの場合、人々は自分たちの住んでいる地域、その土地の食べ物、その土地の習慣や風習を大切にしてきた。ハイランドのスコットランド人は低地のスコットランド人を軽蔑していた。アイルランド人は、自分たちを征服したイングランド人を深く恨んでいた（しばしば憎んでいた）。イングランド人はアイルランド人を軽蔑と蔑視の目で見ることで、その態度に応えた。多くの国では、外国人とは隣の谷から来た人を意味した。

アジアでは、人種、言語、宗教の組み合わせが、征服が乗り越えられる障壁を築いた。しかし、中国人は中国人のままであり、インドの仏教徒はインドのままであった。モンゴル帝国は例外で、広大な地域を征服し、驚くほど多くの異なる民族を征服した。しかし結局、征服された人々の上にとどまり、彼らをモンゴル文明に馴染ませることはしなかった。

地球上の全ての人に開かれた「学べる文明」を創り出そうというアメリカの目覚ましい試みは、絶え間ない闘いである。前にも述べたように、ロナルド・レーガンは１９６７年のカリフォルニア州知事就任演説で、「自由は一世代で失われるのです」と断言した。「私たちは、血流にのってそれを子供たちに受け継がせたわけではありません。子供たちにも同じように受け継いでもらうために、戦い、守り、引き継いでいかなければならない。(7)」

１９６０年代には、第二次世界大戦に勝利しながらも、その価値観や原則を子供たちに押し付けようとしない、受け継がれたアメリカ文明に対する巨大な反発があったため、アメリカ文明を教えるプロセスは劇的に弱体化した。

この60年間、学問の世界では、アメリカ文明のルールや原則、歴史を教えるという概念を軽んじる傾向が強まった。その態度は幼稚園から高校までの学校制度にも波及し、学校はますますアメリカ文明を敵視するようになっている。

多くの場合、移民一世はなぜアメリカがユニークなのかをよりよく理解し、幸福を追求する権利や法の支配の重要性に対してより深い情熱を持っている。皮肉なことに、国境開放を望む左派の活動家たちは、アメリカ人であることを教えようとしない。そのため、アメリカ人になることを学ぼうとせず、母国の文化にこだわり続ける何百万人もの移民の危険性を、より大きく困難な課題にしている。

もちろん、こうした活動家たちは、誰もがアメリカ人になるというメルティング・ポット（人種のるつぼ）の概念も否定している。彼らは1782年に議会が採択し、アメリカ合衆国が真にひとつであることの象徴として、貨幣、パスポート、公文書に印刷されている標語、E Pluribus Unum(「多数の中からひとつを」）を否定する。

「大きな政府の社会主義者」たちは、アメリカ文明という概念を否定し、その原理、習慣、政策を学ぶべきだという概念を否定しているので、彼らにアメリカ人であることを教えることは不可能である。さらに、アメリカ人であることを学ぶことは、全ての人の過去を文化的に流用することを意味し、悪いことだとみなすだろう。

しかし、学ぶ文化としてのアメリカというユニークな概念は、あらゆる国から人々を吸収し、共に働く方法を教えることのできる社会の存続にとって中心的なものである。生き延びようとするならば、学校、移民プロセス、そして公的な儀式の場は全て、アメリカに敬意を表し、アメリカについて学ぶという強力な要素を持たなければならない。

私たちの驚くほど多様で包括的な国が存続し、あらゆる背景を持つ全ての人々がアメリカ人であることを学ぶ機会を得るためには、分断を招くようなウォークイデオロギーとアイデンティティ政治に終止符を打たなければならない。その代替案は、アメリカを尊重し協力するのではなく、争いに焦点を当てた激しく分裂したグループへと崩壊させることである。

効果的なソリューション

幸いなことに、連邦政府や州政府には、一般的で実用的、そして現実の世界で機能する前向きな解決策を開発している指導者がいる。

ケビン・マッカーシー米下院議長は、2020年選挙で共和党を議会議席獲得に目覚ましい成功に導いて以来、「アメリカへのコミットメント」計画を土台にしてきた。当時、ドナルド・トランプ大統領の支持率を引き合いに出し、共和党は下院で最大25議席を失うと、いわゆる専門家の誰もが予想していたことを思い出してほしい。その代わりにマッカーシーは15議席の純増に貢献し、共和党が2022年に下院を楽々と奪還する態勢を整えた。

マッカーシーのプランでは、研究と技術革新への投資による薬価の引き下げ、警察への資金増額による犯罪の削減、中国からの切り離しと税金の引き下げによる経済の強化、学校選択とSTEM(科学、技術、工学、数学)プログラムの支援による全ての生徒の成功支援、その他多くの人気で前向きな取り組みが挙げられている。

同様に、フロリダ州のリック・スコット上院議員は、128の具体的な政策案を含む11項目からなる「アメリカを救う計画」を発表した。上院におけるスコットのリーダーシップは、下院におけるマッカーシーのリーダーシップを補完し、さらに拡大するのに役立っている。

マッカーシーが提示した多くの解決策に加え、スコットは、学校でのアメリカ史教育の強化(忠誠の誓いを含む)、政府の書式から人種、民族、肌の色に関する質問をなくすことによるアイデンティティー・ポリティクスの排除、一定期間内に機能しない政府プログラムの閉鎖、予算が成立しなかった場合の議員への報酬の停止などを訴えている。

しかし、解決策の源泉は議会だけではない。全米の知事や州議会は、全国的に適用すれば何百万人ものアメリカ人の生活を改善できるようなアイデアを開発している。

テキサス州は、生徒の教育を大幅に改善することを約束する、教育資金のための深い起業家的システムを適用している。同州は、成功を収めている(つまり成績の良い卒業生を多く輩出している)学校制度に対して、より柔軟な資金提供を認めるようになった。

卓越した教育財団（Foundation for Excellence in Education）によると「最近の政策変更により、地区では、大学、職業、軍隊への準備ができた生徒が卒業するたびに3千ドルが支給されるようになった。経済的に恵まれない生徒が成功すれば、さらに2千ドルが支給され、障害のある生徒にはさらに2千ドルが加算される。(8)」

この方針により、学校は、機能していないプログラムや取り組みの変更、あるいは機能しているプログラムのさらなる支援に、より迅速に取り組むことができるようになったと報告されている。同財団は、テネシー州も同様に「地区が最も必要とするエビデンスに基づく戦略に投資しやすくする」ことに着手したと報告している。テネシー州は、連邦政府のCOVID－19支援金を使って、生徒にとって効果的なプログラムを支援するための地方資金や官民資金を強化している。

最後に、市民団体は、より良い未来のために人々が実践してみたくなるような、優れた現実的なアイデアを開発するために日々活動している。ヘリテージ財団は、こうした考え方の最前線にいる。そのソリューションズ・プロジェクトは、市民社会、経済生活、政府、国家安全保障、外交政策にまたがる膨大な数の前向きな政策アイデアを集めている。(9)「大きな政府の社会主義者」を打ち破り、それに取って代わるために必要なアイデアは世の中にある。その多くはすでに実行に移されている。私たちに必要なのは、それを実行に移し、アメリカを明るい未来へと導く意欲だけなのだ。

第10章

内在的傲慢

共産主義や「大きな政府の社会主義」のいかなる形態も、宗教の放棄を必要とする。単に政府が世俗的でなければならないとか、（アメリカのように）「宗教の確立を尊重しない」という意味ではない。厳格な無神論が、個人レベルでも社会レベルでも国民に強制されなければならないという意味である。

宗教的道徳は、政府が押し付ける道徳に取って代わられなければならない。これは、共産主義や社会主義という政治理論がカール・マルクスとフリードリヒ・エンゲルスによって発展して以来、真実である。

エンゲルスは1847年の『共産主義者の信仰告白草案』にこう書いている：

「これまで存在した全ての宗教は、個々の人民や人民の集団の歴史的発展段階の表現であった。しかし、共産主義は、既存の全ての宗教を不要にし、それらに取って代わる歴史的発展の段階である。[1]」

エンゲルスはドイツの哲学者であり、近代共産主義と社会主義の父として広く知られるマルクスの最も親しい親友であった。彼らは共に『共産党宣言』を起草し、ウラジーミル・レーニン、ジョセフ・スターリン、毛沢東、バーニー・サンダース、そして歴史上のあらゆる共産主義・社会主義の指導者の基礎を築いた何百もの論文を書いた。

この押しつけられた無神論の必要性は、完全な社会は宗教や迷信ではなく、科学、論理、理性によって導かれなければならないというものである。さらに重要なことに、マルクスとエンゲルスは、宗教は、労働者階級（プロレタリアート）を抑圧し、支配下に置くために、支配階級である上流階級（ブルジョア）によって使われる支配の梃子であると主張した。彼らは、宗教の不一致を前提とした何世紀にもわたる戦争と紛争を引き合いに出した。しかし、より現実的には、マルクスとエンゲルスは、自分らの思想が宗教社会では共存できないことを知っていた。

マルクス・レーニン主義のモデルでは、共産主義や社会主義が機能するためには（ネタバレ：機能しないし、機能したこともない）政府が何が正しくて何が間違っているかの唯一の決定者でなければならない。さらに重要なことは、中央政府は神よりも高い権威を持ち、政府と人民の間にはいかなる権威もあってはならないということだ。この体制では、宗教がいかに許容されないかがわかるだろう。

レーニンがソビエト・ロシア、そして後のソビエト連邦の初代指導者になったとき、ロシア正教会やその他の宗教団体を弱体化させ、衰退させるキャンペーンを始めたのはこのためである。レーニンの対教会キャンペーンには、聖職者の選挙権の否定、教会財産の差し押さえと売却、布教の非合法化と同時に無神論者のプロパガンダ・プログラムの強化などが含まれていた。(2)

スターリンはレーニンの後を追い、より暴力的な結末を迎えた。スターリンは、先の「新社会主義者」をもじって、「ニューソビエト人」の思想を押し付けようとした。スターリンの理想とするソビエト人は、深くイデオロギー的であったが、完全に無宗教的であり、マルクス主義とレーニン主義の基本に忠実で、宗教的な結びつきが全くなかった。スターリンは、理想的なソビエト市民には民族的なつながりも無くせと主張した。ロシア人はいなくなり、ソビエト人だけが存在する。

1928年、スターリンはソ連を完全に無神状態にする5カ年計画を発表した。1937年までに、ソ連では神の名は忘れ去られることになっていた。[3]宗教指導者たちは検挙され、国家の敵というレッテルを貼られ、投獄されるか殺された。宗教学校や市民団体は閉鎖を余儀なくされた。スターリンは赤の広場にあった古い教会を男子トイレに変え、人々はトイレに行くたびに教会を冒瀆することを余儀なくされた。今日、そのトイレは再び教会に戻った。

スターリンは、ユダヤ人、キリスト教徒、イスラム教徒、その他の宗教家が自分たちの信仰を実践するのを難しくするために、週末と全ての宗教的祝日をなくした新しいソビエト暦さえ発表した。[4]

レーニンやスターリンと同じ理由で、宗教的不寛容の必要性から、毛沢東は歴史的に残忍な文化大革命の間、中国で2千万人もの自国民を殺害した。毛沢東の目標は、中国の伝統的な宗教と精神的慣習を廃止し、政治的宗教に置き換えることだった。その過程で毛沢東は、キリスト教やその他の宗教に対して永続的な敵意を示した。

トーマス・F・ファーが2020年1月に宗教と公共生活研究所が発行した『First Things』に寄稿した：

「毛沢東は残虐で非道な行為によって全ての宗教を排除しようとしていた。スターリンやヒトラーがそうであったように、彼は宗教（特に幾つかの宗教）がより大きな権威への忠誠を促すことによって全体主義国家に脅威をもたらすことを理解していた。

教会は冒瀆され、略奪され、工場や倉庫と化した。司祭、牧師、修道女は拷問され、レイプされ、殺され（生きたまま焼かれた者もいた）、労働収容所に収監された。信徒であるキリスト教徒たちは、自分たちの「罪」を記した円筒形の帽子をかぶって町や村を練り歩いた。数百万人が餓死を含むひどい死を遂げた。数千万人が残虐な扱いを受け、人生を破壊された。[5]」

この旺盛な反宗教的感情は、単にマルクス主義の過去の名残りではない。共産主義犠牲者記念財団の専務理事マリオン・スミスが２０１９年８月にウォール・ストリート・ジャーナルに寄稿したように「共産主義の血塗られた歴史、特に宗教的信者の殺害は、どんなに希望を持っても、解釈学的に努力しても、消し去ることはできない。どの共産主義政権も、国民の信仰を粛清しようとしてきた。無神論的イデオロギーである共産主義は、無宗教であるだけではなく、反宗教的でもある。[6]」

スミスが指摘したように、北朝鮮の独裁政権は聖書を禁止しているため、聖書を持っていたがために投獄されたり殺されたりした人は数え切れないほどいる。キューバ、ベネズエラ、ニカラグアの共産主義政権もまた、マルクス主義イデオロギーにとって宗教の自由は脅威であるため、信仰を持つ人々を迫害してきた。

しかし、現代のどの例よりも、中国共産党独裁政権はマルクス主義の反宗教的信条を積極的に実行している。

スミスはこう書いている：

「共産中国は今日、最悪の犯罪者である。建国以来、中華人民共和国は国境内のあらゆる宗教を統制し、根絶しようとしてきた。チベット仏教の僧侶のように、定期的に逮捕、投獄、あるいは死に直面する者もいる。また、法輪功学習者のように、党幹部や外国人医療観光客のために臓器を強制的に摘出される者もいる。

キリスト教会は閉鎖されるか、党の方針を説くよう強制されている。これにはカトリック教会も含まれる。カトリック教会は最近、中国共産党が司教や司祭の人選を承認することを認める協定を北京と結んだ。

現代の共産主義に内在する宗教への憎悪は、恐らくイスラム教徒であるウイグル人に対する中国の扱いにおいて、最も残酷な形で表れている。マルクスの時代から、共産主義の目標は常に「新しい人間」の創造であった。新疆ウイグル自治区にある、いわゆる再教育キャンプの唯一の目的はそれである。

人口の4分の1を超える300万人ものウイグル人が、これらの収容所で政治的洗脳を受けている。その目的は、彼らから信仰と文化を剝ぎ取り、中国の社会主義体制に「適合」させることである。調査研究者エイドリアン・ゼンズが指摘するように、「再教育」収容所から釈放された者は、強制労働収容所に入れられる可能性が高く、そこでもマルクス主義思想のイデオロギー教育が定期的に続けられている。(7)」

同様に、ロシアのウラジーミル・プーチン大統領は現在、信仰を持つ人々を迫害している。

プーチンは表向き、ロシア正教会を支持している（その指導部はクレムリンに忠実な人々で埋め尽くされている）。しかし、プーチンは他の宗教的少数派、すなわちイスラム教徒、エホバの証人、その他の非ロシア正教徒を深く抑圧してきた。

ラジオ・フリー・ヨーロッパによると、占領下のクリミアでは、プーチン軍が過激主義やテロリズムというでっち上げの罪で宗教的少数派を投獄しているという。(8)

2021年10月、ロシアの裁判所は、エホバの証人が礼拝のために集まったとして、3人に懲役8年、もう1人に懲役3年半の判決を下した。裁判所はこの活動を「過激主義」と呼んだ。(9)

この事件は最近の例に過ぎない。米国務省の「国際宗教の自由に関する2020年報告書」によると、占領下のクリミアでは、宗教の実践を理由に投獄された信仰者が109人いた：

「宗教活動家、人権団体、メディアの報道によれば、クリミア占領下のロシア当局は、イスラム教徒のクリミア・タタール人、エホバの証人、正統派のウクライナ教会の信徒や聖職者を含む少数派の宗教信徒を迫害し、脅迫し続けていた。(10)」

プーチンのロシアは、あからさまに無神論を押し付けているわけではないが、国家が承認した（そして基本的に国家が運営する）教会を推進する一方で、他のすべての教会を抑圧している。これは、国家を最高の道徳的権威とするというマルクス主義の目標を達成するためのプーチンの方法である。結局のところ、プーチンは最終的にロシアをレーニンのソビエト連邦に作り変えたいのだ。

世界の他の全てのマルクス主義体制では、社会主義と宗教は共存できない。アメリカの「大きな政府の社会主義」にも同じことが言えるという証拠はたくさんある。全体主義的な信念体系の性質上、ウォーク主義は本質的に反宗教的である。

世俗至上主義

アメリカの左派と企業のエコシステムで数十年にわたって発展してきた「大きな政府の社会主義」が本格的に台頭する以前から、宗教と信仰の象徴を公共生活から消し去ろうとする努力が広まってきた。

これには、公立学校での祈りの廃止（一部の州では簡単な黙禱も含む）、宗教学校への公的資金提供の禁止、公共スペースからの宗教的アイコンの削除などが含まれる。具体的には、中絶や避妊、その他の治療や処置を求める人々に対して医療保険やサービスを提供しない宗教的病院や慈善団体などの宗教団体を罰する取り組みが含まれている。このような反宗教的な取り組みは、ほとんど全てアメリカの左派からもたらされたものである。

実際、2019年にピュー研究所が発表したところによると、アメリカでは共和党と民主党の双方が、宗教が社会における影響力を失いつつあることに同意しているが、それが良いことなのかどうかについては両党の間で大きな意見の相違があった。

ピュー研究所によると、共和党支持者の約63%が、宗教が目立たなくなることは国にとって良いことではないと回答した。しかし、民主党支持層の意見は完全に分かれた（宗教の衰退は悪いことだと答えたのは27％、良いことだと答えたのは25％、あまり関係ないと答えたのは24％[11]）。

このような宗教抹殺の圧力は、「大きな政府の社会主義者」が宗教に対して本質的に敵意を抱いていることからも明らかである。連邦政府高官がますます信仰を持つ人々を敵視しているだけではなく、州や地方の政府機関も今や連邦政府に追随している。

COVID－19パンデミックの間、教会や会堂がどのような扱いを受けてきたかを考えてみよう。全国の都市や州で、教会は閉鎖を余儀なくされ、信徒の規模を大幅に制限され、聖餐式や儀式の一部を禁じられた。

パンデミックが始まった当初は、ウイルスがどれほど危険な状態になるのかよくわかっていなかったため、保健当局が具体的なリスクを評価し、人々がそのリスクを受け入れるかどうかを自ら判断する間、一時的な制限は一定の意味を持った。

しかし、国中の市や州の役人はすぐに、どんな活動が安全で、どんな活動が危険過ぎるかについて、奇妙な差別的決定を下し始めた。多くの場合、宗教行事は公共の敵ナンバーワンにされた。

ニューヨークは恐らく、最も積極的かつ公然と反宗教的な差別を行った都市であろう。セクハラ疑惑で辞任に追い込まれる前のアンドリュー・クオモ州知事は、COVID－19によるさまざまな厳しい規制を州全体に適用する色分けされた地図を作成していた。

教会やシナゴーグはほとんどの場合、10人以上の集会を禁止し、場合によっては礼拝所を閉鎖せざるを得ない「レッド」ゾーンに置かれていた。一方、バーやレストラン、その他のビジネスには、より制限の緩いゾーニングが恣意的に割り当てられた。『ニューヨーク・タイムズ』紙が報じたように、ブルックリンのローマ・カトリック教区と2つのシナゴーグは、クオモの差別的規則に異議を申し立て、勝利した。連邦最高裁判所は最終的に、クオモの反宗教的偏見よりも信教の自由を支持した。

ニール・M・ゴーサッチ判事が賛成意見で書いているように：

「パンデミックは多くの重大な課題を突きつけているが、酒屋や自転車店は再開しても、教会やシナゴーグ、モスクは閉鎖するような、色分けされた行政命令を憲法が容認するような世界は存在しないことを明確にすべき時である。[12]」

もちろん、パンデミックに直面すると、多くの教会が創意工夫を凝らし、ソーシャルディスタンスのルールを破ることを避け、共に礼拝する安全な方法を模索した。多くの教会が「ドライブイン」礼拝を始め、信徒は教会の駐車場まで車を走らせ、カーラジオか教会の外の拡声器で礼拝を聞いた。

しかし、ジョージア州バプテスト宣教委員会[13]が報告したように、ノースカロライナ州ウィルミントン、ミシシッピ州グリーンビル[14]、テネシー州チャタヌーガ[15]、ミシガン州ケント郡の政府は、礼拝者が自分の車以外の人と接触することはない車中による集会すらも阻止しようとしたにもかかわらず、これらの管轄区域の多くのファーストフード店やその他の「ドライブ・スルー」ビジネスの営業は許可された。

もっとひどい例では（ニューヨークのクオモの指令に近い）、カンザス州、マサチューセッツ州、オレゴン州、インディアナ州、ネバダ州、ワシントン州、その他の州で、宗教施設は厳格な収容人数制限を課されたのに対し、他のビジネスは制限が少ないか、全くなかった。

特にネバダ州では、数千人を収容できる巨大なカジノは50%の収容率で再開することができたが、ジョージア州バプテスト宣教委員会によれば、どのような規模の教会でも、出席者は50人以下であった。[16] しかし、強権的で差別的なCOVID－19のソーシャルディスタンスの制限は始まりに過ぎない。

バイデン政権はまた、義務づけられたCOVID－19ワクチンの摂取を宗教的に免除されていると主張する連邦政府職員を追跡しようとしている。サラ・パーシャル・ペリーは2022年1月、デイリー・シグナル紙に、19の連邦政府機関が、宗教上のさまざまな理由でワクチン接種の免除を求める職員の「個人宗教情報」リストを保管することを提案していると報じた。これには、国防省、保健福祉省、運輸省、財務省、その他の官僚権力の中枢が含まれる。

ペリーはこう書いている：

「400万人以上の文民・軍人を擁する全米最大の雇用主である連邦政府は、何万件もの宗教的理由による免除要請を受けてきた。現在、ますます多くの連邦政府機関が、これらの個人の名前、宗教情報、個人識別情報、及び複数の政府機関にまたがるリストに保存されたその他のデータを保持し、保存しているようだ。何故か？[17]」

何故だろう？せいぜい、さまざまな政府機関が、職員に課しているさまざまな規則を見直したり改善したりするためにデータを利用しているだけだろう。しかし、その可能性は低いと思う。それよりも、バイデン政権が、深く信仰している宗教的信条に反する命令に従わない職員に圧力をかけたり罰したりするために、このリストを使おうとしている可能性の方が高い。

『デイリー・シグナル』紙がこのニュースを報じた後、米下院の共和党議員はすぐに、政府がこの情報を収集・保管することを禁止する法案を提出した。この法案を提出したサウスカロライナ州共和党のラルフ・ノーマン下院議員は、『Fox News』にこう語っている：

「個人が報復を恐れることなく、公然と信仰を実践する能力は、厳重に守られなければならない貴重な権利である。政府による行き過ぎたワクチン接種の義務化だけでなく、誰かの宗教的信条に関する情報を収集するために、連邦政府の資金が使われることは、極めて不適切である。この情報が悪用されるのを防ぐ唯一の方法は、そもそも情報を収集しないようにすることだ。[18]」

政府以外でも、宗教の自由を行使する憲法修正第1条の権利を萎縮させようとするこうした公然のあからさまな努力は、米国全土で信仰を持つ人々に対する現実的な脅威と被害を伴っている。

2022年1月15日、反ユダヤ主義者の銃を持った男がテキサス州コリーヴィルのシナゴーグ「コングレゲーション・ベス・イスラエル」に侵入し、4人の聖職者と信徒を11時間にわたって人質にとった。犯人は人質の無事な解放と引き換えに、服役中のテロリストの釈放を要求していた。最終的に犯人は警察に射殺され、人質は無事脱出した。FBIはこの事件をテロ行為として捜査していると発表した。[19]

その2日後、CNNによると、FBIは2022年1月、信仰を持つ人々や宗教施設は、今後も脅威や攻撃に直面することを予期すべきであると報告した。連邦政府機関は、州や地方自治体に対し、教会やシナゴーグ、その他の大規模な集会所を保護するための計画を見直し、更新するよう促した。[20]

このメッセージは、連邦政府が暴力や迫害から宗教共同体を強力に擁護しているという大きな自信を抱かせるものではない。

アイデンティティ政治、批評理論、ウォーク主義：新しい国家道徳

それ以前のマルクス主義体制と同様、「大きな政府の社会主義者」は、伝統的な道徳を消し去り、国家が承認し指示する新しい道徳をアメリカ国民に押し付けようとしている。

1980年代後半から90年代前半にかけてポリティカル・コレクトネスとして始まった動きは、今日、アイデンティティ政治、批判理論、そして政府、企業、学術、娯楽、メディア機関に吸収されつつある広範なウォーク思想へと完全に体系化されている。

間違いなく、これら3つの概念は全てマルクス主義に根ざしている。特に、アイデンティティ政治と批評理論（批評的人種理論、批評的社会理論、批評的ジェンダー理論などを含む）は、社会の全てがプロレタリアートを抑圧するブルジョアに基づいているというマルクス・エンゲルス

の信念を受け入れ、さらに推し進めている。

この考え方を社会経済階級に適用する代わりに、アイデンティティ政治と批判理論は、人種、ジェンダー、セクシュアリティ、またはその他の「アイデンティティ」特性にモデルを適用する。この新しい解釈では、非白人アメリカ人は犠牲となったプロレタリアートとなり、白人アメリカ人は（彼ら自身の信念や行動に関係なく）抑圧的なブルジョワとなる。

別の言い方をすれば、トランスジェンダーの人々は抑圧されたプロレタリアートであり、それ以外の人々は残酷なブルジョアである。ゲイやレズビアンのアメリカ人＝プロレタリアート、異性愛者のアメリカ人＝ブルジョワ。おわかりだろう。なぜなら、分裂と対立がなければ革命は起こせないからであり、革命はマルクス主義の究極の目標だからである。

ウォーク主義、ウォークイズム、あるいはウォーク思想とは、言語とプロパガンダを駆使して、それまでの文化的な道徳観念をかき消し、国家が定義した新しい道徳観念と置き換えるというマルクス主義的手法の現代的表現である。この場合、アメリカのウォーク主義の目的は、独立宣言に記されたアメリカの信念を消し去ることにある：

「われわれは、これらの真理を自明のものとする。すなわち、全ての人は平等に造られ、創造主によって特定の譲ることのできない権利を与えられており、これらの権利の中には生命、自由及び幸福の追求がある。(21)」

白人以外のアメリカ人は皆、平等を妨げる制度的な人種差別システムの中に生まれているのだから、アメリカ人は平等であるはずがない、とウォーク教義が説く。さらにウォーク主義者は、非白人のアメリカ人はこの制度のもとでは平等に生まれ得ないのだから、平等そのものが間違っている（あるいは白人ブルジョワが発明した制度的抑圧の道具に違いない）と言う。

つまり、神から与えられた平等を社会のゴールとするのではなく、平等（あるいは政府によって強制された平等な結果）をゴールとすべきだと、ウォーク思想の信奉者は言うのである。

拙著『ビヨンド・バイデン』でも書いたように、問題は批判的人種理論（大学レベルのコース）がカリキュラムとして若い学生に教えられていることではなく、模範として教えられていることなのだ。

全国の学校システムでは、管理職が授業や校則、ごくありふれた活動にも批判的人種理論を適用している。

コネティカット州のある学校では、2年生がクラスで音読する際、本の登場人物を人種別に口頭で特定させられた。ある教師は最終的に抗議の辞職をした。[22] バージニア州のある学校では、クラスメートの生活の中で、他の生徒より「得がたい利点」がある部分を特定する「特権ビンゴ」がクラスで行われた。そのような特権の一つは、軍人の子どもであることだった。[23]

これらはほんの一部である。ワシントン・エグザミナー紙が2021年7月12日に報じたように：

「人種的本質主義と集団的罪悪感が、幼い生徒に教えられていることを証明する例は、他にもたくさんある。カリフォルニア州クパチーノの小学校では、3年生に自分の民族に関連する「権力と特権」に従って自分をランク付けするよう求めた。

ニューヨーク州バッファローの学校では、「全ての白人」が「制度的人種差別」を蔓延させていると生徒に教え、幼稚園児には黒人の子どもたちの死体のビデオを見せ「人種差別的な警察と国家による暴力」について警告させた。

アリゾナ州では、同州の教育省が「公平性ツールキット」を学校に送付し、生後3ヵ月の乳児が人種差別の兆候を示し始め、5歳までに「白人優位に強く偏ったまま」になると主張した。[24]」

全米の学校制度が突然このような政策を採用しても、驚くにはあたらない。州や地方の制度に対する助成金の宝庫を管理するバイデン政権は、このような政策を支援することを明言しており、学問的左派は、このような急進的な政策を押し付けることを情熱的かつ積極的に支持している。

COVID–19の大流行で閉鎖された学校の再開を支援するため、議会が2千億ドル近い予算を可決した後、バイデンの教育省はその資金をさまざまなウォークなプログラムに使うよう、それらの学校に促す（つまり、強制する）ガイダンスを発表した。

ニューヨーク・ポスト紙が報じたように、その中には、「黒人、褐色、先住民の子供たちを霊的に殺害する」罰の撤廃、「白人性やその他の抑圧の形態を破壊する生徒、家族、教育者から学ぶ」こと、「白人の教育者と支援スタッフのための反人種主義的セラピー」、「有色人種の教育者と支援スタッフのための自由で急進的な自己／集団的ケアとセラピー」などが含まれていた。[25]

残念ながら、学校は始まりにすぎない。軍の指導者たちは、トップ軍事大学でウォーク的なカリキュラムを実施し始めている。『反レイシストになる方法』、『新ジム・クロウ：色盲時代の大量投獄』、『性的マイノリティと政治』といった本が、戦史、戦術、戦闘に関する必須テキストと並んで、必読書のリストに加えられている。

２０２０年６月、米海軍の差別撤廃タスクフォースが、批判理論から引用した言葉を多用した新たな誓約書を海軍軍人に課すことを提案した：

「海軍に所属する全ての水兵の生きた経験と交差するアイデンティティを擁護し、認めることを誓います。自分自身と地域社会をより良くするために、継続的な内省、教育、知識の共有に取り組むことを誓います。健全で、包括的で、チーム指向の環境を確立する模範となることを誓います。上記の活動から得た全ての経験や情報を、海軍全体の改革の策定に役立てるため、建設的に共有することを誓います」(26)

中国からの深刻な脅威に直面し、ウクライナに対するロシアの侵略をめぐってNATOと衝突する可能性がある今、兵士が集中すべきことに思えるだろうか？

特に、アフガニスタンからの撤退という大失敗（これは軍人ではなく、全て指導部の責任である）を考えると、我々はトップが議会でウォーク主義者のアジェンダの実施を擁護することに時間を費やすことを望むのか、それとも戦争に再び勝ち始める方法について深く考えることを望むのか？

さらに、ウォーク主義の教義が軍に感染することは、政治的に壊滅的な影響を与える可能性がある。

２０２１年6月25日付のウォール・ストリート・ジャーナル誌の論説委員会は、マーク・ミルリー大将が議会で軍のカリキュラムを擁護したことについて「軍隊は、超党派の信頼を集めるアメリカでも稀有な機関だ。その信頼が今後数年で失墜すれば、ミルリー将軍と彼の同僚たちは長期的な損害の責任を分かち合うことになる」と述べている。

政府からこのようなウォークな動きが出ているのだから、多くのアメリカ企業が茶葉を読み、ウォーク思想を社内基準に取り入れたとしても不思議ではない。

『Fox Business』が２０２１年12月に報じたように、アメリカの大手企業数社の内部告発者たちは、明らかにウォーク主義に誘導された研修を受けさせられたと報告している。

コカ・コーラの従業員は、「白人でなくなる」ためのセミナーを受講させられたと報じられている。ウォルト・ディズニー・カンパニーの白人労働者は「罪悪感、恥、防衛意識を通して、何が自分たちの下にあり、何を癒す必要があるのかを理解する」必要があると言われた。

同様の話は、バンク・オブ・アメリカ、ロウズ、トゥルーイスト・ファイナンシャル・コーポレーションの従業員も『Fox Business』に語っている。[27] 皮肉なことに、この攻撃的なウォーク運動は、何が起こっているのか世界を目覚めさせる手がかりとなるだろう。

ジョージ・オーウェルのディストピア的で反全体主義的な古典『１９８４年』を読んだことの

ある人なら、ウォーク思想がニュースピークであることはすぐにわかるはずだ。ニュースピークとは、架空の社会主義イギリス政権が、国民をよりよく統制するために開発した言語である。

オーウェルの小説で党がやったように、「大きな政府の社会主義」たちは、客観的真実をより簡単に置き換えることができるように、言葉を置き換えようとしている（ウォーク思想によれば、客観的真実は完全に人種差別的な、白人による支配の構築物である）。

このような努力も全て、宗教を破壊し、人工的な道徳のバージョンに置き換えようとする本質的な思い上がりに帰結する。無神論者が道徳的であるはずがないと主張しているわけではない。しかし、大きな権力を持ち、他人の信教の自由を積極的に否定し迫害する集団が道徳的であるはずがないと主張したいのだ。

第11章

礼節と気品

「大きな政府の社会主義」は、礼節を損ない、異なる視点を持つ者を排除し、反対者に対する理解や優しさを否定する。無神論、悪魔崇拝、アステカの死神、道徳的相対主義など、60種類の代名詞がある現代社会では時代錯誤に思えるかもしれないが、建国の父たちは誠実さ、道徳、信仰を深く信じていたという事実がある。

ダニエル・パトリック・モイニハン上院議員のエッセイ『Defining Deviancy Down（逸脱の再定義）』（前述）には愕然としたことだろう。大規模な窃盗、広範な犯罪、公然たる解散に対する寛容は、健全な自由社会を完全に破壊するものだと考えたであろう。

この挑戦が果たされなければ、長期的には他の何ものもアメリカを救うことはできないであろう。アメリカが、誠実さ、信仰、道徳という核となる原則を深く信じていた人々によって建国されたという証拠は、ただただ圧倒的である。

ジョージ・ワシントンは若かりし頃「社会と会話における礼節と良識ある振る舞い」という本を複写した。この110の規則は、1595年にフランスのイエズス会によって編集され、英語に翻訳されたものであった。

ワシントンはもともとペン字の練習のためにこの本を複写したらしいが、彼はこの規則を心に刻んだ。あらゆる証言によれば、彼は生涯この規則に従って生きようとした。ワシントンが体現した威厳と名誉の感覚は、1775年から1796年にかけてアメリカが誕生する基礎となった。

私たちは皆、ワシントンの肩の上に立っているのであり、彼はまさにこの国の父なのである。

ワシントンは、初代大統領としての2期目終了時の告別演説の中で「正直は常に最良の政策であるという格言は、私的な事柄に劣らず、公的な事柄にも当てはまるものである」と述べている。

ワシントンが同胞に与えた影響の大きさは、彼の死に際し、独立戦争中にワシントンの部下だった親友のヘンリー・リーによって要約された。リーは後に大陸議会の議員やバージニア州知事を務めた。彼はまた、南軍を率いることになったロバート・E・リーの父でもある。

リーの弔辞には「戦争において第一、平和において第一、そして同胞の心において第一」とある。[1] リーの言う通り、ワシントンほどアメリカ共和国を統一し、体現した人物はいない。彼のリーダーシップは、誠実さ、道徳心、そして信念に基づいていた。

ワシントン自身も、このような大きな価値観への恩義を認識していた。彼は最初の就任演説でこう述べた：

「合衆国国民ほど、人の世を動かす見えざる手を認め、敬愛しなければならない国民はいない。合衆国が独立国家としての地位を持つに至った全ての歩みは、摂理による何らかの徴候によって区別されてきたように思われる。[2]」

さらにワシントンは、社会には悪を封じる神が不可欠だと考えていた。就任演説の初期の草稿にこう書いている：

「神の言葉に啓示された祝福された宗教は、最高の制度が人間の堕落によって悪用される可能性があること、そして、場合によっては、最も邪悪な目的のために従属させられる可能性さえあることを証明する、永遠で恐ろしい記念碑であり続けるだろう。[3]」

ワシントンは、自分自身が神の介入によって救われたと感じていた。1778年、アメリカ軍の奇跡的な生還を説明する中で、ワシントンはこう書いている：
「摂理の御手は、この全てにおいて非常に際立っていた」
信仰を欠く者は異教徒よりも悪く、自分の義務を認めるだけの感謝の念を持たない者は邪悪な者以上であるに違いない。

他の建国の父たちも、誠実さ、信仰、道徳の重要性というワシントンの信念を共有していた。マディソンは『フェデラリスト』第55篇で、わが国の憲法は「人々の間に自治のための十分な徳」が必要であり、そうでなければ「専制政治の鎖に勝るものはなく、彼らが互いに破壊しあい、貪りあうことを抑制することはできない」と書いている。(4)
ジョン・アダムズは、「我が憲法は、道徳的で信心深い人民のためだけに作られたものであり、それ以外の人民の政府には全く不適当である(5)」
トーマス・ジェファーソンは、神とアメリカは切っても切れない関係にあるという信念を共有していた。彼はワシントンに宛てた手紙の中で、奴隷制度についてこう述べている：
「我々に生命を与えた神は、我々に自由を与えた。そして、国家の自由は、その唯一の確固たる基盤である、これらの自由は神の賜物であるという人々の心の確信が取り除かれたときに、安全であると考えることができるでしょうか?·神の怒りに触れぬよう、自由を侵してはならないのだ。神は正義であり、その正義は永遠に眠り続けることはできない。主人と奴隷の間の商取引は専制主義だ。(6)」

エイブラハム・リンカーン大統領は、摂理の介在に対する信念を続けた：

「摂理に対する私の確固たる信念がなければ、このような複雑な事態のさなかにあって、私の理性をその座にとどめておくことは困難であろう。しかし、私は、全能の神がご自身の計画を持っておられ、それを実行に移されると確信している。そして、私たちがそれを分かろうと分かるまいと、それは私たちにとって最良のものなのだ。」

南北戦争後、リンカーンの第2回大統領就任演説は701語しかないのに、神について6回、全能の神と主についてそれぞれ1回言及している。つまり、88語に1回は神について言及していることになる。リンカーンは内紛の苦悩を理解しようとして、聖書と祈りに目を向けた。

エリートたちは2世代にわたって、公共の場から神を追い出そうとしてきた。学校での祈りの禁止から、十字架や歴史的モニュメントの取り壊し、宗教学校への資金援助、自発的な宗教活動の制限まで、アメリカの左派はアメリカから宗教を消し去ろうとしてきた。ワシントン政権やリンカーン政権とは逆に、軍のチャプレンへの支援は着実に縮小されている。宗教活動に対する規制はより面倒になり、エンターテイメント、ニュースメディア、学問の世界で称賛されるようになった。

人間の本性は、ありふれたものよりも大きなものを情熱的に受け入れることを必要とするため、マルクス主義の世俗的な革命衝動は宗教的になりがちである。1949年に出版された『失敗した神』と呼ばれる6つのエッセイ集は、共産主義が神に取って代わることができないことを暴露している。

リベラルなイデオロギーがリベラルな神学へと変貌しつつあるという1972年のセオドア・ホワイトの記述は、現在アメリカの左翼と「大きな政府の社会主義」を支配しているウォーク宗教的衝動の出現を正確に予期していた。偽りの世俗的宗教の悲惨な性質は、十戒の2番目にある「あなたは私のほかに、何者をも神としてはいけない」という神の言葉に表れている。

その偽りの神が富であろうと、麻薬であろうと、性欲であろうと、権力であろうと、イデオロギーの熱狂であろうと、それらは明らかに偽りである。

18世紀、ウェスレー兄弟はメソジズムを立ち上げた。その人生を変えるほどのインパクトは、労働者階級の生活を再構築し、フランスで革命に向かったエネルギーを救済へと導いた。さらにメソジズムは、ウィリアム・ウィルバーフォースが生涯をかけて奴隷制を廃止するよう奮い立たせた。

ウェスリー兄弟は、アメリカにおける大覚醒と呼ばれる宗教的リバイバルの鼓舞に一役買い、この宗教的リバイバルは、感情的な確信と強い意志を生み出し、アメリカ革命を起こす一助となった。

薬物中毒、精神疾患、ホームレス、自殺など、以前のアメリカの世代が想像もしなかったような規模の絶望的な世俗文化の腐敗を克服するために、今日のアメリカはリバイバルと再起の精神を必要としている。

現実的には、誠実さ、道徳心、信仰心を重視した上で、決断を下す必要がある。

モイニハンが、世俗社会は逸脱を再定義することで衰退に対処していると述べたように、今こそバランスを取り戻す時なのかもしれない。真の文化的衝突は、右派と左派の間ではなく、一方の信仰と誠実さ、他方の反宗教的敵意と麻薬、腐敗、破壊に対する寛容さの間にあるのかもしれない。

基本原則としての誠実さが崩壊したことの影響の一つは、事実上全てのアメリカの歴史では考えられなかったような規模の犯罪行為の増加である。

私たちは、85人のギャングがノードストロームの店舗を走り回り、持てるもの全てを盗むのを目撃した。カージャックは爆発的に増加し、その多くは暴力的である。大都市では殺人事件が急増している。しかし、犯罪行為で最も増加しているのは、非暴力的なホワイトカラー犯罪である。

政府のさまざまな景気刺激策から盗まれた総額は4千億ドルにものぼるかもしれないと言われている今、どれだけのアメリカ人が一線を越えて泥棒になってしまったのだろうか？

新聞やテレビは事実と異なることを報道する。FBIの高官たちは法律を破っている。誠実さを基本的な価値観として再認識することへの明確なコミットメントは、健全なアメリカを取り戻すための重要な構成要素である。

さらに、薬物中毒や過剰摂取、自殺、精神疾患、ホームレスなどの災難にもかかわらず、苦しんでいる人々の命を救うことについて熱のこもった議論をすることができないのは、世俗の世界が私たちの生活から神を追い出すことの代償に直面することを拒んでいるからにほかならない。

今こそ、この議論を真正面から行う時である。摂理、誠実さ、道徳が重要であるという古典的なアメリカ人の信念を取り戻すことができれば、何百万人ものアメリカ人はより良い生活を送ることができるだろう。

わが国における宗教の権威

アメリカにおける信教の自由は、私たちの歴史によって支持され、建国の父と国家文書によって確固たるものとされた長い伝統の一部である。

しかし、マルクスとエンゲルスの思想は私たちの国に浸透し、私たちのコミュニティに植え付けられた道徳と礼節を解体しているようだ。この国家的不道徳は、信教の自由を支援してきた私たちの歴史を否定するものだ。また、宗教的な慈善事業や学校、更生プログラムが国家に与える影響も認めていない。

アメリカには、1600年代に最初のヨーロッパ人入植者が到着したときから続く、深い国民道徳がある。

ピューリタンは敬虔なプロテスタントで、経済的繁栄と宗教的自由を求めて新大陸に渡った。ピューリタンたちは、謙虚さ、強い勤労倫理、キリストを中心としたライフスタイルを模範とした。

植民地初期の人々は、政府の権威に従うのではなく、むしろ神の権威に従った。

ジョン・ウィンスロップは、マサチューセッツ湾植民地のピューリタン指導者として12年間活躍した。その権力と指導力にもかかわらず、彼はピューリタンの仲間たちに、当初の政府が全ての権威の源ではないことを伝えた。

ウィンスロップは、「キリスト教的慈愛の模範」と題した1630年の講演で、神がこの新しい国家の指導者であると説いた。この演説は、アメリカにおいて道徳と宗教の権威がどのように優勢になるかを定義するものであった。

ウィンスロップの演説は、法律ではなく、ピューリタン同士の契約を生み出した。この契約は神の権威を認め、政府にはそれ以下の権威しか認めなかった。この契約は、ピューリタンたちに、兄弟的な互恵関係や困っている人々への支援を伴う政治的確立の機会を与えた。

この新しい共同体は神の新しい約束の地となり、将来の繁栄と成功の場所となった。

ウィンスロップはこう宣言した：

「私たちの10人が千人の敵に対抗することができるようになるとき、また、主が私たちを称賛と栄光の的とされ、人々が後世の農園について、「主がニューイングランドのような農園にしてくださるように」と言うようになるとき、私たちはイスラエルの神が私たちの中におられることを知るだろう。

私たちは丘の上の町のようになることを考えなければならない。全ての人々の目が私たちに注がれている。ですから、もし私たちが引き受けたこの仕事において、神に偽りを扱い、そうして神が現在の助けを引き離されるようなことがあれば、私たちは世に語り継がれ、揶揄されることになるでしょう。(7)」

丘の上の町？　実際、このフレーズは、神に選ばれ、自由世界のリーダーとなったアメリカの例外主義の象徴となった。

この重要なフレーズは、マタイによる福音書の「汝らは世の光である。丘の上の町は隠れることができない(8)」である。

この言葉は、共和党、民主党を問わず、歴代の大統領によって繰り返されてきた。ジョン・F・ケネディ大統領、リンドン・B・ジョンソン大統領、ロナルド・レーガン大統領、ジョージ・H・W・ブッシュ大統領は、この神のメッセージを引用して国家を鼓舞した数少ない人物である。

わが国の権威は政府に根ざしているのではなく、創造主によって私たち一人ひとりに与えられた恩恵と自由によって常に根ざしているのだ。

アメリカの国民道徳は、建国者たちが意識的に国教を導入しないことを選択したことで、より強固なものとなった。この分離は、宗教の正当性や重要性を否定するためではなかった。どの宗教も他の宗教よりも尊重されないことを認め、信教の自由を確保するためであった。

建国者たちは信仰心のない人物であり、この国における宗教の役割を否定していた、と誤解されている。しかし、建国者たちは、啓蒙思想と自然法の原則に深く心を動かされていた。

自然権は、政府の法律や慣習に左右されるものではない。各人が持つ普遍的で、固有の、譲ることのできない権利である。私たちの最も貴重な国家文書である独立宣言、憲法、権利章典は、それぞれこの基本的自然権に基づいている。

憲法修正第1条にはこうある：

「議会は、宗教の確立を尊重し、またはその自由な行使を禁止する法律を制定してはならない。また、言論、報道の自由、または人民が平和的に集会し、苦情の救済を求めて政府に請願する権利を剝奪してはならない[9]」

マディソンは1789年の第1回連邦議会を通じて権利章典を支持した[10]。マディソンのバージニア仲間や有権者の多くはバプテストであり、マディソンは宗教を保護する条項を設けるよう奨励した[11]。

アメリカは、あらゆる信仰を持つ人々を保護することで、信教の自由を守り続けてきた。憲法修正第1条は宗教に反対するものではない。宗教的迫害や国教の実施に対する抑圧から人々を解放するための声明である。憲法が宗教を国教化していないからと言って、宗教が建国の重要な要素ではなかったということにはならない。

ベンジャミン・フランクリンは、憲法制定会議が最も紛糾した時期に、祈りをもって残りの会議を招集することを提案した。彼は「長く生きれば生きるほど、神が人間の問題において支配しておられるという真実について、より説得力のある証拠を目にするようになる」と述べた[12]。

彼は続けた：

「神の協力がなければ、我々はバベルの建設者たちと同じように、この政治的建設に成功することはできないであろう。[13]」

フランクリンのメッセージは今でも真実である。

宗教は、対立や憎しみの時代に無私と犠牲を呼び起こす。制定会議での争いの瞬間は、わが国の限界点だったかもしれない。しかし、このような試練を乗り越えるために、建国者たちは神の導きを呼び起こそうと考えた。

祈りと断食のこの日は、制定会議の審議におけるターニングポイントとなった。限定された政府と強固な国民道徳が、私たちの体制が時と試練に耐えることに役立ってきた。

共産主義や社会主義は、何が正しくて何が間違っているかの唯一の決定権を政府に持たせようとする。規則、規制、抑圧の広範なネットワークを通じて、社会主義や共産主義の国々は人々に権利を与えようとする。ここでの決定的な誤解は、権利は政府から与えられるものではなく、神から与えられるものだということだ。

憲法そのものが私たちに自由を与えているわけではない。政府が自由を奪うことを防いでいるのだ。私たちの不可侵の、神から与えられた権利は、政府によって侵害されることはない。憲法の文言を見てみよう。そこには、「連邦議会は立法すべからず」と宣言するフレーズがたくさんある。

「大きな政府の社会主義者」たち（そして歴史的なアメリカの左翼たち）が誤解しているのは、

建国文書は政府の抑圧から私たちを守るためのものであって、政府の権威や威信を確立するためのものではないということだ。

共産主義や社会主義は、日常生活から信仰を排除しようとする。アメリカは依然として公認宗教を持たない国であるが、わが国が無宗教でないことは確かである。これは、専制的で抑圧的な政権の支配から私たちを守る建国文書によって支えられている。創造主は、私たちに生命と自由を授けた。アメリカの伝統に忠実であり続けるためには、政府はこの国における信仰と自由の重要性を認識しなければならない。

国民道徳とその強化者

前章で書いたように、共産主義や社会主義の政権は、道徳制度を弱め、政府を崇拝しようと積極的に試みる。これと同じ行動が、教会や宗教学校、さらには信仰に基づく組織や非営利組織に対し、憎悪的で恣意的な行動を通して示されている。他のマルクス主義運動と同様、「大きな政府の社会主義」は、信仰と道徳的制度の強さに脅かされている。

愛、優しさ、尊敬、許しといった原則は、社会主義政府を実現するために必要な憎しみに満ちた破壊的な手段を広めるためには役に立たない。今、アメリカはモラルの危機に直面している。国の道徳的風潮の変調は、わが国の建国の価値観を破壊する煽動的で危険な変化だ。宗教と家族に対するこうした攻撃は、私たちの国を結びつける接着剤を切り離すものだ。
アメリカは永続するように建設されたが、国の自由を維持するための重荷は、私たちの自然権を支え守る私たち自身の肩にかかっている。前述したように、ワシントン大統領は強い国家道徳を守ることの重要性を認識していた。

ワシントンは退任演説の中でこう述べている：

「政治的繁栄につながる全ての気質と習慣の中で、宗教と道徳は欠くことのできない支えである。人間の幸福を支えるこれらの偉大な柱や、人間や市民の義務を支える最も堅固な支柱を破壊しようと努力するような人間が、愛国心の賛辞を要求しても無駄であろう。[14]」

宗教団体の影響を破壊しようとするのではなく、宗教団体が全米の地域社会でしている善を理解すべきである。

キリスト教、そして全てのアブラハム宗教は、人間は神に似せて創造された存在であるため、価値があると教えている。神と同じく、人間にも理性が備わっている。長期的かつ複雑な思考プロセスに従事する能力こそが、私たちを他の生命体から区別するものなのだ。

私たちの意志と知性の尊さを認識することは、全ての被造物と人間に対する敬意を引き出す。社会主義や共産主義は、国民全体に不和をまき散らし、懸命に働く者が罰せられ、十分に働かない者が称賛されるシステムを助長することによって、私たちが本来持っている平等性を否定する。

神から与えられた善悪を理解する能力は、私たちが十分な情報を得た上で決断を下し、その結果を理解するよう導いてくれる。無宗教の左派は教会を攻撃し、神から権威を奪い、政府に権力を与える。そうすることで、彼らは善悪を再定義する。

何が正しくて何が間違っているかの境界線がなければ、社会主義グループは国民の道徳と礼節を排除し、国家内の有害な分裂を助長する。アメリカ人が互いを等しく創造された、等しく価値のある人間として見ることができなくなると、政府が道徳的権威の源となる。

左派の人々は宗教の影響を否定してきた。しかし、2021年にはアメリカ人の75%以上が宗教的信仰を持つと回答した。[15] そのうち69%がキリスト教、7%がイスラム教やユダヤ教など非キリスト教徒であった。[16]

左派は宗教を古臭く時代遅れのものとして描いてきた。しかし、アメリカ人の大多数は宗教的であり、日常生活における宗教の重要性を認識している。ギャラップ社の世論調査によれば、アメリカ人の76%が、宗教は自分たちの生活において「非常に」あるいは「けっこう」重要であると答えている。

2021年のピューリサーチの調査によると、パンデミックは多くの家庭で宗教的信仰を強め、家族の絆を深めたと報告されている。[17] ピューによると、多くのアメリカ人がパンデミックを受けて個人的な信仰が強まったと報告し、35%のアメリカ人がパンデミックは神からの1つ以上の教訓をもたらしたと答えた。[18]

病気、経済封鎖、国家的不安定に直面し、この困難な時期に、より多くの人々が、道徳的な情報に基づいた指針を教会コミュニティに求めている。連邦、州、地方のガイドラインが複雑化し、誤った情報を提供するようになるにつれ、多くの人々が政府の方向性に苛立ち、混乱するようになった。

これは、国民に情報を与え、団結させる宗教の必要性と信頼性を再確立する機会をもたらした。縦断的な研究によると、人々が危機を経験した後、宗教的信仰が高まることが示されている。[19]

対面での宗教行事が制限されたにもかかわらず、アメリカ人は教会に安らぎを見出していた。宗教的実践は、現代の深刻な社会的・政治的課題に対処するためのツールとなりうる。アメリカには、さまざまな信徒や宗教団体が存在する。スピリチュアリティやコミュニティを高めるだけでなく、教会は経済成長や個人の更生も促進している。

２０１６年には、宗教団体はアメリカの経済と社会に毎年1・2兆ドル貢献していると推定されている。[20]２０１８年に行われた全米信徒調査(National Congregations Study)の調査によると、全米には推定38万もの宗教関係者がいることがわかった。[21]

全米の教会では、施設や建物の運営、宣教、慈善事業を監督する数十万人のスタッフが働いており、道徳的な方向性を示し、コミュニティを豊かにする源となっている。[22]宗教団体は、米国政府にはできない方法で、地域社会の確立と強化に貢献してきた。肥大化した官僚的システムがない中で、宗教的な集会は、さまざまな形で困窮している個人や家族を効果的に援助している。

宗教団体は、毎年７５０万人のボランティアを調整し、１５０万件の社会プログラムを運営している。(23) これらのプログラムは、アルコールや薬物乱用、精神疾患、HIV/AIDSに苦しむ人々や、負傷、PTSD、ホームレスに苦しむ退役軍人に、個別に効果的な治療を提供している。

宗教団体の慈善活動は、地域社会が直面する問題を短期的に救済するだけではない。宗教団体が提供するサービスは、地域社会が時間をかけて自らを修復する機会を提供する。

例えば、メリーランド州のマウント・レバノン・バプティスト教会。米国で最もHIV/AIDSの診断率が高い地域の一つにあるマウント・レバノン・バプティスト教会は、影響下にある人々に無料で秘密厳守の検査と支援を提供している。(24)

ニューヨーク州クイーンズにあるアフリカン・メソジスト・エピスコパル教会は、失業者の地元での仕事探しを支援することで、地域の失業に対処している。(25) グレーター・アレン・アフリカン・メソジスト・エピスコパル教会は、雇用訓練の機会を提供し、履歴書作成と面接訓練のワークショップを開催している。(26) グレーター・アレンAME教会では現在、Zoomを利用して、経済力の向上と人間関係の構築に関するワークショップを開催している。(27)

この教会は、人々が逆境を克服できるような変化を促進することで、地域社会に永続的な影響をもたらしている。教会を拠点とするプログラムは、家族が困難を乗り越えられるよう支援している。現在、子育て支援に焦点を当てた宗教運営のプログラムや、結婚生活の改善に焦点を当てたプログラムがある。(28)

社会主義者や共産主義者が宗教団体の力を破壊しようとする一方で、これらの団体は地域社会で繁栄し、指導やカウンセリングを必要としている個人や家族を支援している。

絆の強化

アメリカ人は国の価値観を強化するために、教会の教えのような道徳体系を必要としている。尊敬、権利、自由、平等は全て教会の主要な教えである。

「大きな政府の社会主義者」は宗教を攻撃している。アメリカは兄弟愛の上に築かれた国であるにもかかわらず、ますます多くの人々が、自分自身を家族、地域社会、文化、国の一員としてではなく、個人として見るようになっている。

アメリカ社会の独身化が進み、わが国における家族の基本的重要性が軽視されている。家族は、次世代のアメリカ人を教育し、市民としての自覚を植え付けるという意味で、社会にとって不可欠な構成要素である。

民主主義は食卓を囲むことから始まる。そのため、家族はわが国の機能にとって必要不可欠な要素なのである。強い人間関係とコミュニティは、個人の成功を助け、将来の世代が成功するための手段を提供する。しかし、アメリカの人間関係における最近の傾向は、このパターンの継承を妨げている。

ピューリサーチ研究所の調査によると、成人の約40%が結婚していない、またはパートナーと同居していないことがわかった(29)。成人の結婚率の低下は、わが国全体の健康にも影響を及ぼしている。結婚している両親のもとで育った子供は、学校での成績が良く、その後の人生で役立つスキルを身につける可能性が高いことを多くの研究が示している。[30]

家族は社会を強化し、安定させるのに役立つが、家族、伝統、文化とのつながりがあれば、社会主義や共産主義のイデオロギーは繁栄しない。

ピューリサーチの報告によると、「未婚者」（未婚でパートナーと同居していないことを意味する）は、パートナーと同居している成人に比べて収入が低く、雇用されている可能性が低く、学歴も低い。[31] こうした要因が、アメリカ人の夢の実現を妨げている。困窮と絶望に陥ってしまうと、人々は戦うことをやめ、諦めてしまう。

結婚と家庭は自由社会の基盤である。結婚と家族の崩壊や遅延は自由を脅かす。

信仰・労働・経済研究所は次のように書いている：

「家族は道徳と人格形成の主要な制度であり、社会は政治秩序の最小単位として家族を守らなければならない」[32]

この政治秩序の小さな単位は、国家を守り、維持するための第一歩である。アメリカ人は、自由で充実した幸せな生活を続けるための手段として、家族の重要性を認識しなければならない。

アメリカのシステムは、国民に市民性と気品を要求する。しかし、傲慢と非道徳の文化が、私たちの国民性を傷つけている。左派によって作られた深く分裂した派閥は、私たちの違いが団結のための道具としてではなく、分裂のための道具として使われる文化を促進した。

同胞愛は、全ての人間が平等に、神の似姿に似せて創造されたことを認識することから始まる。一人ひとりの人間性を認めないことは、憎しみと分裂の文化がわが国全体に広がることを許す。

市民性はアメリカの象徴の多くを包含している。政府における市民性研究所はこう書いている：

「礼儀正しさは必要な第一歩ではあるが、市民性とは単なる礼儀正しさではない。市民性とは、無礼なく意見をぶつけ、対話の出発点として相違点の中に共通点を求め、先入観にとらわれずに耳を傾け、他の人にも同じようにするよう教えることである。

市民性とは、根深く激しい意見の相違がある相手であっても、その場に居続けるという困難な作業である。それは、市民的行動に必要な前提条件であるという意味で、政治的なものである。そして、全ての人の声が届き、誰も無視されることのないように、対人関係のパワーを折衝するという意味でも、政治的なものだと言えよう。[33]」

市民性を重んじることで、アメリカは他者への敬意、適切な公的行動、自己規制を体現する例外的な国家となる。[34] 市民性は友人や家族から始まり、道行く見知らぬ人にも及ぶ。

ワシントン大統領の『社会や会話における市民性と品行に関する110の規則』は、次のように主張している：

「他人との社交で行われる全ての行為は、その場にいる人たちに対して何らかの敬意を示すものであるべきである。[35]」

公共の場での振る舞いとしての市民性とは、初対面の人に対する態度をどのように管理するかということである。

今、私たちは(人種、政治、プロフィールの写真などに基づいて)他人を瞬時に判断する社会に生きており、見知らぬ人に対する市民性はほとんど失われている。このような瞬時の判断が、わが国を実際以上に分断しているように感じさせている。

市民性とは、地域社会のために私利私欲を抑えることである。私たちは、地域社会や国全体を気遣う市民としての義務があることを忘れてはならない。市民性は、私たちの相互作用のそれぞれにおいて異なって見えるかもしれない。

しかし、最も重要なことは、私たち全員が人に対する気遣いと敬意を体現することだ。市民性は、最も偏った時代であっても、アメリカ人一人ひとりが社会的協調のために実行するよう求められている美徳なのである。(36)

市民性は、「大きな政府の社会主義者」が抑圧とキャンセル・カルチャーを推進する社会で、妥協と尊敬を促進する。(37)

今こそ、アメリカには、私たちを分断するよりも団結させることができるものがもっとあることを知る時なのだ。

重要なのは、市民性は政府ではなく個人から始まるということだ。自分たちの地域社会が分裂しているのに、どうして国家が統一されたように見えるというのであろうか。お互いを尊重することから始めなければ、アメリカは市民性を守ることはできない。

今日の文化は、市民性の重要な原則である「無礼なくして意見を異にする」ことを拒絶している。

アメリカの建国者たちは、歴史上最も論争が多かった時代に建国文書を書いた。建国者たちは国家を創り上げる一方で、反対派による挫折や懸念に直面したが、国家の発展を阻害することなく意見の相違を学ぶことができた。

ジョン・アダムズとトーマス・ジェファーソンの対立は、この若い国家を混乱に陥れたかもしれない。しかし、彼らは国の発展を妨げることなく、意見の相違を学ぶことができた。

歴史を通じて、超党派の友情は国を強くしてきた。しかし、多くの政治家は、通路を隔てた相手が単なる友人であることを忘れている。ナンシー・ペロシ政権下の議会文化は有害だ。ペロシが作り上げた環境は、共通基盤での解決を求める代わりに、議員間の膠着と機能不全を煽動している。彼女の秘密主義的で利己的な取引は、一般的なアメリカ人の役には立たない。「大きな政府の社会主義」のアジェンダに貢献しようとしているだけだ。

私が議長を務めていた頃、しばしば超党派の支持を得て法案を可決した。これは、私たちがどの党に属していようと、最終的にはアメリカ国民を大事にしていることを示していた。ペロシの下では、このようなことは不可能だ。

「アメリカとの契約」は、市民性を重んじることで達成できる大きな進歩を示した。民主党のビル・クリントン大統領と協力する中で、多くの下院民主党議員を説得し、私たちとともに投票し、党派的な提案だけでなく、アメリカ的な解決策に投票するよう求めた。

市民性とは、より大きな利益を達成するために、自分たちを分断しているものを見過ごすことを意味する。超党派の友情は、たとえ争いの多い時代であっても、わが国における市民性の重要性を示している。

ロナルド・レーガン大統領とティップ・オニール下院議長は、一貫して互いの政治的見解に反対していた。しかし2人は、尊敬と国のために尽くすというコミットメントに基づいて友情を育んだ。[38]

故アントニン・スカリア最高裁判事とルース・バーダー・ギンズバーグ最高裁判事は、法廷に在職中、親密な友情を分かち合った。ギンズバーグとスカリアの司法哲学はこれ以上ないほど異なっていたが、彼らは遠慮なく意見を交わし、司法制度を損なうことなく法を解釈し続けた。来る日も来る日も、2人は全く異なる哲学を持ちながらも、互いの素晴らしさに尊敬の念を抱いていた。[39]

2021年のアメリカン・エンタープライズ公共政策研究所の調査によると、成人の15%が政治をめぐって友人関係を解消している。[40] 健全な民主主義のためには、対話に参加することが不可欠だが、今アメリカ人は、意見の相違を乗り越えてコミュニケーションを図るのではなく、政敵との関係を断ち切ることを選んでいる。

今現在、誰かが他の人と意見が合わないと、ＳＮＳに投稿し、その人を社会からキャンセル

(=失墜、抹消)させる。これは意見の相違ではなく弾圧だ。

私たちは、礼儀正しくあることの意味を学び直す必要がある。他人を憎んだり、事実と異なる発言をする前に、共通の土台を復活させなければならない。

問題は「大きな政府の社会主義者」たちが、アメリカ人の間に共通の基盤があることを認めようとしないことだ。怒りっぽい声の大きい少数派が、進歩を達成するために団結できる大多数のアメリカ人を代表していると誤って見られている。

アメリカ人は、一般的な考えに反対する勇気をもって発言する人々の考えや自由を抑圧することなく、問題を議論できるようになる必要がある。

国民全体が同じことに同意し、同じことを信じるように説得されることはなかったはずなのに、社会主義的な思想家たちは、社会の全構成員に唯一の視点を押し付けることを目指している。

アメリカは市民性と気品の原則の上に建国された。これらの理想は、個人や地域社会で守られるべきものだ。地域社会は、キャンセル・カルチャーが支配する世界を変える触媒となりうる。

アメリカは、宗教、家族、社会、法律によって強化された国である。政府の抑圧から逃れ、神から与えられた自由の恵みを分かち合い、創設者たちによって創られた弾力的なシステムの中で繁栄することを意図された国なのだ。

アメリカは市民的な議論、言論の自由、そして優しさを支持している。しかし、時代が進むにつれて、これらのものは淘汰されてきたように思える。こうした違いを克服する唯一の解決策は、他者の人間性と恵みを認めることだ。

傲慢と非道徳の文化と闘うということは、全ての人が神の似姿に似せて造られていることを認めるということである。言論の自由とアメリカ人としての使命は、それにかかっている。

まとめ

執念の愛国心

「大きな政府の社会主義」を打ち負かすのは困難な仕事である。

社会主義は1960年代以降、アメリカの左派の中で政治神学として発展し、力をつけてきた。この時点で、その弟子たちがエリート、メディア、アカデミック・クラスの大半を占めている。彼らは権力を持つことに慣れており、黙ってそれを手放すことはないであろう。

しかし、アメリカの歴史は終わりなき執念の歴史であった。原野を切り開くことは、試行錯誤の絶え間ない学習過程であった。歴史上最も裕福で技術先進国を作り上げたのも、絶え間ない執念の結果である。粘り強さがなければ、重要なことは何一つ成し遂げられない。

私は当選するまでに3回も下院議員選挙に出馬しなければならなかったので、粘り強さの重要性については偏見があるかもしれない。1974年のウォーターゲート事件と1976年のジョージア州知事ジミー・カーターが民主党を率いた選挙では落選した。そして1978年にようやく当選した。それは5年間のプロジェクトだった（チュレーン大学でヨーロッパ史の博士号を取得するのにかかった期間とほぼ同じ）。

下院議員になったとき、下院共和党指導部に、下院共和党は24年間も少数派だったのだから、多数派になるための計画を立てるのがよいだろうと提案した。彼らは提案を受け入れ、全国共和党議会委員会の一部として多数派になるための計画委員会を作った。そして、まだ宣誓していない（1978年12月のことだ）私に委員長を依頼した。その後、1980年から1992年まで7回にわたって敗北キャンペーンを繰り広げ、1994年に「アメリカとの契約」でついに勝利を収めることになるとは、知る由もなかった。

その16年間の努力の結果、私たちは活動家メンバー全員に「陽気な粘り強さ」というコンセプトを教えることになった。

ギングリッチ360では、現在もこれを経営理念として掲げている。多数派を獲得するには長期にわたる粘り強い努力が必要であり、その粘り強い努力の間、明るくいることが、より多くの人々を党に惹きつけ、敗北や挫折の時期における怒りや対立を最小限に抑える唯一の方法であると主張した。

粘り強さはアメリカ人にとって新しい特徴ではない。独立を勝ち取るために、アメリカ人は世界で最も強力な帝国との8年にわたる戦争に粘り強く立ち向かった。入植者の3分の1が英国政府を支持する忠誠者であり、さらに3分の1は中立を保ち、関与を避けようとしたことを考えれば、独立と自由のために反乱を起こし戦った3分の1の決意と意志の強さは、さらに印象的なものとなる。

リンカーンは、朝鮮戦争までの全てのアメリカの戦争を合わせたよりも、多くの死者を出した凄惨な内戦に耐えなければならなかった。当初、弱い（或いは悪い）将軍たちがいて、その中には北軍の勝利を望まない者もいた。どの町や村でもおびただしい数の若者を失っていたにもかかわらず、彼は北部を結束させ、連邦を救う決意を固め続けなければならなかった。

リンカーンは、敵対的な、時には悪質な新聞社の攻撃や、ホワイトハウスの家具を購入するための妻の出費に対する議会からの攻撃、ニューヨーク市で何日も続いた徴兵反対暴動（ゲティスバーグの戦いに勝利したばかりの軍隊が、暴動を鎮圧するために我が国最大の都市に送り込まれた）などに耐えなければならなかった。

このような状況下でも、彼は粘り強かっただけでなく、和解の精神を強く持ち続け、驚くほど寛大で精神的な第2回就任演説を行った。その後、彼は暗殺された。粘り強さがなければ、自由なアメリカもない。粘り強さがなければ、救われたアメリカ連合もない。粘り強さの原則は、アメリカ生活の他の側面にも当てはまる。

前にも述べたように、トーマス・エジソンは電球に適した材料を見つけるために千回以上の努力を重ねた。彼はかつて助手にこう言った：

「失敗はしていない。何千もの潜在的な材料を排除することに成功したのだ。」

ヘンリー・フォードは、ヨーロッパよりも一世代早く、価格を下げ、事実上全てのアメリカ人に自動車を普及させることができる大量生産車を作るために、何年も苦労した。

ライト兄弟は毎年ノースカロライナ州キティホークに通い続け、500回もの飛行に挑戦した(1回あたり約1ドル)。

彼らは鳥を研究し何度も飛行機を改造し、そして1903年12月17日ついに初飛行に成功した。彼らがキティホークを選んだのは、アメリカのどの場所よりも海からの上昇気流が安定していたからだ(アメリカ気象局からの情報提供によるもので、彼らの成功に政府が貢献したのはこれだけだった)。

ライト兄弟の初飛行は、ボーイング747の翼幅よりも短かった。下り坂で速度が遅かったため、飛行機がひっくり返ってパイロットが死なないように、兄弟の一人が飛行機と並走したほどだった。その4年後、ライト兄弟はマンハッタン島の周囲を飛行し、100万人以上の人々が初めて飛行機を目にした。最初の飛行でコンセプトが機能することが証明されると、技術の進歩は加速した。

プロゴルファーになろうが、偉大なバレリーナになろうが、一流の外科医になろうが、ビジネスを一代で成功しようが、専業作家になろうが、粘り強さは必要であり、避けられない。それはまた、この国を「大きな政府の社会主義」から救うためにも必要なことなのだ。

何を生業としているかは関係なく、成し遂げる価値のあるものには粘り強さが必要であることを、毎日自分自身とチームに思い出させる。チームには問題ではなく、挑戦や機会を考えるように指導をする。仕事と粘り強さが成功の核心であることを、チームと自分自身に受け入れさせる。提案に対して、「いや、それはできない、なぜなら…」ではなく、「そうだ、もしできるなら…」と答えることを全員に教える。そうすれば創造性と生産性の差は驚くほど大きくなる。そして粘り強い人を評価し、励まし、報いるのだ。

アメリカの歴史において、2番目に重要な不変のものは愛国心である。危険な世界を生き抜くには、その集団の成功と安全が自らの成功と安全に結びつくという強いアイデンティティと意志が必要だ。アメリカは発明された国であり、あらゆる文化圏の誰もがアメリカ人になれるので、愛国心を養う必要性は特に強い。

建国の父たちは、大西洋岸の端に位置する新しい国が危険な世界で生き残るためには、強いアイデンティティと愛国心を築かなければならないことを知っていた。イギリス、フランス、スペインといった国々は、新しいアメリカ共和国よりもはるかに豊かで強力だった。

さらに、強大なヨーロッパ諸国は皆、アメリカの自由共和国の成功が、自国の貴族的権力体制にもたらす危険を懸念していた。フランス革命家が国王を打倒したときでさえ、彼らはアメリカをヨーロッパの権力闘争の駒としか見ていなかった。

ベンジャミン・フランクリンは、この愛国心の重要性の精神を捉えてこう言った：

「我々は全員で団結しなければならない。さもないと、我々は全員間違いなく別々に吊るされる。」

アメリカの最初の数十年間を通じて、新政権を操り、その政府を転覆させ、どちらかの側に味方するようにしようという努力が絶え間なく行われた。

ジョージ・ワシントン大統領が『退任演説』の中で、外国との関わり合いに警告を発したのは、こうした絶え間ない破壊工作に対抗するためだった。彼は、新しい国家がヨーロッパの戦争に巻き込まれないように注意しなければならないことを知っていた。

アメリカ人であることを認識する必要性は、歴史と地理によってさらに高まった。歴史的に、アメリカ人は自分たちを植民地主義者だと考えていた。独立について考え始めたとき、彼らは自分たちの国家と同一視する傾向があった。

西部の人々は、東部との間に大きな共通の利害関係があるとは考えていなかった。そのため、ワシントンの最初の任期の初期には、ペンシルベニア西部の農民がウイスキー税の支払いを拒否したことから、ウイスキー税反乱が起こった。ワシントンは民兵の大軍を召集し、農民たちが引き下がるまで自ら指揮を執る計画で、国民的団結を押し付けた。

第3代副大統領のアーロン・バーは、当時の合衆国西部（西部とはミシシッピ川流域のことで、ジェファーソンはまだナポレオンからルイジアナ購入権を買い取っていなかった）をバラバラにする反逆に手を染めていた。

西部の人々は、侵入してくる入植者たちに対して絶え間なく戦火を交えるネイティブ・アメリカンを英国が支援することを心配した。ニューイングランド人はイギリスやカリブ海諸国との貿易を心配した。南部の人々は、奴隷制度を守り、綿花を海外に売ることを心配した。中間の州は製造業と銀行業を心配した。

国民の団結を心配し、アメリカが様々な利害の対立によって引き離されないようにするためには、多くの正当な理由があった。

わが国の3つの大きな戦争（南北戦争、第一次世界大戦、第二次世界大戦）では、それぞれの大統領（リンカーン、ウッドロー・ウィルソン、フランクリン・デラノ・ルーズベルト）が、アメリカ国民（リンカーンの場合は連邦）が一致団結して戦争を支持するよう、深い決意をもって取り組んだ。

この3つのケース全てにおいて、大統領は、相手が戦争を避けられなくなるまで、ゆっくりと慎重に動き、アメリカ国民の大多数を納得させた。

南北戦争という血で血を洗う坩堝の中で育まれた北部の愛国心の深さは、エドワード・エヴェレット・ヘイルが1863年12月に発表した短編小説『国なき男』に収められている。これは、元副大統領のバーとともに反逆罪で裁かれた男の物語である。独善的な怒りの瞬間、男は法廷で叫んだ：

「もう二度とアメリカという国を聞きたくない！」有罪判決を受けると、裁判官は彼に残りの人生をアメリカの艦艇で過ごすよう宣告する。様々な船での長い生活の中で、彼は完全な愛国者となり、アメリカに関するあらゆるニュースを集めるようになる。

『国なき男』はその時代のムードを捉え、熱狂的な人気を博した。連邦を維持するための残酷な人的犠牲を考えれば、何百万もの人々が愛国心を信じ、愛国心のない人々を非難したいと願ったのである。

1930年代、下院非米活動委員会は、アメリカの結束を弱めようとするナチスの活動を阻止するために作られた。

第二次世界大戦後は共産主義への懸念で有名になるが、この委員会はナチス・ドイツからもたらされた真の破壊活動に対処するために発足した。冷戦時代には、アメリカの愛国心を最大限に高め、ソ連とその共産主義同盟国がアメリカの愛国心に浸透し、それを損なうことを困難にするための絶え間ない努力があった。

今の時代で最も憂慮すべきことの一つは、愛国心に対する冒瀆である(国歌斉唱時に起立せず膝をつく、忠誠の誓いを拒否する、オリンピックでアメリカ国旗を持つことを拒否する選手たち)。さらに憂慮すべきは、多くの大企業や億万長者が、アメリカの愛国心よりも中国の利益を優先していることだろう。

もし米国が一つの国家であることへの愛国的なコミットメントを失えば、敵が過激なマルクス主義派を操り、助成金を与えて、我が国をバラバラにし無力にする危険がある。

レーガン大統領は、1930年代に最後の米陸軍予備役騎兵部隊に所属し、その後第二次世界大戦に従軍した。彼は1947年からソ連が崩壊し消滅するまで、共産主義とソ連との戦いに深く関わった。彼は、見識ある教育された愛国心の重要性を深く感じていた。

レーガンは1989年の退任演説で、愛国心教育に焦点を当てた:

「最後に、大統領がお別れのスピーチで警告を発するという伝統がある。以前から気になっていたことがある。しかし、奇妙なことに、それは私が過去8年間で最も誇りに思うことの一つから始まる。このような国民的感情は良いものだが、思慮深さと知識に裏打ちされたものでなければ、大した意味を持たないし、長続きもしないだろう。見識ある愛国心こそ、私たちが望むものだ。子供たちに、アメリカとは何か、世界の長い歴史の中でアメリカを象徴するものは何かを十分に教えているだろうか？35歳以上の人々は、異なるアメリカで育った。私たちは、アメリカ人であることが何を意味するのかを、直接的に教えられた。

祖国愛とその制度に対する感謝の念を、ほとんど空気のように吸収した。家族から教わらなくても、近所の人たちや、韓国で戦った近所のお父さんや、アンツィオで戦死した家族から教えられた。あるいは学校から愛国心を学ぶこともできた。そして、彼らから学ばなかったとしても、大衆文化から学んだのだ。映画は民主的な価値観を賛美し、アメリカは特別だという考えを暗黙のうちに補強した。テレビも60年代半ばまではそうだった。

しかし、90年代に入ろうとしている今、幾つかのことが変わった。若い親たちは、アメリカへの感謝が現代の子供たちに教えるべきことなのかどうか確信が持てない。また、大衆文化を創造する人々にとって、確固たる愛国主義はもはや流行ではない。

私たちの精神は戻ってきたが、愛国心を復権させたわけではない。アメリカとは自由であることをもっとうまく伝えなければならない。言論の自由、宗教の自由、企業の自由。自由は特別で希少なものだ。壊れやすく、保護が必要だ。

だから私たちは、流行のものではなく、なぜピルグリムがここに来たのか、ジミー・ドリトルとは誰なのか、映画・東京上空30秒にどんな意味があったのかなど、重要なことに基づいて歴史を教えなければならない。

リサ・ザナッタ・ヘンと名乗った彼女は、「ノルマンディーの少年たちがしたことを、私たちはいつまでも忘れない、決して忘れない」と言った。では、彼女が約束を守るのを手伝おう。自分たちがしたことを忘れてしまったら、自分たちが何者なのかもわからなくなってしまう。私が警告しているのは、アメリカの記憶の根絶であり、最終的にはアメリカン・スピリットの侵食につながりかねないということだ。まずは基本的なことから始めよう。アメリカの歴史にもっと目を向け、愛想をもっと重視することだ。(1)」

レーガンは正しかった。そして一世代を経た今、見識ある賢明な愛国心を維持するという課題は、かつてないほど大きなものとなっている。

日常生活において、私たちは愛国心を養い育てる絶対的な義務がある。私たちは国歌斉唱に起立し、あらゆる象徴的な行事で国歌斉唱を奨励すべきである。忠誠を誓うことを奨励すべきである。私たちは、学校が政治的な動機を論説することなく、アメリカの歴史を正確に教えるよう主張すべきである。海外からも国内からも、命をかけて国を守る人々を称え、励ますべきである。家族や近隣から教育委員会、地方自治体、州政府、連邦政府に至るまで、愛国的な共同体の精神を奨励すべきである。

愛国心を否定し、弱体化させ、否認する報道機関や学界の人々と戦うべきだ。あらゆるレベルで政府の責任を追及し、非国民的な規則や規制を撤廃すべきである。必要であれば、愛国心を損ない、弱めようとする政府高官（任命されたもの、選挙で選ばれたもの）を排除すべきである。

本書で私は、「大きな政府の社会主義」が、私たちの生存のために打ち破らなければならない、私たちの国としての未来への脅威であることを説明しようとした。歴史から私たちが取り入れることのできる例を挙げ、この取り組みに適用しようとした。しかし、これらの考えを実行に移す前に、私たちは粘り強く愛国心を持ち続けることを約束しなければならない。

もし私たちが祖国を愛さず、祖国を育み、強化する献身を欠くならば、救うに値するアメリカの未来はないだろう。

謝辞

『大きな政府の社会主義を打ち破れ！』の執筆には、多大な思考と協力が必要だった。大きな政府の社会主義の何が問題なのかをモデルとして説明するだけでは不十分だった。アメリカを再び軌道に乗せるために、私たちは政策の枠組みと、アメリカのシステムを蝕み、腐敗させることを許してきた途方もなく広範な問題を解決するために適用できる原則の強固な基盤を開発しなければならなかった。

また、米国が中国という台頭しつつある競合や、ロシア、イラン、北朝鮮、ベネズエラ、キューバといった二次的な対外課題に直面している世界において、これらの原則を適用することについても考えなければならなかった。

アメリカの原則に基づいたアメリカの解決策を提案し、アメリカを再び世界で最もダイナミックで、起業家精神に溢れ、繁栄し、自由で安全な国にするチャンスを与えなければならなかった。本書の課題を克服することができたのは、このプロジェクトを一歩一歩支えてくれた並外れた人々のおかげである。彼らの助言、研究、分析なくして本書の完成はあり得なかった。ギングリッチ360の社長兼CEOとして、また私の妻として、この試みを通して私を支え、励ましてくれたカリスタに感謝する。

私の娘たち、キャシー・ラバーズとジャッキー・クッシュマンに感謝する。キャシーは素晴らしい本のエージェントであり、代理人であり、ジャッキーは毎週のコラムでアイデアやコンセプトを形にしてくれた。

ギングリッチ360のチームに感謝する。彼らなしには、本書を作り上げるための広範なリサーチとアイデアをまとめることはできなかっただろう。

ルイ・ブログドンは、このプロジェクトのコーディネートと開発を率先して行った。彼とともに、外交問題の専門知識をもたらしたクレア・クリステンセン、そしてアメリカのヘルスケアに関する知識をもたらしたジョー・デサンティス。また、レイチェル・ピーターソンの精力的で比類のないリサーチにも感謝しなければならない。

チームの努力を指揮してくれたベス・ケリー、私たちの多くのコミットメントを管理・組織してくれたウディ・ヘイルズ、財務上の焦点と優先順位を明確にしてくれたテイラー・スウィンドル、そしてギングリッチ360のほぼすべての面でリーダーシップを発揮し、サポートしてくれたレベッカ・ハウエルに感謝する。

私のポッドキャスト「ニュートの世界」のプロデューサー、ガーンジー・スローンに感謝する。彼女の仕事を通じて、私たちのリーチと影響力は増大した。

ギングリッチ360のウェブサイトとソーシャルメディアを専門的に管理してくれたアレン・シルキンに感謝する。また、数え切れないほどの貢献をしてくれたジェシカ・ジェイコブス、徹底的なリサーチをしてくれたフェイス・ノヴァクとハジク・アザムという勇敢なインターン・チームにも感謝する。

1976年以来の親友であり、貴重な見識と助言を与えてくれたランディ・エヴァンス、そしてこのプロジェクトに多大な貢献をしてくれた友人であり弁護士のステファン・パッサンティーノに感謝する。

『大きな政府の社会主義を打ち破れ！』のもうひとつの主要な貢献者には、アメリカン・マジョリティ・プロジェクトに携わるすべての人々が含まれる。

このプロジェクトは、全米の人口統計を理解し、アメリカ人の多くが保守的な価値観や理想を信頼していることを証明しようと努めている。

1994年に私とともに「アメリカとの契約」を作成したジョー・ゲイロードは、このプロジェクトを成功させるために、政治と世論に関する比類なき理解を提供してくれた。

また、アメリカン・マジョリティ・プロジェクトの世論調査と調査を完璧に調整し、実行してくれたMcLaughlin & Associatesのジョン・マクラフリン、スチュアート・ポーク、ブライアン・ラーキンに感謝したい。

健康と医療に関する初期の研究の多くは、ウィンストン・グループのデイブ・ウィンストンとマイラ・ミラーによって開発された。

バーニー・マーカスとスティーブ・ハンダーには深い感謝の念を抱いている。彼らは2017年に私に、現在の膠着状態を打破し、アメリカが生き残るために必要な戦略的変化を開発・実行できる安定した統治多数派を育て始めることができるような、十分な多数派をアメリカ国民の間で見つけ出そうというコンセプトを持ちかけてきた。

私の考えを形成するのに役立った多くの友人やオブザーバーの中で、特にベン・ドメネク、ヴィンス・ヘイリー、ロス・ワーシントン、リンダ・マクラフリン、ショーン・ハニティ、ハーマン・ピルヒナー、クリフ・メイ、ブルック・ロリンズ、スクーター・リビー、クリス・デマス、エド・フルナー（1980年にヘリテージ財団で「リーダーシップのためのマンデート」を開発したことは歴史的であり、私が行っていることの多くのモデルとなった）を挙げなければならない。

多数派を作ろうとしながらも、新しいアイデアに対してオープンであった点では、ロナ・ロムニー・マクダニエル、リック・スコット上院議員、ケビン・マッカーシー下院共和党党首も挙げなければならない。

最後に、このプロジェクトに精力的に取り組んでくれたアシェット・ブック・グループの出版社デイジー・ハットンと編集者アレックス・パパスに感謝する。

この素晴らしいチームのおかげで、『大きな政府の社会主義を打ち破れ！』は実現した。

Partner," Pew Research Center, Social & Demographic Trends Project, February 3, 2022, https://www.pewresearch.org/social-trends/2021/10/05/rising-share-of-u-s-adults-are-living-without-a-spouse-or-partner/.

30. Kimberly Howard and Richard V. Reeves, "The Marriage Effect: Money or Parenting," Brookings Institution, September 4, 2014, https://www.brookings.edu/research/the-marriage-effect-money-or-parenting/.
31. Richard Fry and Kim Parker, "Rising Share of U.S. Adults Are Living without a Spouse or Partner," Pew Research Center, Social & Demographic Trends Project, February 3, 2022, https://www.pewresearch.org/social-trends/2021/10/05/rising-share-of-u-s-adults-are-living-without-a-spouse-or-partner/.
32. Hugh Whelchel, "Why America's Freedom Depends on the Morality of America's People," Institute for Faith, Work & Economics, February 5, 2018, https://tifwe.org/america-freedom-morality-people/.
33. "What Is Civility?" Institute for Civility in Government, February 18, 2016, https://www.instituteforcivility.org/who-we-are/what-is-civility/.
34. "Policy," Centre for Independent Studies, accessed March 11, 2022, https:// www.cis.org.au/app/uploads/2015/04/images/stories/policy-magazine/2002-spring/2002-18-3-nicole-billante-peter-saunders.pdf.
35. "The Rules of Civility," George Washington's Mount Vernon, accessed March 11, 2022, https://www.mountvernon.org/george-washington/rules-of-civility.
36. "Policy," Centre for Independent Studies, accessed March 11, 2022, https:// www.cis.org.au/app/uploads/2015/04/images/stories/policy-magazine/2002-spring/2002-18-3-nicole-billante-peter-saunders.pdf.
37. 同上
38. Grace Panetta, "These 11 Political Friendships Proved Party Lines Don't Have to Divide Americans," Business Insider, February 3, 2021. https:// www.businessinsider.com/nine-famous-political-friendships-transcend-party-lines-2018-11.
39. 同上
40. Daniel A. Cox, "The State of American Friendship: Change, Challenges, and Loss," Survey Center on American Life, July 20, 2021, https://www.americansurveycenter.org/research/the-state-of-american-friendship-change-challenges-and-loss/.

まとめ：

1. Ronald Reagan, "Farewell Address to the Nation," accessed March 11, 2022, https://www.reaganlibrary.gov/archives/speech/farewell-address-nation.

6. "Founders Online: To George Washington from Thomas Jefferson, 4 January 1786," National Archives and Records Administration, accessed March 11, 2022, https://founders.archives.gov/documents/Washington/04-03-02-0419.
7. The Winthrop Society: Descendants of the Great Migration, accessed March 11, 2022, https://www.winthropsociecy.com/doc_charity.php.
8. Matthew 5:14: "You are the light of the world. A city on a hill cannot be hidden," accessed March 11, 2022, https://biblehub.com/matthew/5-14.htm.
9. "First Amendment," Legal Information Institute, accessed March 11, 2022, https://www.law.cornell.edu/constitution/first_amendment.
10. Benjamin Franklin, James Madison, George Washington, John Adams, John Leland, and Alexander Hamilton, "Religion and the Founding of the American Republic Religion and the Federal Government, Part 1," Library of Congress, June 4, 1998, https://www.loc.gov/exhibits/religion/rel06.
11. 同上
12. 同上
13. 同上
14. George Washington, "Farewell Address 1796," accessed April 4, 2022, https:// avalon.law.yale.edu/18th_century/washing.asp.
15. Jeffrey M. Jones, "How Religious Are Americans?" Gallup, December 27, 2021, https://news.gallup.com/poll/358364/religious-americans.aspx.
16. 同上
17."How Covid-19 Has Strengthened Religious Faith," Pew Research Center, Religion & Public Life Project, January 29, 2021, https://www.pewforum.org/2021/01/27/more-americans-than-people-in-other-advanced-economies-say-covid-19-has-strengthened-religious-faith/.
18. 同上
19. 同上
20. "The Socio-Economic Contributions of Religion co American Society: An Empirical Analysis," accessed March 11, 2022, https://religiousfreedomandbusiness.org/wp-content/uploads/2020/04/1.2-crillion-US-Religious-Economy-2-page-summary.pdf.
21. 同上
22. 同上
23. 同上
24. 同上
25. 同上
26. 同上
27. 同上
28. 同上
29. Richard Fry and Kim Parker, "Rising Share of U.S. Adults Are Living without a Spouse or

declaration-transcript.
22. Sam Dorman, "Connecticut Teacher Resigns over Racial Curriculum, Says It Was Stealing Kids' 'Innocence,"' Fox News, August 31, 2021, https://www.foxnews.com/us/jennifer-tafuto-connecticut-teacher-crt.
23. Aimee Cho, "'Privilege Bingo' in Fairfax Co. Class Meets Controversy for Including Being a Military Kid," NBC4 Washington, January 21, 2022, https://www.nbcwashington.com/news/local/northern-virginia/privilege-bingo-in-fairfax-co-class-meets-controversy-after-it-includes-being-a-military-kid/2942443/.
24. "Yes, Critical Race Theory ls Being Taught in Public Schools," Washington Examiner, July 12, 2021, https://www.washingtonexaminer.com/opinion/yes-critical-race-theory-is-being-taught-in-public-schools?_amp=true.
25. Max Eden, "Team Biden Wants White Teachers to Undergo Anti-Racist 'Therapy,"' New York Post, May 26, 2021, https://nypost.com/2021/05/26/team-biden-wants-white-teachers-to-undergo-anti-racist-therapy/.
26. Media.defense.gov, accessed March 11, 2022, https://media.defense.gov/2021/Jan/26/2002570959/-1/-l/1/TASK%20FORCE%20ONE%20NAVY%20 FINAL%20 REPORT. PDF?aff_id=1262.
27. Tyler O'Neil, "Major Corporations Had 'Woke' Trainings Exposed in 2021," Fox Business, December 24, 2021, https://www.foxbusiness.com/politics/major-corporations-woke-trainings-exposed-in-2021.

第11章：

1. "First in War, First in Peace, and First in the Hearts of His Countrymen," George Washington's Mount Vernon, accessed March 11, 2022, https://www.mountvernon.org/library/digitalhistory/digital-encyclopedia/article/first-in-war-first-in-peace-and-first-in-the-hearts-of-his-countrymen/.
2. "Founders Online: First Inaugural Address: Final Version, 30 April 1789," National Archives and Records Administration, accessed March 11, 2022, https://founders.archives.gov/documents/Washington/05-02-02-0130-0003.
3. "Founders Online: Undelivered First Inaugural Address: Fragments, 30 April 1789," National Archives and Records Administration, accessed March 11, 2022, https://founders.archives.gov/documents/Washington/05-02-02-0130-0002.
4. "The Federalist Papers: No. 55," Alexander Hamilton or James Madison, February 15, 1788, Yale Law School Lillian Goldman Law Library, accessed April 4, 2022, https://avalon.law.yale.edu/18th_century/fed55.asp.
5. "Founders Online: From John Adams to Massachusetts Militia, 11 October 1798," National Archives and Records Administration, accessed March 11, 2022, https://founders.archives.gov/documents/Adams/99-02-02-3102.

Europe/Radio Liberty, April 21, 2021, https://www.rferl.org/a/russia-wors t-violators-religious-freedom-report-iran-tu rkmenistan/31215737.html.

9. Editorial Board, "The Absurd 'Crime' of Religious Worship in Putin's Russia,"Washington Post, October 28, 2021, https://www.washingronpost.com/opinions/2021/10/28/absurd-crime-religious-worship-putins-russia/.
10. "Crimea," U.S. Department of State, May 12, 2021, https://www.state.gov/reports/2020-report-on-international-religious-freedom/ukraine/crimea/.
11. Michael Lipka, "Republicans and Democrats Agree Religion's Influence Is Waning, but Differ in Their Reactions," Pew Research Center, May 30, 2020, https://www.pewresearch.org/fact-tank/2019/l l /15/republicans-and-democrats-agree-religions-influence-is-waning-but-differ-in-their-reactions/.
12. Adam Liptak, "Splitting 5 to 4, Supreme Court Backs Religious Challenge to Cuomo's Virus Shutdown Order," New York Times, November 26, 2020, https://www.nytimes.com/2020/11/26/us/supreme-court-coronavirus-religion-new-york.html.
13. "A Look at the Treatment of Churches during COVID-19 Shutdowns," Georgia Baptist Mission Board, July 30, 2020, https://gabaptist.org/a-look-at-the-treatment-of-churches-during-covid-19-shutdowns/.
14. "Temple Baptist Church v. City of Greenville," Alliance Defending Freedom, accessed March 11, 2022, https://adflegal.org/case/temple-baptist-church-v-city-greenville.
15. "Metropolitan Tabernacle Church v. City of Chattanooga," Alliance Defending Freedom, accessed March 11, 2022, https://adflegal.org/case/metropolitan-tabernacle-church-v-city-chattanooga.
16. "A Look at the Treatment of Churches during COVID-19 Shutdowns," Georgia Baptist Mission Board, July 30, 2020, https://gabaptist.org/a-look-ar-the-treatment-of-churches-during-covid-19-shutdowns/.
17. Sarah Parshall Perry and GianCarlo Canaparo, "18 More Federal Agencies Eye Making Vaccine Religious-Objector Lists," Daily Signal, January 21, 2022, https://www.dailysignal.com/2022/0l/15/18-more-federal-agencies-eye-making-vaccine-religious-objector-lists/.
18. Sam Dorman, "House Republicans Introduce Bill to Block Tracking Religious Accommodations to COVID Vaccine," Fox News, January 26, 2022, https:// www.foxnews.com/politics/norman-bill-religious-exemptions-covid-vaccine.
19. ABC News, accessed March 11, 2022, https://abcnews.go.com/US/hostage-incident-texas-synagogue-terrorist-act-hate-crime/story?id=82404960.
20. Geneva Sands, "FBI and DHS Warn Faith-Based Communities 'Will Likely Continue' to Be Targets of Violence," CNN, January 18, 2022, https://www. c cnn.com/2022/01/17/politics/fbi-dhs-warn-fa ith-based-targets-violence-letter/index.html.
21. "Declaration of Independence: A Transcription," National Archives and Records Administration, accessed March 11, 2022, https://www.archives.gov/founding-docs/

Assistant Secretary for Planning and Evaluation, Department of Health and Human Services, 2016, https://aspe.hhs.gov/sites/default/files/private/pdf/154286/50YearTrends.pdf.
4. Alexander Hamilton, "The Works of Alexander Hamilton: Volume 1 by Alexander Hamilcon-Ebook," Scribd, Krill Press, 2015, https://www.scribd.com/book/372476966/The-Works-of-Alexander-Hamilton-Volume-l.
5. "Intellectual Property Clause," Legal Information Institute, Cornell Law School, accessed March 10, 2022, https://www.law.cornell.edu/wex/intellectual_property_clause.
6. James Madison, "The Federalist Number 43," Avalon Project, accessed March 10, 2022, https://avalon.law.yale.edu/18ch_century/fed43.asp.
7. Reagan Library, "January 5, 1967: Inaugural Address (Public Ceremony)," Ronald Reagan Presidential Library and Museum, National Archives, accessed March 10, 2022, https://www.reaganlibrary.gov/archives/speech/january-5-1967-inaugural-address-public-ceremony.
8. Matthew Joseph, "Texas, Tennessee Demonstrate New Ways co Leverage Education Resources," ExcelinEd, February 9, 2022, https://excelined.org/2022/02/09/texas-tennessee-lead-the-way-on-effective-use-of-education-resources/.
9. Heritage Foundation, "Solutions: The Heritage Foundation," 2021, https:// www.heritage.org/solutions/.

第10章：

1. Frederick Engels, Draft of a Communist Confession of Faith, Works of Frederick Engels, 1971, https://www.marxists.org/archive/marx/works/1847/06/09.htm.
2. Oleg Yegorov, "How Did the Russian Orthodox Church Survive 70 Years of Atheism in the USSR? (Phoros)," Russia Beyond, Ocrober 25, 2018. https:// www.rbth.com/history/329361-russian-orthodox-church-ussr-communism.
3. Johannes Jacobse, "'Atheistic Five-Year Plan' Was Announced in the USSR 80 Years Ago [Video]," American Orthodox Institute USA, 2012, https://www.aoiusa.org/atheistic-five-year-plan-was-announced-in-the-ussr-80-years-ago-video/.
4. Natasha Frost, "Why Stalin Tried to Stamp Out Religion in the Soviet Union," History.com, April 23, 2021, https://www.history.com/news/joseph-stalin-religion-atheism-ussr.
5. Thomas F. Farr, "China's Second Culrural Revolution," First Things, Institute on Religion and Public Life, January 15, 2020, https://www.firstthings.com/web-exclusives/2020/01/chinas-second-culrural-revolution.
6. Marion Smith, "Communism and Religion Can't Coexist," Wall Street journal,August 29, 2019, https://www.wsj.com/articles/communism-and-religion-cant-coexist-11567120938.
7. 同上
8. "U.S. Report Says Russia among 'Worst Violators' of Religious Freedom," Radio Free

November 19, 2021, https://www.hsph.harvard.edu/news/hsph-in-the-news/drug-overdose-deaths-hit-record-high/.

29. "Governor Abbott Debuts Texas Border Wall in Rio Grande City," Office of the Governor, Texas, accessed March 10, 2022, https://gov.texas.gov/news/post/governor-abborr-debuts-texas-border-wall-in-rio-grande-city.
30. Andrea Scott, "Here Are the Names of the 13 U.S. Service Members Killed in Afghanistan Arrack," Military Times, August 28, 2021, https://www.militarytimes.com/news/your-marine-corps/2021/08/28/here-are-the-names-of-the-13-service-members-who-died-in-afghanistan-attack/.
31. Anna Coren, Julia Hollingsworth, Sandi Sidhu, and Zachary Cohen, "US Military Admits Ir Killed 10 Civilians and Targeted Wrong Vehicle in Kabul Airstrike," CNN, September 17, 2021, https://www.cnn.com/202l /09/l7/politics/kabul-drone-strike-us-military-incl-hnk/index.html.
32. Yaron Steinbuch, "Russia Says Afghan President Fled with 4 Cars, Chopper Full of Money," New York Post, August 16, 2021, https://nypost.com/2021/08/16/afghan-president-fled-with-cars-helicopter-full-of-money-russia/.
33. Adam Andrzejewski, "Biden Administration Erased Afghan Weapons Reports from Federal Websites," Forbes, September 1, 2021, https://www.forbes.com/sites/adamandrzejewski/2021/08/31/biden-administration-erased-afghan-weapons-reports-from-federal-websites/.
34. Kathy Gannon, "Before Pullout, Watchdog Warned of Afghan Air Force Collapse," Associated Press, January 18, 2022, https://apnews.com/article/afghanistan-joe-biden-kabul-taliban-air-force-e9fb454b7e9bebac58477el3d6 03fc06.
35. "Callista L. Gingrich: Defending the Women and Girls of Afghanistan," Gingrich 360, October 8, 2021, https://www.gingrich360.com/202l/10/09/defending-the-women-and-girls-of-afghanistan/.
36."Barack Obama Reportedly Said: 'Don't Underestimate Joe's Ability to (Expletive) Things up,"' KAKE, accessed March 10, 2022, https://www.kake.com/story/42501205/barack-obama-reportedly-said-dont-underestimate-joes-ability-to-expletive-things-up.

第9書：

1. Alexander Scoklosa, "40 to 50 Percent of New Vehicles Will Be Electric by 2030, per President Biden Executive Order," Motor Trend, August 5, 2021, https://www.mocortrend.com/news/president-biden-ev-executive-order/.
2. Tim Worscall, "The Reason That Shovel Ready Stimulus Didn't Work Is That There Wasn't Any Stimulus," Forbes, November 1, 2013, https://www.forbes.com/sices/timworscall/2013/ll/01/the-reason-that-shovel-ready-stimulus-didnt-work-is-that-there-wasnt-any-stimulus/.
3. "Poverty in the United States: 50-Year Trends and Safety Net Impacts," Office of the

15. U.S. senator for Florida Marco Rubio, accessed March 10, 2022, https://www.rubio.senate.gov/public/index.cfm/%20%20.
16. Charles Creitz, "Dr. Ben Carson, in Response to Biden Covid Treatment Policy, Recalls Racial Discrimination of His Youth," Fox News, January 10, 2022, https://www.foxnews.com/media/dr-ben-carson-recalls-racial-discrimination-of-his-youth-in-response-to-biden-covid-creatmenc-policy.
17. Admin, "Commentary: What Reverend Martin Luther King, Jr. Would Say about Biden's New COVID-19 Policy," Virginia Star, January 17, 2022, https:// chevirginiascar.com/2022/01/17/commentary-what-reverend-martin-luther-king-jr-would-say-about-bidens-new-covid-19-policy/.
18. Eileen Sullivan and Miriam Jordan, "Illegal Border Crossings, Driven by Pandemic and Natural Disasters, Soar to Record High," New York Times, October 22, 2021, https://www.nycimes.com/2021/10/22/us/politics/border-crossings-immigration-record-high.html.
19. Alex J. Rouhandeh, "Enough People Crossed the Border in 2021 to Create the 10th-Largest City in the U.S.," Newsweek, August 3, 2021, https://www.newsweek.com/enough-people-crossed-border-2021-create-1Och-largest-city-us-1615776.
20. Alex J. Rouhandeh, "Border Officials Brace for Potential 'Mother of All Caravans' Assembling in Mexico," Newsweek, October 12, 2021, https:// www.newsweek.com/border-officials-brace-potential-mother-all-caravans-assembling-mexico-163821. Twitter, accessed March 10, 2022, https://cwitter.com/SenatorHagercy
22. "Southwest Land Border Encounters," U.S. Customs and Border Protection, accessed March 10, 2022, https://www.cbp.gov/newsroom/srats/southwest-land-border-encounters.
23. Alex J. Rouhandeh, "650 Die at Border in First Year of Biden, 24 Percent More than Peak under Trump, Obama," Newsweek, December 10, 2021, https:// www.newsweek.com/650-die-border-first-year-biden-24-percent-more-peak-under-trump-obama-1658242.
24. Heather Robinson, "How Biden's Border Policies Will Increase Sex Trafficking of Children to US," New York Post, April 17, 2021, https://nypost.com/2021/04/17/how-bidens-border-policy-will-increase-child-sex-trafficking-to-us/.
25. Miranda Devine, Jack Morphet, Kevin Sheehan, Christopher Sadowski, and Bruce Golding, "Biden Secretly Flying Underage Migrants into NY in Dead of Night," New York Post, October 19, 2021, https://nypost.com/2021/10/18/biden-secretly-flying-underage-migrants-into-ny-in-dead-of-night/.
26. Express-Times guest columnist, "'Ghost' Flights near Lehigh Valley Show Pa. Isn't Immune to Border Crisis Issues: Opinion," lehighvalleylive, January 2, 2022, https://www.lehighvalleylive.com/opinion/2022/0l/ghost-flights-near-lehigh-valley-show-pa-isnt-immune-from-affects-of-border-crisis-opinion.html.27.ABC News, accessed March 10, 2022, https://abcnews.go.com/Politics/fentanyl-seized-cbp-2021-2020/story?id=77744071.
28. "Drug Overdose Deaths Hit Record High," News, Harvard School of Public Health,

oE2%80%99s-unintended-consequences-can-hurt-everyoneo/oE2%80%94.
3. U.S. Department of Health and Human Services, "HHS REPORT: Average Health Insurance Premiums Doubled Since 2013," May 23, 2017, https:// www.hhs.gov/about/news/2017/05/23/hhs-report-average-health-insurance-premiums-doubled-2013.html
4. Kenneth Finegold, Ann Conmy, Rose C. Chu, Arielle Bosworth, and Benjamin D. Sommers, "Trends in the U.S. Uninsured Population, 2010-2020," Office of the Assistant Secretary for Planning and Evaluation, U.S. Department of Health and Human Services, February 11, 2021, https://aspe.hhs.gov/sites/default/files/private/pdf/265041/trends-in-the-us-uninsured.pdf
5. Zeke Miller and Colleen Long, "Analysis: Biden Overshoots on What's Possible in Divided DC," Associated Press, January 14, 2022, https://apnews.com/article/coronavirus-pandemic-voting-rights-joe-biden-business-health-b7089af38364236f727cf45bdl3a4c9c.
6. Rahm Emanuel, "Let's Make Sure This Crisis Doesn't Go to Waste,"Washington Post, March 25, 2020, https://www.washingtonpost.com/opinions/2020/03/25/Iets-make-sure-this-crisis-doesnt-go-waste/.
7. "Hillary Clinton: 'This Would Be a Terrible Crisis to Waste,"' RealClear Politics, accessed March 10, 2022, https://www.realclearpolitics.com/video/2020/04/28/hillary_clinton_this_would_be_a_terrible_crisi_to_waste_to_not_push_for_universal_healthcare.html
8. "Page 104-The White House," accessed March 10, 2022, https://www.whitehouse.gov/briefing-room/speeches-remarks/2021/0/page/104/.
9. ABC News, accessed March 10, 2022, https://abcnews.go.com/Politics/bidens-plan-ship-americans-billion-free-covid-tests/story?id=82245949.
10. Gregg Gonsalves, "President Biden Is Failing on Covid-19," Washington Post, December 22, 2021, https://www.washingtonpost.com/opinions/2021/12/22/president-biden-is-failing-covid-19/.
11. Lev Facher, "3 Big Questions about the Biden Administration's Covid Response in 2022," PBS, December 30, 2021, https://www.pbs.org/newshour/health/3-big-questions-abouc-che-biden-administrations-covid-response-in-2022.
12. Stephen Collinson, "Analysis: Biden Grapples with a COVID-19 Testing Failure That Could Have Been Foreseen," CNN, December 28, 2021, https:// www.cnn.com/202I I 12/28/politics/joe-biden-covid-l9-testing-failure/index.html.
13. Adam Liptak, "Supreme Court Blocks Biden's Virus Mandate for Large Employers," New York Times, January 13, 2022, https://www.nyctimes.com/2022/01/13/us/policics/supreme-courc-biden-vccine-mandace.html.
14. "Face Sheet for Healthcare Providers Emergency," Food and Drug Administration, 2022, https://www.fda.gov/media/149534/download?ACSTrackingID=USCDC_511-DM72818&ACSTrackingLabel=HAN%20461-%20COCA%20Subscribers&deliveryName=USCDC_511-DM72818.

Could Destroy It," U.S. Senate Committee on Energy and Natural Resources, July 9, 2021, https://www.energy.senate.gov/2021/7/icymi-barrasso-op-ed-us-energy-independence-is-vital-bidens-policies-could-destroy-it.
24. Robert Rapier, "Is the U.S. Energy Independent?" Forbes, December 10, 2021, https://www.forbes.com/sites/rrapier/2021/11/14/is-the-us-energy-independent/?sh=59f67f841387.
25. Jessica Resnick-Ault, "Explainer: Oil Price Spike Leaves Limited Options for Biden," Reuters, January 13, 2022, https://www.reuters.com/business/energy Ioil-price-spike-leaves-limited-options-biden-2022-01-13/.
26. Tim Mullaney, "Risks Are Rising That Oil Prices Will Cause Next Recession," CNBC, July 23, 2018, https://www.cnbc.com/2018/07/13/risks-rising-that-oil-prices-will-cause-next-recession.html.
27. Lahov Harkov, "US Informs Israel It No Longer Supports EastMed Pipeline to Europe," Jerusalem Post, January 18, 2022, https://www.jpost.com/international/article-693866.
28. John Barrasso, "ICYMI: Barrasso Op-Ed: US Energy Independence Is Vital Biden's Policies Could Destroy It," U.S. Senate Committee on Energy and Natural Resources, July 9, 2021, https://www.energy.senate.gov/2021/7/icymi-barrasso-op-ed-us-energy-independence-is-vital-bidens-policies-could-destroy-it.
29. Larry Kudlow, "Kudlow: Competes Act Has Nothing to Do with Competing with China," Fox Business, February 8, 2022, https://www.foxbusiness.com/media/kudlow-competes-act-china.
30. Senate Republican Policy Committee, "Democrats Fuel High Gas Prices," December 7, 2021, https://www.rpc.senate.gov/policy-papers/democrats-fuel-high-gas-prices.
31. Jeffrey M. Jones, "Americans Offer Gloomy State of the Nation Report," Gallup, February 2, 2022, https://news.gallup.com/poll/389309/americans-offer-gloomy-state-nation-report.aspx.
32. Kevin McCarthy, House Republican Leader, "McCarthy Calls on Biden to Increase Domestic Energy Production," February 7, 2022, https://www.republicanleader.gov/mccarthy-calls-on-biden-to-increase-domestic-energy-production/.
33. U.S. Department of Energy, "Global Energy Markets Update," YouTube, 32:18, February 28, 2019, https://www.youtube.com/watch?v=ZtrG5zhPrAE.

第8章：

1. Robert P. Murphy, "5 Unintended Consequences of Regulation and Government Meddling," Foundation for Economic Education, July 15, 2015, https://fee.org/articles/5-unintended-consequences-of-regulation-and-government-meddling/
2. Patrick McLaughlin, "Policy Spotlight: Regulation's Unintended Consequences Can Hurt Everyone-the Poor Most of All," Mercatus Center, George Washington University, April 26, 2018, https://www.mercatus.org/publications/regulation/policy-spotlight-regulationo/

Founders Online, National Archives, https://founders.archives.gov/documems/Franklin/01-03-02-0166.

10. James B. Conant, Thomas Jefferson and the Development of American Public Education (Berkeley: University of California Press, 2021).
11. "Northwest Land Ordinance for Ohio River Territories, July 13, 1787," Iowa Department of Cultural Affairs, 2022, https://iowaculture.gov/sites/default/files/history-education-pss-shapes-nwordinance-transcription.pdf.
12. A Nation at Risk: The Imperative for Educational Reform: A Report to the Nation and the Secretary of Education, United States Department of Education (Washington, DC: U.S. Government Printing Office, 1983).
13. Ronald Reagan, "Radio Address to the Nation on Education," Ronald Reagan Presidential Library and Museum, accessed March 10, 2022, https://www.reaganlibrary.gov/archives/speech/radio-address-nation-education-0.
14. "School Choice History," School Choice Wisconsin, October 1, 2021, https://schoolchoicewi.org/school-choice-history-timeline/.
15. Kyle Morris, "How Biden 'Spent' 2021: Over $3T Signed into Law, but He Wanted Trillions More," Fox Business, December 28, 2021, https://www.foxbusiness.com/politics/bidens-big-spending-in-review-2021.
16. Caroline Downey, "Biden Claims His Multi-Trillion Dollar Spending Packages Will 'Reduce Inflation,'" National Review, July 22, 2021, https://www.nationalreview.com/news/biden-claims-his-multi-trillion-dollar-spending-packages-will-reduce-inflation/.
17. U.S. National Debt Clock: Real Time, accessed March 10, 2022, https://www.usdebtclock.org/.
18. "GDP (Current US$)-United States," World Bank, 2022, https://data.worldbank.org/indicator/NY.GDP.MKTP.CD?locations=US.
19. Nick Timiraos, "Surging Inflation Heightens Fed Debate Over How Fast to Raise Rates," Wall Street journal, February 11, 2022, https://www.wsj.com/articles/rising-inflation-keeps-pressure-on-fed-to-frontload-rate-increases-11644509103.
20. "Analysis: Americans Want a Return to Balanced Budgets," American Majority Project, Gingrich 360, February 25, 2022, https://americanmajorityproject.com/analysis-americans-want-a-return-to-balanced-budgets/#more-1442.
21. Newt Gingrich, "It Is Time to Balance the Federal Budget Again," Gingrich 360, February 7, 2022, https://www.gingrich360.com/2022/02/04/it-is-time-to-balance-the-federal-budget-again/.
22. "Analysis: Americans Want a Return to Balanced Budgets," American Majority Project, Gingrich 360, February 25, 2022, https://americanmajorityproject.com/analysis-americans-want-a-return-to-balanced-budgets/#more-1442.
23. John Barrasso, "ICYMI: Barrasso Op-Ed: US Energy Independence Is Vital Biden's Policies

June 16, 2021, https://nypost.com/2021/06/15/black-parents-righteous-fury-at-nyc-public-school-failure/.

58. Mitch Smith and Dana Goldstein, "In a Clash with the Teachers' Union, Chicago Cancels Classes for a Day," New York Times, January 5, 2022, https:// www.nytimes.com/2022/0l/04/us/chicago-teachers-union-remote-learning.html.
59. Alexis Rivas, "San Diego Unified School District Changes Grading System to 'Combat Racism,'" NBC 7 San Diego, October 15, 2020, https://www.nbcsandiego.com/news/local/san-diego-unified-school-district-changes-grading-system-to-combat-racism/2425346/.
60. Lee Ohanian, "Seattle Schools Propose to Teach That Math Education Is Racist-Will California Be Far Behind?" Hoover Institution, Stanford University, October 29, 2019, https://www.hoover.org/research/seattle-schools-propose-teach-math-education-racist-will-california-be-far-behind-seattle.
61. Newt Gingrich, "Newt's World-Episode 287: Baltimore's Failing Schools," Gingrich 360, August 5, 2021, https://www.gingrich360.com/202l/08/04/newts-world-episode-287-baltimores-failing-schools/.

第7章：

1. "January 5, 1967: Inaugural Address (Public Ceremony)," Ronald Reagan Presidential Library and Museum, National Archives, accessed March 10, 2022, https://www.reaganlibrary.gov/archives/speech/january-5-1967-inaugural-address-public-ceremony.
2. Thomas Jefferson, "Notes on the State of Virginia," Monticello Digital Classroom, 2022, https://classroom.monticello.org/view/72773/.
3. Franklin D. Roosevelt, "Franklin D. Roosevelt State of the Union Address of 1935," https://www.albany.edu/faculty/gz580/his10l/su35fdr.html.
4. "Russell Crowe Plays Hardball," NBCNews.com, June 10, 2005. https://www.nbcnews.com/id/wbna8170650#.XXB1PShKiUk.
5. Associated Press, "California's Unemployment Fraud Reaches at Least $20 Billion," KXTV, October 25, 2021, https://www.abclO.com/article/news/local/california/californias-unemployment-fraud-at-least-20-billion/103-7385477d-6199-47e9-aed7-949ea89e7107.
6. "The Challenge of Healthcare Fraud," National Health Care Ami-Fraud Association, accessed March 10, 2022, https://www.nhcaa.org/tools-insights/about-health-care-fraud/the-challenge-of-health-care-fraud/.
7. Ronald Reagan, "Radio Address to the Nation on Education," Ronald Reagan Presidential Library and Museum, April 30, 1983, https://www.reaganlibrary.gov/archives/speech/radio-address-nation-education-0.
8. Peter Cove, Poor No More: Rethinking Dependency and the War on Poverty (Abingdon, Oxon: Routledge, 2017).
9. "Proposals Relating to the Education of Youth in Pennsylvania, [October 1749],"

August 24, 2020, https://www.heritage.org/housing/commentary/housing-first-homing-the-problem.

44. Rudy Koski, "Hud Secy Ben Carson Pitches New Homelessness Strategy," FOX 7 Austin, October 22, 2020, https://www.fox7austin.com/news/hud-secy-ben-carson-pitches-new-homelessness-strategy.
45. Emma Dorn, Bryan Hancock, Jimmy Sarakatsannis, and Ellen Viruleg, "Covid-19 and Education: The Lingering Effects of Unfinished Learning," McKinsey & Company, November 11, 2021, https://www.mckinsey.com/industries/education/our-insights/covid-19-and-education-the-1ingering-effects-of-unfinished-learning.
46. Valerie Strauss, "Analysis I More Students than Ever Got F's in First Term of 2020-21 School Year-but Are A-F Grades Fair in a Pandemic?" Washington Post, December 6, 2020, https://www.washingtonpost.com Ieducation /2020/12/06/more-students-than-ever-got-fs-first-term-2020-21-school-year-are-a-f-grades-fair-pandemic/.
47. Chris Papst, "Covid Costs-Students Stand to Lose $17 Trillion in Lifetime Earnings," Fox 45 Baltimore (WBFF), January 13, 2022, https://foxbaltimore.com/news/project-baltimo re/covid-cos ts-srudents-stand-to-lose-17-million-in-lifetime-earnings.
48. "Covid-19: Students Face $17 Trillion Loss in Lifetime Earnings," UN News, December 6, 2021, https://news.un.org/en/story/2021/12/1107282.
49. Jessica Calefati, "National Teen Test Scores Slip for the First Time-and It's Not Due to Covid," Politico, October 14, 2021, https://www.politico.com Inews/2021I10/ 14/national-teen-test-scores-515996.
50. "The Nation's Report Card: 2019 Reading New York City Grade 4 Public Schools," Institute for Education Statistics, National Center for Education Statistics, 2019, https://nces.ed.gov/ nationsreportcard/subject/publications/dst2019/pdf/2020016xn4.pdf.
51. 同上
52. 同上
53. "Early Warning! Why Learning to Read by the End of Third Grade Matters," Annie E. Casey Foundation, New York State Council on Children and Families, 2010, https://www.ccf.ny.gov/files/9013/8262/2751/AECFReporReadingGrade3.pdf.
54. E. J. McMahon, "NY per-Pupil School Spending Topped $25K in 2018-19," Empire Center for Public Policy, May 18, 2021, https://www.empirecenter.org/publications/ny-per-pu pil-school-spending-topped-25k-in-2018-19/.
55. "Chicago Public Schools-U.S. News Education," U.S. News & World Report, 2021, https://www.usnews.com/education/kl 2/illinois/districts/city-of-chicago-sd-299-110570.
56. "Baltimore County Public Schools-U.S. News Education," U.S. News & World Report, 2021, https://www.usnews.com/education/k12/maryland/districts/baltimore-county-public-schools-108287.
57. Editorial, "Black Parents' Righteous Fury at NYC Public School Failure,"New York Post,

com/wp-content/uploads/2021/09/USICH-2020-report401.pdf.
32. U.S. Department of Housing and Urban Development, 2020 Annual Homeless Assessment Report (AHAR) to Congress, 2021, https://www.huduser.gov/portal/sites/default/files/pdf/2020-AHAR-Part-l. pdf.
33. Christopher Rufo, "Homelessness in America: An Overview," Heritage Foundation, February 16, 2021, https://www.heritage.org/poverty-and-inequality/report/homelessness-america-overview.
34. Janey Rountree, Nathan Hess, and Austin Lyke, "Health Conditions among Unsheltered Adults in the U.S.," California Policy Lab, October 6, 2019, https://www.capolicylab.org/wp-content/uploads/2019/10/Health-Conditions-Among-Unsheltered-Adults-in-the-U.S.pdf.
35. Callista L. Gingrich, "Addressing the Aftermath of Covid-19," Gingrich 360, January 15, 2022, https://www.gingrich360.com/2022/01/15/addressing-the-aftermath-of-covid-19/.
36. Alex Piquero, Wesley Jennings, Erin Jemison, Catherine Kaukinen, and Felicia Knaul, "Domestic Violence during Covid-19," National Commission on COVID-19 and Criminal Justice, February 2021, https://build.neoninspire.com/counciloncj/wp-content/uploads/sites/96/2021/07/Domestic-Violence-During-COVID-19-February-2021,pdf.
37. Kaitlin Sullivan and Reynolds Lewis, "Yearly Drug Overdose Deaths Top 100,000 for First Time," NBCNews.com, November 17, 2021, https://www.nbcnews.com/health/health-news/yearly-drug-overdose-deaths-top-100000-first-time-rcna5656.
38. Audrey Conklin, "Fentanyl Overdoses Become No. 1 Cause of Death among US Adults, Ages 18-45: 'A National Emergency,"' Fox News, December 16, 2021, https://www.foxnews.com/us/fentanyl-overdoses-leading-cause-death-adults.
39. "Americans Increasing Substance Use to Cope with Mental Strain; Parents at Highest Risk," Hazelden Betty Ford Foundation, June 24, 2021, https://www.hazeldenbettyford.org/about-us/news-media/press-release/mental-health-index-report.
40. Tara Parker-Pope, Christina Caron, and Monica Cordero Sancho, "Why 1,320 Therapists Are Worried about Mental Health in America Right Now," New York Times, December 16, 2021, https://www.nytimes.com/interactive/2021/12/16/well/mental-health-crisis-america-covid.html.
41. Vivek H. Murthy, "Protecting Youth Mental Health," U.S. Department of Health and Human Services, December 2021, https://www.hhs.gov/sites/default/files/surgeon-general-youth-mental-health-advisory.pdf.
42. Janey Rountree, Nathan Hess, and Austin Lyke, "Health Conditions among Unsheltered Adults in the U.S.," California Policy Lab, October 6, 2019, https://www.capolicylab.org/wp-content/uploads/2019/10/Hea!th-Conditions-Among-Unsheltered-Adults-in-the-U.S.pdf.
43. Christopher Rufo, "'Housing First': Homing in on the Problem," Heritage Foundation,

19. Aaron Kliegman, "Biden Tries to Define Away Ongoing Supply Chain Crisis, Declare Victory," Just the News, December 3, 2021, https://justthenewscom/nation/economy/biden-declares-victory-supply-chain-crisis-despite-no-improvement-cargo-logjam.
20. Marine Exchange of Southern California, Facebook, February 23, 2015. https://www.facebook.com/Mxsocal/.
21. David J. Lynch, "As Supply Chain Troubles Mount, Biden Touts Longer Hours for L.A. Port," Washington Post, October 13, 2021, https://www.washingtonpost.com/business/2021/10/13/biden-port-los-angeles-supply-chain/.
22. Paul Berger, "Truckers Steer Clear of24-Hour Operations at Southern California Ports," Wall Street journal, November 17, 2021, https://www.wsj.com/articles/truckers-steer-clear-of-24-hour-operations-at-southern-california-ports-11637173872.
23. Bethany Blankley, "Groups Warn of Supply Chain System Collapse, as California Ports Face Record Backlogs," Just The News, September 31, 2021, https://justthenews.com/politics-policy/transportation/frigroups-warn-supply-chain-system-collapse-california-ports-see.
24. Jonathan Ponciano, "Biden Invests $14 Billion in U.S. Ports and Waterways in Bid to Combat Climate Change and Ease Supply Chain Constraints Here's Where the Funds Will Go," Forbes, January 20, 2022, https://www.forbes.com/sites/jonathanponciano/2022/01/19/biden-invests-14-billion-in-us-ports-and-waterways-in-bid-to-combat-climate-change-and-ease-supply-chain-constraints-heres-where-the-funds-will-go/?sh=4d425d444206.
25. United States Interagency Council on Homelessness, "Expanding the Toolbox: The Whole-of-Government Response to Homelessness," Texas Policy, 2020, https://www.texaspolicy.com/wp-content/uploads/2021/09/USICH-2020-report401.pdf.
26. 同上
27. U.S. Department of Housing and Urban Development, 2020 Annual Homeless Assessment Report (AHAR) to Congress, 2021, https://www.huduser.gov/portal/sites/default/files/pdf/2020-AHAR-Part-l.pdf.
28. United States Interagency Council on Homelessness, "Expanding the Toolbox: The Whole-of-Government Response to Homelessness," Texas Policy, 2020, https://www.texaspolicy.com/wp-content/uploads/2021/09/USICH-2020-report401.pdf.
29. HUD Public Affairs, "HUD Releases 2020 Annual Homeless Assessment Report Part l," U.S. Department of Housing and Urban Development (HUD), May 21, 2021, https://www.hud.gov/press/press_releases_media_advisories/hud_no_21_041.
30. U.S. Department of Housing and Urban Development, 2020 Annual Homeless Assessment Report (AHAR) to Congress, 2021, https://www.huduser.gov/portal/sites/default/files/pdf/2020-AHAR-Part-l. Pdf.
31. United States Interagency Council on Homelessness, "Expanding the Toolbox: The Whole-of-Government Response to Homelessness," Texas Policy, 2020, https://www.texaspolicy.

https://www.cbsnews.com/news/biden-inflation-first-year-opinion-poll/.
7. Gwynn Guilford, "U.S. Inflation Hit 7% in December, Fastest Pace since 1982," Wall Street journal, January 12, 2022, https://www.wsj.com/articles/us-inflation-consumer-price-index-december-2021-11641940760?mod=series_inflation.
8. Greg Ip, "Why 7% Inflation Today Is Far Different than in 1982," Wall Street journal, January 12, 2022, https://www.wsj.com/articles/why-7-inflation-today-is-far-different-than-in-1982-11642012166.9.Will Weissert and Hannah Fingerhut, "Inflation up, Virus down as Priorities in US: AP-Nore Poll," Associated Press, January 10, 2022, https://apnews.com/article/coronavirus-pandemic-joe-biden-business-health-elections-bbl6c5c52e2bf719ec8a0c5415aaf66c.
10. Economics Daily, "Consumer Price Index: 2021 in Review," U.S. Bureau of Labor Statistics, January 14, 2022, https://www.bls.gov/opublted/2022/consumer-price-index-2021-in-review.htm.
11. "Databases, Tables & Calculators by Subject," U.S. Bureau of Labor Statistics, accessed March 9, 2022, https://data.bls.govltimeseries/APU0000747 l4amp%253bdata_tool=XGtable&output_view=data&include_graphs=true.
12. "Databases, Tables & Calculators by Subject," U.S. Bureau of Labor Statistics, accessed March 9,2022, https://data.bls.gov/timeseries/APU000072610?amp%253bdata_tool=XGtable&output_view=data&include_graphs=true.
13. Paul Wiseman, "Explainer: Why US Inflation Is So High, and When It May Ease," Associated Press, January 12, 2022, https://apnews.com/article/why-is-inflation-so-high-5f69bed77f9822lf9936ae99f96fd361.
14. Greg lacurci, "Despite Higher Wages, Inflation Gave the Average Worker a 2.4% Pay Cut Last Year," CNBC, January 12, 2022, https://www.cnbc.com/2022/01/12/higher-pay-eclipses-inflation-bite-for-some-.html.
15."The People's Republic of China," Office of the United States Trade Representative, Executive Office of the President, 2020, https://ustr.gov/countries-regions/china-mongolia-taiwan/peoples-republic-china.
16. Vanessa Yurkevich, "Port of Los Angeles Traffic Sets Record in 2021," CNN, January 4, 2022, https://www.cnn.com/2022/0l/04/business/traffic-los-angeles-port-record/index.html.
17. Aaron Kliegman, "Biden Tries to Define Away Ongoing Supply Chain Crisis, Declare Victory," just the News, December 3, 2021, https://justthenews.com/nation/economy/biden-declares-victory-supply-chain-crisis-despite-no-improvement-cargo-logjam.
18. Pacific Merchant Association, "New Queuing Process for Container Vessels Bound for Ports of LA/Long Beach to Improve Safety and Air Quality Off California Coast," Pacific Merchant Shipping Association, November 11, 2021, https://www.pmsaship.com/wp-conrent/uploads/2021/11/Container-Vessel-Queuing-Release-FINAL.pdf.

resigned-biden-booster-plan-reporcs-2021-9.

第5章：

1. James Madison, "Federalise Papers No. 51 (1788)," Bill of Rights Institute, accessed March 7, 2022, https://billofrightsinstitute.org/primary-sources/federalisc-no-51.
2. Stephen Soarce, "Shawn Laval Smith: Suspected Killer of Brianna Kupfer Has a Long History of Arrests," FOX 11 Los Angeles, January 19, 2022, https://www.foxla.com/news/brianna-kupfer-murder-shawn-laval-smith-arrest-record.
3. James Madison, "The Federalist Papers: No. 46," Avalon Project, Yale Law School, 2008, https://avalon.law.yale.edu/18th_century/fed46.asp.
4. John Locke, "Chapter 18. Of Tyranny," American History: From Revolution to Reconstruction and Beyond, 2012, accessed March 7, 2022, http://www.let.rug.nl/usa/documents/1651-1700/john-locke-essay-on-government/chapter-18-of-tyranny.php.
5. John Adams, "John Adams," American History from Revolution to Reconstruction and Beyond, 2012, accessed March 7, 2022, http://www.let.rug.nl/usa/presidents/john-adams/thoughts-on-government.php.
6. Samuel Adams, "Benjamin Franklin's Preface to the English Edition of the Report," Rights of Colonists, 1772, Hanover Historical Texts Project, 2018, accessed March 7, 2022, https://history.hanover.edu/texts/adamss.html.
7. Abraham Lincoln, "Lyceum Address," Abraham Lincoln Online, 2018, http://www.abrahamlincolnonline.org/lincoln/speeches/lyceum.htm.

第6章：

1. Karl Rove, "Jen Psaki Tries to 'Fake' Out the CBO's Build Back Better Score," Wall Street journal, December 15, 2021, https://www.wsj.com/articles/jen-psaki-tries-to-fake-out-congressional-budget-office-cbo-build-back-better-cost-biden-11639603930.
2. Dani Romero, "Gas Prices Reach $6.00 a Gallon in Some Southern California Areas," Yahoo! News, February 28, 2022, https://news.yahoo.com/gas-prices-reach-6-00-182527994.html.
3. 同上
4. Peter Santilli and Ryan Dezember, "Why High Gasoline Prices Could Stick around for a While," Wall Street journal, February 10, 2022, https:// www.wsj.com/articles/why-high-gasoline-prices-could-stick-around-for-a-while-11644489001.
5. Peter Hasson, "Biden Energy Sec. Granholm Laughs at Question about Boosting Oil Production: 'That Is Hilarious,'" Fox Business, November 5, 2021, https:// www.foxbusiness.com/politics/biden-energy-sec-granholm-laughs-boosting-oil-hilarious.
6. Anthony Salvanto, Jennifer De Pinto, Fred Backus, and Kabir Khanna, "Biden at Year One: Not Enough Focus on Inflation Leaves Many Frustrated," CBS News, January 16, 2022,

17. Dr. Tom F. Frieden (@DrTomFreiden), Twitter, June 2, 2020, https://twitter.com/DrTomFrieden/status/1267796218496901121.
18. Jane Coaston and Aaron Rupar, "Thousands of Michiganders Took to the Streets to Protest the Governor's Stay-at-Home Order," Vox, April 16, 2020, https://www.vox.com/2020/4/16/21222471/michigan-protests-coronavirus-stay-at-home-extension.
19. Justin P. Hicks, "Gov. Whitmer Responds to Lack of Social Distancing at Protests against Police Brutality," mlive, June 5, 2020, https://www.mlive.com/public-interest/2020/06/gov-whitmer-responds-to-lack-of-social-distancing-at-protests-against-police-brutality.html.
20. Isabella Redjai, "Coronavirus: Churches Are Essential. If Protesters Can Assemble, so Should People of Faith," USA Today, August 8, 2020, https://www.usatoday.com/story/opinion/voices/2020/08/08/coronavirus-pandemic-churches-essential-businesses-open-religious-freedom-column/3323082001/.
21. April Ryan (@AprilDRyan), #COVID19#ScayHome," Twitter, April 20, 2020, https://cwitter.com/AprilDRyan/scacus/1252306443497353218.
22. Drew Holden (@Drew Holden) Twitter, June 3, 2020, https://cwitter.com/DrewHolden360/scacus/1268294879140106245.
23. Kacie Camero, "Why Did CDC Change Definition for 'Vaccine'? Agency Explains," Miami Herald, September 27, 2021, https://www.miamiherald.com/news/coronavirus/article254111268.html.
24. Kacie Rogers and Sheryl Gay Stolberg, "Biden Mandates Vaccines for Workers, Saying 'Our Patience Is Wearing Thin,"' New York Times, September 9, 2021, https://www.nytimes.com/2021/09/09/us/policics/biden-mandaces-vaccines.html
25.Abishek Chandrashekar, Lisa H. Tostanoski, Lauren Peter, Noe B. Mercado, Katherine McMahan, Amanda J Martinot, Jinyan Liu, et al, "SARS-COV-2 Infection Protects against Rechallenge in Rhesus Macaques," Science, May 20, 2020, https://www.science.org/doi/1O.l 126/science.abc4776.
26. Sivan Gazit, Roei Shlezinger, Galic Perez, Roni Lotan, Asaf Peretz, Amir Ben-Tov, Dani Cohen, Khitam Muhsen, Gabriel Chodick, and Tai Patalon, "Comparing Sars-COV-2 Natural Immunity co Vaccine-Induced Immunity: Reinfections versus Breakthrough Infections," medRxiv, Cold Spring Harbor Laboratory Press, January 1, 2021, https://www.medrxiv.org/content/10.l 101/2 021,08.24.21262415vl.
27. Marcy Makary, "The High Cose of Disparaging Natural Immunity to Covid," Wall Street Journal, January 26, 2022, https://www.wsj.com/arcicles/the-high-cost-of-disparaging-natural-immunity-to-covid-vaccine-mandates-protests-fire-rehire-employment-11643214336.
28. Ashley Collman, "2 Top FDA Officials Resigned over the Biden Administration's Booster-Shoe Plan, Saying le Insisted on the Policy before the Agency Approved le, Reports Say," Business Insider, September 1, 2021, https:// www.businessinsider.com/2-top-fda-officials-

the American Republic (Charlottesville: University of Virginia Press, 2009), https://www.amazon.com/Creation-American-Republic-l 776-l787/dp/0807847232.

2. Deborah D'Souza, "What Is Stakeholder Capitalism?" lnvestopedia, February 8, 2022, https://www.investopedia.com/stakeholder-capitalism-4774323.
3. Ariel Cohen, "Europe's Self-Inflicted Energy Crisis," Forbes, December 10, 2021, https://www.forbes.com/sites/arielcohen/2021l l 0/14/europes-self-inflicted-energy-crisis/.
4. Katherine Blunt, "California Blackouts a Warning for States Ramping up Green Power," Wall Street journal, August 17, 2020, https://www.wsj.com/articles/california-blackouts-a-warning-for-states-ramping-up-green-power-11597706934.
5. Norman Doidge, "Why Is There So Much Vaccine Hesitancy?" Tablet Magazine, October 28, 2021, https://www.tabletmag.com/sections/science/articles/needle-points-vaccinations-chapter-one.
6. John Stuart Mill, On Liberty (Cambridge: Cambridge University Press, 2011).
7. Rowan Jacobsen, "Exclusive: How Amateur Sleuths Broke the Wuhan Lab Story and Embarrassed the Media," Newsweek, June 18, 2021, https://www.newsweek.com/exclusive-how-amateur-sleuths-broke-wuhan-lab-story-embarrassed-media-1596958.
8. 同上
9. 同上
10. 同上
11. Ian Birrell, "Did Scientists Stifle the Lab-Leak Theory?" UnHerd, August 1, 2021, https://unherd.com/2021/07/how-scientists-stifled-the-lab-leak-theory/.
12. Sainath Suryanarayanan, "EcoHealth Alliance Orchestrated Key Scientists' Statement on 'Natural Origin' ofSARS-COV-2," U.S. Right to Know, March 2, 2021, https://usrtk.org/biohazards-blog/ecohealth-alliance-orchestrated-key-scientists-statement-on-natural-origin-of-sars-cov-2/.
13. Matt Ridley, "Why Did Scientists Suppress the Lab-Leak Theory?" spiked, January 12, 2022, https://www.spiked-online.com/2022/0l/12/why-did-scientists-suppress-the-lab-leak-theory/.
14. Sarah Knapton, "Scientists Believed Covid Leaked from Wuhan Lab-but Feared Debate Could Hurt 'International Harmony,"' Telegraph, January 11, 2022, https://www.telegraph.co.uk/news/2022/01/11/scientists-believed-covid-leaked-wuhan-lab-feared-debate-could/?fr=operanews.
15. Mallory Simon, "Over 1,000 Health Professionals Sign a Letter Saying, Don't Shut down Protests Using Coronavirus Concerns as an Excuse," CNN, June 5, 2020, https://www.cnn.com/2020/06/05/health/health-care-open-letter-protests-coronavirus-trnd/index.html.16.Tom Frieden, "When Will It Be Safe to Go out Again?" Washington Post, March 25, 2020, https://www.washingtonpost.com/opinions/when-will-it-be-safe-to-go-out-again/2020/03/24/7cb2e488-6del-llea-aa80-c2470c6b2034_story.html.

9. "Former Employment Security Department Employee Indicted for Filing False Unemployment Claims and Demanding Kickbacks," United States Department of Justice, September 24, 2021, https://www.justice.gov/usao-wdwa/pr/former-employment-security-department-employee-indicted-filing-false-unemployment.
10. "Newt's World-Episode 56: China's Coronavirus," Gingrich 360, December 31, 2021, https://www.gingrich360.com/2020/02/09/newts-world-episode-56-chinas-coronavirus/.
11. "A Time for Choosing Speech, October 27, 1964," Ronald Reagan Library, accessed March 4, 2022, https://www.reaganlibrary.gov/reagans/ronald-reagan/time-choosing-speech-october-27-1964.

第3章：

1. "Founders Online: The Federalist No. 55, [13 February 1788]," National Archives and Records Administration, accessed March 4, 2022, https://founders.archives.gov/documents/Hamilron/01-04-02-0204.
2. "How George Soros Funded Progressive DAs behind US Crime Surge," accessed March 4, 2022, http:/lbillboard.io/cars-https-nypost.com/2021/12/16/how-george-soros-funded-progressive-das-behind-us-crime-surge/.
3. "Sir Edward Coke Declares That Your House Is Your 'Castle and Fortress' (1604)," Online Library of Liberty, accessed March 4, 2022, https://0114.libertyfund.org/quote/sir-edward-coke-declares-that-your-house-is-your-castle-and-fortress-1604.
4. "Article VI," Legal Information Institute, accessed March 4, 2022, https:// www.law.cornell.edu/constitution/articlevi.
5. "Fourteenth Amendment Section 41 Constitution ... - Congress," accessed March 4, 2022, https://constitution.congress.gov/browse/amendment-14/section-4/.
6. "The Federalist Papers No. 10," Avalon Project-Documents in Law, History, and Diplomacy, accessed March 4, 2022, https://avalon.law.yale.edu/18th_century/fedlO.asp.
7. "Thomas Jefferson to William Plumer, July 21, 1816," Library of Congress, accessed March 4, 2022, https://www.loc.gov/resource/mtjl.049_0298_0298/.
8. Thomas Jefferson, extract from First Inaugural Address, March 4, 1801, Jefferson Quotes & Family Letters, March 4, 1801, https://tjrs.monticello.org/letter/1330.
9. CNN, accessed March 4, 2022, https://www.cnn.com/ALLPOLITICS/1996/candidates/republican/withdrawn/gramm.announcement.shtml.
10. "George Washington's Farewell Address 1796," Constitution Facts-Official U.S. Constitution Website, accessed March 4, 2022, https://www.constitutionfacts.com/us-founding-fathers/george-washingtons-farewell-address/.

第4章：

1. Eran Shalev, Rome Reborn on Western Shores: Historical Imagination and the Creation of

November 24, 2021, https://www.nbcnews.com/news/us-news/smash-grab-robbery-nordstrom-los-angeles-triggers-police-chase-rcna6440.
12. "Drug Overdose Deaths in the U.S. Top 100,000 Annually," Centers for Disease Control and Prevention, November 17, 2021, https://www.cdc.gov/nchs/pressroom/nchs_press_releases/2021/20211117.htm.
13. "Defining Deviancy Down-JSTOR," accessed March 4, 2022, https://www.jstor.org/stable/41212064.
14. "Defining Deviancy Up," Baltimore Sun, March 3, 2022, https://www.baltimoresun.com/news/bs-xpm-1993- l l-26-1993330030-story.html.
15. George L. Kelling and James Q. Wilson, "Broken Windows," The Atlantic, July 20, 2020, https://www.theatlantic.com/magazine/archive/1982/03/broken-windows/304465/.
16. A Nation at Risk: The Imperative for Educational Reform, accessed March 4, 2022, https://edreform.com/wp-content/uploads/2013/02/A_Nation_At_Risk_l983.pdf.
17. Tamar Jacoby, Jason L. Riley, Naomi Schaefer Riley, Josh B. McGee, and Jay P. Greene, "'Losing Ground' in Education Reform," Manhattan Institute, December 18, 2015, https://www.manhattan-institute.org/html/losing-ground-education-reform-1229.html.

第2章：

1. "Federal 1794 Government Spending," Government Spending in United States: Federal State Local for 1794-Charts Tables History, accessed March 4, 2022, https://www.usgovernmentspending.com/toral_spending_1792USrn.
2. 同上
3. Jason Kelly, "Octopotus?" University of Chicago Magazine, accessed March 4, 2022, https://mag.uchicago.edu/law-policy-society/octopotus.
4. "Parkinson's Law," The Economist, accessed March 4, 2022, https://www.economist.com/news/1955/ l l /19/parkinsons-law.
5. "The 'Law' That Explains Why You Can't Get Anything Done," BBC, accessed March 4, 2022, https://www.bbc.com/worklife/article/20191107-the-law-that-explains-why-you-cant-get-anything-done?source=techstories.org.
6. https://www.axios.com/pandemic-unemployment-fraud-benefits-stolen-a937ad9d-0973-4aad-814f-4ca47b72f67f.html.
7. "California's Unemployment Fraud Reaches at Least $20 Billion," Los Angeles Times, October 25, 2021, https://www.latimes.com/california/story/2021-10-25/californias-unemployment-fraud-20-billion.
8. "Washington Auditor Says State Unemployment Fraud Likely Much Higher than $647 Million," Northwest Public Broadcasting, April 14, 2021, https:// www.nwpb.org/2021/04/l4/washington-auditor-says-state-unemployment-fraud-likely-much-higher-than-647-million/.

第1章：

1. Twitter, accessed March 4, 2022, https://twitter.com/VP.
2. Amanda Holpuch, Derrick Bryson Taylor, and Neil Vigdor, "Stranded Drivers Are Freed after 24-Hour Snowy Ordeal on 1-95 in Virginia," New York Times, January 4, 2022, https://www.nytimes.com/2022/0l/04/us/i-95-closed-snowstorm-winter.html.
3. Raynor de Best, "Covid-19 Deaths per Capita by Country," Statista, March 3, 2022, https://www.statista.com/statistics/l104709/coronavirus-deaths-worldwide-per-million-inhabitants/.
4. Chris Papst, "6 Baltimore Schools, No Students Proficient in State Tests," WBFF, May 22, 2017, https://foxbaltimore.com/news/project-baltimore/6-baltimore-schools-no-students-proficient-in-stat-tests.
5. Chris Papst, "13 Baltimore City High Schools, Zero Students Proficient in Math," WBFF, December 17, 2018, https://foxbaltimore.com/news/project-baltimore/13-baltimore-city-high-schools-zero-students-proficient-in-math.
6. Chris Papst, "Explosive Report: City Schools Finds Grade Changing and Overreporting of Students," WBFF, September 5, 2021, https://foxbaltimore.com/news/project-baltimore/report-augusta-fells-administrators-scammed-taxpayers-changed-grades.
7. Andy Puzder and Will Coggin, "Meatpackers Are Biden's Latest Inflation Scapegoat," Wall Street journal, January 9, 2022, https://www.wsj.com/articles/meatpackers-are-biden-latest-inflation-scapegoat-beef-pork-chicken-labor-fertilizer-fuel-bottleneck-work-force-participation-agriculture-11641759774.
8. "Lord Acton Writes to Bishop Creighton That the Same Moral Standards Should Be Applied to All Men, Political and Religious Leaders Included, Especially since 'Power Tends to Corrupt and Absolute Power Corrupts Absolutely' (1887)," Online Library of Liberty, accessed March 4, 2022, https://oll.libertyfund.org/quote/lord-acton-writes-to-bishop-creighton-that-the-same-moral-standards-should-be-applied-to-all-men-political-and-religious-leaders-included-especially-since-power-tends-to-corrupt-and-absolute-power-corrupts-absolutely-1887.
9. Gordon Wood, The Creation of the American Republic, 1776-1787, accessed March 4, 2022, http://www.cameronblevins.org/cblevins/Quals/BookSummaries/Wood_TheCreationofthe%20AmericanRepublic.html#::text=Wood%2C%20The%20Creation%20of%20the%20 American%20Republic%2C%201776%2O1787&text=Gordon%20Wood %20 charts%20a%20transformation,1787%20based%20on%20social%20conflict.
10. Person, "CA Edd Admits Paying as Much as $31 Billion in Unemployment Funds to Criminals," ABC7 San Francisco, KGO-TV, January 26, 2021, https://abc7news.com/california-edd-unemployment-fraud-ca-scam-insurance/10011810/.
11." Smash-and-Grab Thefts at L.A. Nordstrom Trigger Police Chase," NBCNews.com,

〈著者〉

ニュート・ギングリッチ

アメリカ合衆国の保守派の政治家である。共和党に所属し、第58代アメリカ合衆国下院議長を務め、減税や均衡財政など次々と改革を実現。1995年に民主党の下院多数派の独占を42年目にして終止符を打ったことで、『タイム』誌のマン・オブ・ザ・イヤーに選ばれた。2012年には大統領候補となる。「Beyond Biden」などニューヨークタイムズ紙の多くのベストセラーを含む本の著者でもある。妻のカリスタ・L・ギングリッチは元在バチカン米国大使、ギングリッチ360CEO。

〈翻訳〉

ダニエル・キエロン・マニング

アイルランド出身で、日本を拠点に活動するライター・翻訳家。産経新聞の英語サイト「JAPAN Forward」に寄稿するほか、時折Willオンラインにも寄稿している。

〈監修〉

渡瀬 裕哉

早稲田大学公共政策研究所招聘研究員、同大学大学院公共経営研究科修了。日系・外資系ファンド30社以上に米国政権の動向に関するポリティカルアナリシスを提供する国際情勢アナリストとして活躍。ワシントンD.C.で実施される完全非公開・招待制の全米共和党保守派のミーティングである水曜会出席資格を持つ。

救国シンクタンク叢書
大きな政府の社会主義を打ち破れ！
アメリカの未来を救う

2024年12月25日　初版発行

著　者　ニュート・ギングリッチ（Newt Gingrich）
翻　訳　ダニエル・キエロン・マニング
監　修　渡瀬裕哉

発行者　伊藤和徳
発　行　総合教育出版株式会社
〒220-0004
神奈川県横浜市西区北幸2-13-20 第七NYビル1階
電話　03-6775-9489
発　売　株式会社星雲社（共同出版社・流通責任出版社）

編集　奈良香里
装丁　重実生哉
販売　山名瑞季
印刷・製本　精文堂印刷株式会社

Printed in Japan
ISBN978-4-434-34562-3